33 ANOS DESCOBRINDO
ENSINAMENTOS

Copyright© 2022 by Literare Books International
Todos os direitos desta edição são reservados à Literare Books International.

Presidente:
Mauricio Sita

Vice-presidente:
Alessandra Ksenhuck

Diretora executiva:
Julyana Rosa

Diretora de projetos:
Gleide Santos

Relacionamento com o cliente:
Claudia Pires

Capa:
Alexandre C. Zaffari

Projeto gráfico e diagramação:
Gabriel Uchima

Revisão:
Leo Andrade e Nicolas Agnelli

Impressão:
Gráfica Paym

Dados Internacionais de Catalogação na Publicação (CIP)
(eDOC BRASIL, Belo Horizonte/MG)

Z17t Zaffari, Alexandre C.
       33 anos descobrindo ensinamentos / Alexandre C. Zaffari. – São Paulo, SP: Literare Books International, 2022.
       16 x 23 cm

       ISBN 978-65-5922-296-4

       1. Literatura de não-ficção. 2. Autoconhecimento. 3. Técnicas de autoajuda. I. Título.
                                                                            CDD 158.1

Elaborado por Maurício Amormino Júnior – CRB6/2422

Literare Books International.
Rua Antônio Augusto Covello, 472 – Vila Mariana – São Paulo, SP.
CEP 01550-060
Fone: +55 (0**11) 2659-0968
site: www.literarebooks.com.br
e-mail: literare@literarebooks.com.br

33 ANOS DESCOBRINDO
ENSINAMENTOS

"Não sou exemplo para ninguém.
Que cada um faça o que sua consciência manda.
O ensinamento descoberto, sim,
pode ser aproveitado por todos.
Seu Mestre está dentro de você mesmo."

Lembre-se: para recolher esse ensinamento,
foi preciso mais de 33 anos. Reflita, compreenda
e pratique tudo que achar interessante. Não tenha pressa
em ler este livro. Entenda o ensinamento que só
os buscadores encontram além das palavras.
Detenha-se diante de cada negrito, pois foi
o melhor que pude encontrar da vida até o momento.

(O autor)

Este livro não seria possível sem a ajuda e orientação da Grande Lei, nem sem o apoio e o esforço incansável da minha amiga, esposa e companheira e, é claro, sem as experiências e pessoas conhecidas durante a jornada.

Devo dizer que quase a totalidade das pessoas que me conhecem, incluindo amigos e parentes, se lerem este livro, vão dizer que não me conheciam, pois eu não comento sobre assuntos internos a não ser quando necessário. Isso se deve ao fato de que não é sensato falar de laranja para quem só gosta de maracujá.

Eram 5h30min da manhã e eu estava num pequeno aeroporto de um país distante onde não era falada a minha língua, sem amigos e tendo em dinheiro menos do que a passagem de ônibus para a cidade. Um policial se aproximava após eu ter sido recusado num país e devolvido para outro, tendo passado uma noite na rodoviária, na qual quase fui assaltado, e outra noite no aeroporto. Como cheguei a essa situação? **E, principalmente, o que aprendi com ela?**

Conta meu avô, em seu livro, que a vida em seu tempo era muito diferente e que se podia confiar na palavra das pessoas, fato que, se ainda fosse verdade, teria evitado que eu estivesse naquela situação. Porém, eu teria levado meses viajando até chegar ao local de onde saíram meus bisavós em sua imigração rumo ao país onde nasci.

Tudo demorava mais, inclusive a vida, e o dinheiro ficava mais tempo na mão. Conseguia-se fazer casas, plantar, criar os filhos, VIVER. O tempo foi acelerado e as vivências também. Os anos da minha vida passam mais rapidamente do que os anos contados em seu livro. Dizem que vivemos mais. **Será? Será que a melhor forma de medir o quanto vivemos é pelos anos?**

Agora, os aprendizados são outros. Eu tinha estado em mais de 200 cidades de 17 países, 27 lugares de residência, iniciando num bosque, numa casa no interior de uma cidade que tem a cuia com a bomba de chimarrão como símbolo (curioso! É um símbolo e tanto). Foram muitas aventuras, mas elas não importam, aliás, você está diante de um livro em que a história não é o mais importante, talvez nem importe. O que realmente quero compartilhar são **ensinamentos úteis para uma vida melhor, para entender o que é liberdade, e as formas de comunicação da Grande Lei conosco**, seja através de números, relacionados às cartas do Tarô Egípcio, símbolos ou de outras maneiras. Então, cada negrito trará o mais valioso que encontrei e será aprofundado durante o desenrolar do livro, ficando, ao final, **o caminho para a autorrealização.**

É necessária uma certa intuição para entender os símbolos e números – logo, veremos como desenvolver essa intuição.

É necessário esclarecer que a visão que a humanidade tem do Tarô é uma visão medíocre e descabida, assim como a visão sobre o esoterismo. O Tarô é um livro sagrado, místico, necessário e profundamente religioso. Isso de colocar estrelas, lua e algumas florezinhas e falar de Tarô é uma afronta ao esoterismo verdadeiro. No esoterismo está o Tarô, a mística, o amor, as religiões; mas também a ciência com suas comprovações e descobertas; a filosofia com as ampliações pela colaboração de muitas consciências; a arte com as formas de manifestação do belo e divino. O mundo esotérico é um mundo de consciência. Esoterista é uma pessoa que se autoconhece profundamente e sabe se portar em qualquer lugar (numa reunião de negócios, por exemplo) sem destoar dos outros presentes e sem que saibam que é esoterista.

O Tarô Egípcio é chamado de Livro de Ouro. A Grande Lei utiliza-o para se comunicar conosco através de sonhos ou no dia a dia. Por isso, temos que entender seus significados, porém temos a orientação de que o baralho para consulta pública não deve ser utilizado, a não ser em casos extremos, para não profanar o sagrado, e pelo mesmo motivo não se deve cobrar ao colocar essas cartas em uma consulta.

Para entendermos o que significam os números e sua relação com os arcanos do Tarô (arcano é algo indecifrável ou com muitos significados), o número, o nome, o pensamento e algumas explicações iniciais de cada capítulo são os da carta (arcano) correspondente no baralho do Tarô Egípcio.

Mas então, vamos descobrir ensinamentos (ou relembrar, caso você tenha passado por algo parecido), começando por quando eu era bem pequeno e aprofundando com o passar dos capítulos, sem perder tempo, porque você é muito importante.

SUMÁRIO

1. **O Mago** – Início / Sim / Vá em frente... 16

2. **A Sacerdotisa** – Misericórdia / Não / A mulher 26

3. **A Imperatriz** – Criação / Produção / Desenvolvimento.................... 40

4. **O Imperador** – Progresso material / Tudo agindo junto 54

5. **O Hierarca** – Aprendizado / Carma / Guerra / Lei........................... 68

6. **A Indecisão** – Enamorado / Armadilhas... 76

7. **O Triunfo** – Organização / Batalhas / Triunfo no final 84

8. **A Justiça** – Sofrimento / Provas / Dor 96

9. **O Ermitão** – Solidão / Ir ao profundo / Prudência......................... 106

10. **A Retribuição** – Tudo muda / A roda 120

11. **A Persuasão** – Força do amor / A lei a favor 138

12. **O Apostolado** – Sacrifícios necessários para estar com o Mestre........ 146

13. **A Imortalidade** – Mudança radical / Hora da colheita da Lei 160

14. **A Temperança** – Extremos / Lar do casal / Elixir da longa vida 178

15. **A Paixão** – Tentações / Perigo / Carta do diabo.......................... 186

16. **A Fragilidade** – Algo que vai dar errado / Castigo..................194

17. **A Esperança** – Sem planos / Confiar na magia da fé 198

18. **O Crepúsculo** – Inimigos ocultos / Doença / Não fazer negócios 210

19. **A Inspiração** – Êxitos / Boa sorte / Vitória / A pedra filosofal 214

20. **O Mundo** – Mudanças favoráveis / Viagens / Sem preguiça 220

21. **O Louco** – A insensatez / O desgovernado / A desmoralização............238

22. **O Regresso** – Tudo sai bem / Boa sorte / Volta à situação anterior 276

23. **O Lavrador** – Concentre-se em seu labor / O demais vem (ver nº 5)......294

24. **A Tecelá** – Trabalhar com alegria / Retirar tristezas (ver nº 6) 310

25. **O Argonauta** – Ir com determinação / Enfrentar (ver nº 7).................322

26. **O Prodígio** – Reflexão / Silêncio / Compreensão (ver nº 8).................342

27. **O Inesperado** – Armas próprias / Mostrar o caminho (ver nº 9) 350

Referências bibliográficas..367

O MAGO

"Sê em tuas obras como és em teus pensamentos."

1

O arcano 1, O Mago, representa o homem, a vontade, a ação, a justiça, o poder: "Promete o domínio dos obstáculos materiais, novas relações sociais, iniciativas favoráveis..."[1] Assim, ele significa o que se inicia – e todo começo é difícil.

Dá propensão para a organização dos elementos naturais.

"No plano espiritual, é a iniciação nos mistérios; no plano mental, é poder volitivo; no plano físico, é domínio das forças em movimento". Tudo isso quer dizer algo como: "Vá em frente!".

Como resposta, é sim.

Sempre fui curioso e da vida tenho buscado insistentemente aprendizados. Nasci sob signo solar e ascendente Aquário, signo chinês Rato, arcano do Tarô de nome o Carro de Combate (7). Fui registrado como Alexandre, nome que significa "o defensor da humanidade" (meus pais não sabiam disso). Bem, talvez nenhum desses dados importe, porque os

---

[1] As citações referentes ao número (arcano) no início de cada capítulo são as explicações da carta (arcano) correspondente no Tarô Egípcio e do livro El sendero iniciático en los arcanos del tarot y kabala, de Samael Aun Weor (1979) (N. A.).

ensinamentos que vamos encontrar aqui servem para todos, independentemente da posição dos astros ou dia de nascimento.

Logo nos mudamos para o sítio próximo à cidade. Morávamos numa casa de madeira, sem telefone (não existia), sem água encanada e sem energia elétrica, mas tinha muita vida ao nosso redor. A humanidade viveu por muito tempo de uma forma bem mais simples, sem depressão e sem estresse.

Como toda criança, às vezes, inocentemente, deixava os adultos pensativos. Certa vez, meu avô chegou e quis comer frutas e eu, com os meus dois anos, calcei as botas com os pés trocados e caminhei com ele até a cerca que separava o pomar do pátio da casa. Ele passou no meio dos arames e me perguntou: "E tu, por onde vens agora?". E eu respondi: "Eu vou pelo portão" e me dirigi a alguns metros para o lado onde havia uma forma mais fácil de passar. Ele ficou mudo, depois riu, pois os **adultos não sabem tudo.**

Com o tempo, foi construída uma casa de alvenaria, já com água encanada, banheiro interno e energia elétrica. No momento de fazer a laje que cobria a casa, os vizinhos vieram ajudar, porque tinha que ser toda feita no mesmo dia. **Era bom ver uns ajudarem aos outros, pois parecia uma grande família humana.** Eu ajudava também e a minha função era colocar as cerâmicas na água, tirando-as em seguida, para haver mais aderência ao cimento. Era divertido porque soltavam uma porção de bolhinhas. Tinha ao mesmo tempo um trabalho e uma diversão, que me ensinaram que **temos que achar algo que gostamos no trabalho que fazemos.**

Essa casa era como um templo localizado no mundo exterior, mas também em meus pensamentos e sentimentos e, assim, no meu interior. Era alegre lá, mas algumas vezes, chorava também. Numa dessas, era manhã, eu estava em meu bercinho e minha mãe e meu irmão se aproximaram. Eu fingi que estava dormindo e a mãe falou: "Deixa ele dormindo mais um pouco". Saíram. Peguei no sono e quando acordei novamente, chamei a mãe, mas não tive resposta. Chamei o pai, nada. Eu estava sozinho e nem barulhos na casa eu ouvia... Chorei, gritei, me desesperei... Saltei por cima da grade do berço (isso foi uma façanha!) e corri chorando até fora da casa, de onde vi meus familiares tocando as vacas. "Que escândalo!", gritou a mãe, mas desse fato aprendi que **fingir não é uma boa ideia, a gente mesmo acaba sofrendo com os resultados.**

Outra vez que chorei foi ao vestir uma bermuda, pois acabei fechando o "pinto" junto com o zíper. QUE DOR! Ainda bem que o pai veio me salvar. **Não se esqueça do "pinto", ele é importantíssimo.**

E os pregos? Subi descalço numa pilha de tábuas e o pai disse para sair dali porque poderia fincar-me um prego. Eu não saí, continuei brincando até que... Adivinha? Eles desinfetaram, colocaram o tal pó secante e ficou nisso. **Sempre temos que ouvir conselhos e depois decidir se nos servem.**

Mas a maior parte era diversão e aprendizado. Nisso, chamávamos os vizinhos para jogar futebol num campo que era improvisado em um gramado, cujas goleiras eram feitas com dois tijolos e a altura máxima era medida pelos braços do goleiro. Os refrigerantes eram sucos de laranja ou limão feitos na hora, e se quiséssemos picolés, bastava congelar. Uma delícia!

Corríamos pelos campos, fazíamos estilingues, nadávamos na lagoa e coisas do tipo, como diz a canção: "o meu bodoque e o banho no açude foram na infância minha vida verdadeira"[2]. Subíamos em árvores, derrubávamos pinhões, comíamos coquinhos, uvaias e todas as frutas disponíveis. De cima das bergamoteiras, cantávamos estas mágicas canções:

---
2 "Tropa de osso" – Luís Carlos Borges, 1980.

"Eu era pequeno, nem me lembro, só lembro que à noite ao pé da cama, juntava as mãozinhas e rezava apressado, mas rezava como alguém que ama [...]. O tempo passa, não volta mais, tenho saudade daquele tempo que eu te chamava de minha Mãe".[3]

"Eu canto louvando Maria, minha Mãe. A Ela um eterno obrigado eu direi, Maria foi quem me ensinou a viver...".[4]

"Mãezinha do Céu, eu não sei rezar. Eu só sei dizer que quero te amar. Azul é teu manto, branco é teu véu. Mãezinha, eu quero te ver [aí] no Céu"[5] (no original era lá no Céu, mas eu não gostava desse lá, porque parecia longe e Ela deveria estar mais perto, então troquei por aí).

Sempre dei muita importância à Mãe e ao Pai. Qualquer filho, sem a Mãe, estaria perdido. Se pedimos, Ela atende e no fundo é Deus também, então quando estava alegre cantava essas músicas e me animava mais. Quando estava em apuros, cantava e, em seguida, a situação se modificava.

Poderia ter lembrado e confiado mais Neles na hora de deitar para dormir, já que olhava dentro do guarda-roupa, embaixo da cama e em qualquer lugar que pudesse ter alguém escondido e, ainda, dormia virado para cima, de forma que apenas girando os olhos poderia ver todo o quarto. Bem, até hoje, se acordo com qualquer barulho, fico imóvel até saber o que é; aí vou agir. **Temos que conhecer o inimigo.** Mas não olho mais embaixo da cama... creio que esse medo foi gerado porque eu e meu irmão costumávamos assustar um ao outro da seguinte forma: quando um ia ao banheiro, o outro se escondia no quarto ao lado e, na saída do primeiro, gritava: "UAAAÁ!" e isso gerava uma correria e dávamos boas risadas.

---

3 "Maria de minha infância" – Padre Zezinho, 1991.

4 "Eu canto louvando Maria" – Padre Élio Athayde.

5 "Mãezinha do céu" – Bruno Novaes.

Eu tinha, também, medo de choques elétricos e **quanto mais tinha medo, mais levava.** Por exemplo: quando estava chovendo, eu ia brincar na chuva e fazia escorregadores de barro, mas quando cansava, corria para tomar um banho quente, porque naquelas alturas os dentes insistiam em ficar batendo uns nos outros. Porém, ao encostar-me em determinado lugar, por ter alguns fios em curto, eu, descalço e molhado, levava choques. Mas logo isso foi consertado. E na hora de ligar o chuveiro? Quando não tinha algo de borracha no registro, levava pequenos choques que eu detestava.

Era tão ruim como tocar vacas... Ah! O pai pediu que eu tocasse um touro manso, mas logo percebeu que a missão era grande demais para mim, pois o touro estava "conversando" com uma vaca. Foi ele mesmo tocar, mas até ele teve dificuldades. **Não subestime o inimigo.**

Engraçado, tem diversões que se tornam perigosas. Num domingo, chegaram alguns parentes para jogar baralho. Eles tinham uma mania idiota de jogar apostando dinheiro. Eu entrei no jogo e ganhei várias vezes, mas quando foram embora, não quiseram me pagar. Fiquei muito zangado com aquilo. Como era possível? Eu só entrei no jogo porque tinha como pagar se perdesse e ele perdeu e não me pagou. "**Nem todos têm palavra,** não confio mais", foi o que pensei, "e não jogo apostando dinheiro". Na verdade, não gosto, mesmo que não envolva valores: **todos os jogos de azar criam sentimentos baixos.** Todos querem ganhar, mas somente um ganha e, logo, sobra no ar inveja, desarmonia, tristeza e por aí vai... Isso não pode ser do bem...

Muitos costumes são diferentes no interior, ou eram diferentes naquele tempo, como os cuidados com um ferimento. Por exemplo: uma vez eu e outras duas crianças estávamos no mato e fui correndo na frente delas sem lembrar da cerca e quando a vi, saltei, mas ela era maior que eu e acabei furando a perna no arame farpado. Carregaram-me para casa e a mãe pôs pó secante e pronto. Se fosse na cidade, eu teria ido ao hospital para dar pontos e tomar alguns remédios e vacinas.

Mais uns poucos anos e me trouxeram um cigarro para fumarmos. Eu aspirei e imediatamente comecei a tossir. Era horrível! Argh! Aspiram fumaça, **alguns adultos são malucos,** pensei.

Dizem que o cigarro é estimulante, mas eu não precisava, assim como não precisava de nada além da natureza para me entreter. Os adultos não pensavam assim, pois o pai chegou com um televisor. Não era muito legal, pois tirava nossa atenção das coisas reais. **A televisão faz nossa consciência ficar preguiçosa, atrofia a concentração e nos faz pensar como querem que pensemos.** Em contrapartida, fora da sala víamos a vida com discos voadores e tudo. Vimos um disco numa noite, era redondo, verde e planava acima da casa. Mas não desceu e não falamos com eles... uma pena.

Fora de casa tinha até coruja, que dizem que traz azar, mas uma fez ninho em cima de um armário na área da casa e, às vezes, caía algum filhote que colocávamos de volta. Não creio que tivemos azar, nem mesmo falta de sorte, apesar de que esse termo, assim como é empregado geralmente, não me agrada. Sorte é merecimento. **Se vemos as atitudes anteriores de pessoas que julgamos terem sorte, descobriremos que elas estão recebendo o pagamento por sua forma de ser ou agir. O que dá azar é passarinho na gaiola.**

Mesmo de animais como cobras sentíamos compaixão, embora, às vezes, queríamos matá-las **pelo medo que nos incutem desde sempre.** Lembro que matamos uma, eu e outra criança, e depois nos arrependemos e colocamos uma cruz, com respeito, como se isso diminuísse nossa culpa. E teve um caso muito curioso de uma cobra que mamava em uma vaca – isso de vaca e cobra lembra as histórias dos hindus, nas quais a vaca é sagrada e representa a Mãe e a cobra (não a negativa e sim a positiva) representa Kundalini, que é a mesma Mãe. Então, se pensarmos nessa história com os dados do sítio, como ficaria? **A Mãe Kundalini se alimentava do leite dela mesma?** Mas que interessante e místico...

De aranhas não tínhamos compaixão. Todos os dias batíamos no chão as botas ou qualquer calçado que íamos calçar para ver se não tinha uma dessas dentro. Até as teias davam agonia na gente. Eu pensava em eliminá-las, mas um amigo disse que respeitava as aranhas porque elas comem pernilongos, moscas, baratas etc. Então, refleti naquilo e passei a pensar que, **na natureza, tudo tem o seu equilíbrio e todos os animais são úteis; porém, quando estão fora do seu lugar, tornam-se prejudiciais.**

Eu não achava o lugar certo na natureza para as moscas. Ô, bicho chato! Naquele tempo, o pai tinha um chiqueiro e centenas ou talvez milhares de moscas eram atraídas e não se contentavam em ficar lá com os porcos. Vinham dentro de casa e, na hora das refeições, tínhamos que as espantar. Dizem que a mosca simboliza a preocupação. Então os porcos devem ser os bichos mais preocupados do mundo! Curioso é que as moscas são muito atraídas por carnes em decomposição e se atraem por porcos...

Como o pai tinha muitos porcos, pude aprender muito sobre esse animal que só olha para baixo, atraindo as forças negativas vindas do interior da Terra. **Animais ou humanos que olham para cima, para os céus, se tornam cativantes. Se pedem força a Deus ou simplesmente agradecem, mais ainda.** Observe os passarinhos, as borboletas etc., eles olham e voam para cima e, às vezes, parece que estão falando com Deus, coisa que o porco não faz. Dizem os pesquisadores que, se o porco vivesse 12 anos, certamente teria câncer por causa da sua constituição. Se der oportunidade, a porca come os próprios filhotes, pois falta instinto materno. Quando nascem os filhotes, é necessário cortar os dentes e o rabo, porque eles mordem a mãe e os irmãos. Esse animal tem um cheiro horrível por dentro e por fora, e o excremento, então, é nauseante. **O porco e derivados não deveriam servir para alimentação humana mesmo depois de processados, pois a carne traz muitos desajustes ao organismo. Para quem pratica algo espiritual, então, é um desastre.**

Fazíamos aventuras em grupos também. Uma vez, descemos gritando e rindo uma colina com um carro de lomba, que é uma tábua de madeira com rodas, dirigido com os pés e com freio de mão. Subimos novamente e "zum!" para baixo. Certa vez, não deu muito certo porque puxei o freio de mão com certa insegurança, mas ele bateu no chão e voltou, pressionando meus dedos contra a tábua, o que me fez pensar: **"Não dá para fazer as coisas mais ou menos, tem que fazer com força, sem dar chance para a dúvida". A dúvida nos causa problemas, dores e faz dar errado.** Então, quando vamos fazer algo, façamos com todo o empenho. A coisa vai dar certo ou vai ser bem menos desagradável do que fazer vacilando. **A vida premia os valentes. Dos covardes ninguém fala nada.** A história nos mostra os inteligentes e corajosos que, ainda que percam batalhas, são vitoriosos e viram lendas e histórias. Os covardes morrem primeiro e são esquecidos. Os valentes têm valor, os covardes não. Numa guerra, se é capturado alguém que tem valor, sua liberdade é negociada com o exército inimigo em troca de algo importante; já os covardes e vacilantes, os que duvidam da sua força, quando capturados, são mortos. E a dúvida não está fora de nós...

"SEU INIMIGO PODE ESTAR DENTRO DE VOCÊ."
(O AUTOR)

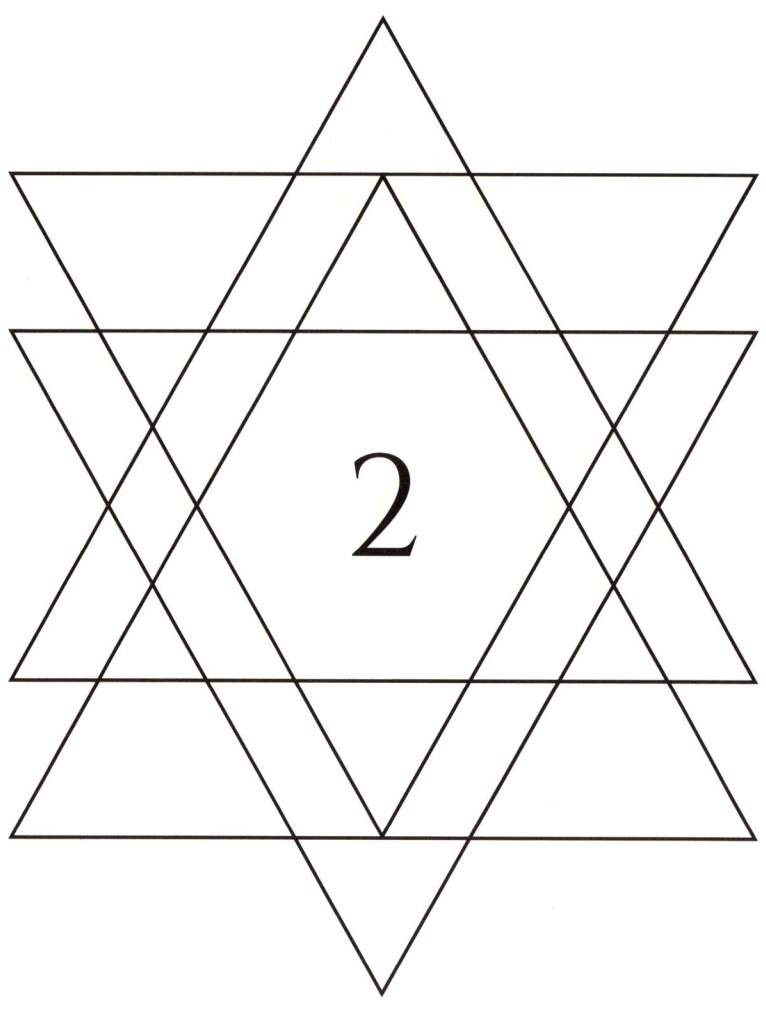

A SACERDOTISA

*"O vento e as ondas vão sempre a favor
de quem sabe navegar."*

2

Ao sonharmos ou, de alguma forma marcante, vermos o número 2, temos a possibilidade de conhecer a pessoa que pode ser o nosso complemento para a autorrealização (no caso de homens), pois esse arcano representa a mulher do mago; também a imaginação, a ciência oculta e a misericórdia. Indica a secreta oposição de terceiros para levar o iniciado a bom fim. Como resposta, é não.

No mundo divino, representado no ser humano, o número 2 é a serpente positiva, chamada de Mãe Kundalini; no mundo mental, é o jogo de opostos. No mundo físico, pode ser intercâmbio ou duplicidade.

Em geral, a verdade se impõe; a intuição não engana; sugere prudência na generosidade indiscriminada. Dá o direito de consertar negócios complicados e traz o revés de paixão envolvente e rixas.

Fomos morar em um apartamento e, a partir daí, não dava mais para brincar até tarde fora de casa, mas durante o dia tinha muitas atividades em casa e na rua... Como colocar explosivos nos cigarros do pai. Hahaha... Uma vez, o pai estava fumando quando: "POU!", estourou e abriu a ponta do cigarro em quatro partes. Ele ficou assustado e indignado, pois pensou que tinha vindo assim da fábrica; já eu, ri. Aí contei que tinha sido eu e o pai ouviu sem dizer nada, o que me fez sair devagar... Era melhor brincar na rua por algumas horas. **É necessário pensar nas consequências antes de fazer algo.** Eu fazia brincadeiras leves, como a do Saci-Pererê. Aliás, quando teve uma semana de homenagem a um escritor, nós, alunos, e ainda os professores e os funcionários nos "disfarçamos" de personagens. Eu, obviamente, de Saci, um menino brincalhão e que aprontava com todos, igualzinho a mim. Aliás, **quando a gente se fantasia ou se disfarça de algum personagem, é sinal de que estamos mostrando algo que normalmente fica oculto na personalidade... seria bom que as pessoas que se fantasiam em festas e no carnaval observassem isso, porque podem estar exibindo o que lá no fundo são.**

Em outra vez, nos disfarçamos com as vestimentas tradicionais para a apresentação do grupo que criamos: "Os Báo", nome que eu detestava, mas que, como a maioria escolheu, ficou. **Temos que aprender a aceitar a decisão da maioria.** Um colega tocava gaita, outro tambor; outro, além de mim, tocava violão, e assim lá fomos os quatro cantar e tocar. Aí vão uns versos sugestivos:

Se a força falta no braço, na coragem me sustento...
Neste fogo onde me aqueço, remoo as coisas que penso...
Repasso o que tenho feito para ver o que mereço.[1]

A bem da verdade, tenho que dizer que eu não sou deste raio da arte: meus dedos não são cônicos, tenho mais de três vincos na testa e não consigo ajustar o ritmo do violão com a voz. **É melhor cada um descobrir e atuar de acordo com seu raio.** Se for cuidar para que o show saia como

---

[1] "Veterano" – Antonio Augusto Ferreira e Ewerton Ferreira, 1980.

planejado, negociar o instrumento, levar o que tem demais em um lugar para outro que não tem pode dar mais certo. Mas eu não sabia disso e estava me esforçando no curso para tocar violão na escola.

De tempo em tempo, eu pensava em desistir, mas estava descobrindo que tudo funciona como as oitavas musicais, que podem subir ou descer. Sempre que desistimos de algo, baixamos na escala musical daquele evento, seja do tipo que for. **Nas horas de desânimo, é necessário reavaliar. Se for importante para nós, colocamos mais energia e, com isso, vem ânimo novamente**. E assim, no total, fiz vários anos de curso, tanto popular como clássico. No clássico era melhor, porque não precisava cantar, sendo que eu sempre fui meio desafinado. O pessoal dizia que se eu cantasse no ritmo melhoraria, mas eu levava na brincadeira e tudo bem, afinal, é uma questão de raio.

Outra atividade que eu gostava de fazer e não era do meu raio, mas essa era por inquietude da alma, também por fase da vida – e não podemos esquecer que eu estava sob influência da carta 2 do Tarô, a ciência oculta e magia –, era fazer "experiências científicas". Para isso, misturava o que achava na rua para ver se surgia alguma poção mágica. **Essas atividades que não são do raio da pessoa devem ser feitas por hobby e não como ocupação principal, porque de outra forma a gente se frustra.** Assim, eu ficava a desmontar relógios e outros objetos para aprender como funcionavam ou para fazer pequenos consertos, mas não para trabalhar com isso. Eu poderia também... Bem, eu sempre estava fazendo alguma atividade, por isso tive que fazer um exame muito chato em que são colocadas umas massinhas na cabeça da gente e o computador registra o que está acontecendo no cérebro – depois tem que se tomar uns três banhos para tirar os resíduos da massa. Segundo o exame, eu precisava de muita atividade e tinha que tomar um remédio antes de fazer outro daqueles exames com massinhas.

Não sei como são as outras pessoas, mas eu não gosto de fazer exames e tive que fazer mais um quando apareceu uma alergia no "pinto". Naquela vez, era uma doutora, e eu achei que ela só ia fazer perguntas e receitar algo, mas quando entrei, ela disse: "Vamos ver isso, tira o 'pinto' para fora". Eu não gostei nada daquilo... ainda bem que foi resolvido com uma pomada, pois **as ferramentas do Mago têm que estar em boas condições** para criar mais vida (dentro ou fora de nós) e para alterar a nossa psicologia, quando encontramos algo tão forte que somente com a ajuda da energia mais poderosa que temos podemos mudar.

Vamos dar um exemplo: um dia, quando voltei para casa, todos tinham saído e assisti a um filme sobre uma menina que tinha sido assassinada e queria sua boneca, que tinha caído em um poço quando ela morreu. A menina aparecia para um garoto que tinha o mesmo nome que eu e falava assim: "Alexaaannnndre", e nessa hora eu ficava amedrontado no sofá e queria sair de casa, mas também queria ver o resto do filme. Depois, nas noites seguintes, parecia que se ouvia o tal: "Alexaaannnndre", e com isso não me levantava nem que precisasse ir ao banheiro. **Assim, criou-se mais um medo** e talvez ele seja tão forte que precise de algo mais para cortá-lo e desintegrá-lo.

Mas o corte é psicológico, não como o que fiz quando fui ajudar o pai a tirar cacos de cerâmica. Fizemos algumas caminhadas levando pedaços, mas a cerâmica quando quebra fica muito afiada e, numa das idas, um caco fez um corte longo e profundo na palma de uma de minhas mãos. Como eu não queria demonstrar fraqueza, não disse um "ai", senão que, mudo, continuei carregando. Mas o pai viu os pingos de sangue no chão. Bem, a mãe passou um chá de confrei e de noite colocou folhas da mesma planta e enfaixou. E assim foi por uns dias até que o corte se fechou, deixando apenas a cicatriz. Nada de pontos ou médicos, só a natureza com seu poder. Gostei dela. **A vida da planta, o Elemental dela é mágico.** Isso é magia. **Não é sábio maltratar as plantas.**

A natureza tem muitas plantas com seus poderes: essa que citei cicatriza, outras têm poder para nos proteger, como pitas, babosas, arrudas, alecrins... e há objetos que servem para proteção também, como o pentagrama esotérico, as orações e as conjurações utilizadas pelos sábios que alguns chamam de magos – me refiro aos de luz, pois há que se ter muito cuidado, já que existem dois tipos opostos de magos: os de luz e os que não emitem luz. Temos que nos proteger dos opacos e das entidades das trevas, e com isso lembrei que hoje eu não brincaria com coisas com que brinquei no passado, pois são perigosas demais.

Um amigo morava em uma casa de três andares e nós estávamos no salão do topo quando resolvemos fazer o "jogo do copo". Seguimos as informações que tínhamos, perguntamos e o copo começou a se mover. Quando começamos a sentir que a coisa era séria, quisemos terminar a experiência, mas tinha um detalhe... não sabíamos como terminar, e a única certeza que tínhamos era de que aquele copo não deveria ser usado nem virado para alguém após o "jogo". Como finalizamos da forma que achamos mais coerente, colocamos o copo em cima da casa das caixas d'água e esquecemos do assunto em seguida. Mas depois de um tempo, o amigo quis me mostrar como era essa casa, que tinha as paredes de alvenaria, o telhado de folhas de zinco, cuja porta era uma chapa de ferro com um trinco que só abria por fora.

Quando entramos, a porta se fechou misteriosamente, já que não tinha vento e ela estava encostada na parede sem possibilidade de se mexer sozinha – e, para piorar a situação, uma batida fez com que a porta se trancasse.

Quando conseguimos nos acostumar com a redução da luz, dissemos: "O copo está sobre nossas cabeças... temos que sair daqui". Os pais desse amigo estavam viajando e também não adiantaria gritar, pois ninguém nos escutaria. Vimos dois pedaços de tijolo no chão que poderiam salvar nossas vidas e, então, me sustentei com a ajuda das mãos dele, cheguei ao telhado e bati com um dos pedaços do tijolo até que, afinal, consegui despregar duas folhas de zinco e empurrei uma para cada lado, aparecendo o céu. Maravilhoso céu. **Você já percebeu o quanto é bonito o céu? Olhe para cima, é maravilhoso! Nossos olhos podem captar muitas energias positivas olhando para cima.** Para nós era mais ainda, pois representava a saída, a vida. Assim, me impulsionei para cima, mas aquela parede seguia em linha reta pelos três andares até o chão. Deu um pavor, mas não tinha outra forma, pois as outras paredes eram altas demais e não conseguiríamos alcançar o telhado. Melhor que terminou bem, porém, sei de um lugar em que foi feito o mesmo "jogo" e eles não conseguiam enviar a entidade embora. Na ocasião, algumas pessoas acabaram desmaiando, outras passaram mal e foi assim até que trouxeram alguém que conseguiu finalizar o caso.

Por incrível que pareça, esse tipo de atividade é incentivado por algumas organizações "espirituais". Eu não participava de nenhuma dessas, melhor assim, mas pertencia a uma religião tradicional – pertencia por ter sido levado, mas depois fiz minha própria escolha de acordo com as inquietudes da minha alma e percebi **que chega um momento em que é necessário decidir-se por uma, somente uma, escola do tipo místico ou uma religião.**

Caso a pessoa participe de várias organizações religiosas por longo tempo, é como a brincadeira de mau gosto que fizeram comigo quando uma pessoa estava fazendo doce de abóbora cremoso e encarregou um rapaz de ficar mexendo enquanto o doce borbulhava. Nisso, eu cheguei e ele desligou o fogo, pôs uma colher na boca e disse: "Ah! Que delícia, quer um pouco?". Com minha negativa, ele insistiu. Com isso, peguei uma colher de sopa e fui para a panela, peguei um pouco e fui assoprar, mas o danado disse: "Não precisa assoprar, não viu que eu comi?". Parei de assoprar e fui com a colher para a boca. Queimou na hora... Eu não falei uma palavra, minha única demonstração do que sentia eram as lágrimas que escorriam pelo rosto enquanto ele ria. Então, quem participa de várias religiões não sente o gosto do doce, se queima e chora.

Esse não era meu estilo de brincadeiras, eu gostava de atividades que divertiam e não machucavam ninguém. E tem tantas dessas no mundo, de que podemos brincar e são muito saudáveis, pois fazem parte da essência da pessoa. **Só não podemos brincar com coisas espirituais ou com o ensinamento verdadeiro.**

Fazíamos tiro ao alvo. Para isso, eu pegava emprestada a espingarda de pressão que o meu irmão ganhou num Natal. Aliás, naquele tempo, **o espírito do Natal existia. Cultivava-se o Menino Deus e até a forma de dar e receber presentes era diferente. Hoje, só se cultiva o velhinho de vermelho e o materialismo.** Quase nada contra esse de hoje, mas é uma fabricação humana que, intencionalmente, substituiu o Menino Deus. Mas enfim, as lojas ficavam abertas até tarde nos dias que antecediam esse dia especial, como hoje também, mas a tônica era outra e os vendedores estavam alegres e gostavam de ajudar a escolher os presentes, que começavam a ser eletrônicos. Eu escolhi um tratorzinho que tinha botões em cima da cabine. Era mágico... Eu apertava um botão e ele andava, apertava outro e ele mudava o curso... Esse era o avô dos brinquedos com controle remoto de hoje.

Nesse tempo, surgiu o avô dos computadores também, e com ele, um curso de computação com um computador para cada quatro alunos. Essas máquinas tinham o monitor e o teclado construídos em uma única peça e a tela escura com escrita em verde, sem qualquer elemento gráfico (sem desenhos, sem figuras, só letras). Depois surgiram os que tinham tela com escrita em laranja, mas só escrita também. Nós nos fascinamos com aquilo, ainda que a única coisa que tinha acontecido era a troca de cor das letras. **E hoje, ao nosso redor, tem muitas coisas assim: mudam muito pouco e nós, humanos, nos fascinamos.**

Hoje, a capacidade de armazenamento e a velocidade de processamento aumentaram incrivelmente, o que deveria representar menos tempo de trabalho e mais de reflexão e lazer do ser humano, mas o que se vê é que homem e máquina viraram máquinas rápidas...

Muito diferente do tempo em que éramos escoteiros, quando brincávamos e aprendíamos. Pela idade, ingressei nos Lobinhos e procurava estar atento ao lema: **"Melhor Possível"**.

Um dos chefes dos escoteiros era casado com a chefe da alcateia dos Lobinhos e, apesar de não existirem Lobinhas, a sua filha caçula, a Analice, que tinha dois dias de idade a menos que eu, ia junto com eles. Eu a amava e ela me amava também, afinal essa era a carta da Sacerdotisa, o arcano 2 do Tarô, lembra? Nunca deixei de sentir um carinho muito especial por ela, mas nunca conseguimos nos aproximar a ponto de nos beijarmos – embora isso não impedisse que eu fosse à sua casa todos os dias com a minha bicicleta.

Em um dos inúmeros fins de semana fora de casa, os chefes fizeram uma trilha com sinais de pista. Eu fui seguindo até que encontrei um prêmio, um pão recheado, e o reparti com a Analice – ou Ana, como ela gostava de ser chamada. **Na vida temos que saber ganhar sem nos orgulharmos e saber perder sem desespero.**

Com a adolescência, passei para os escoteiros e fiz aniversário durante um acampamento gigantesco. Nesse dia, os colegas queriam me pegar para uma comemoração, mas como eu não sabia de que tipo seria, me escondi dentro da barraca. O que não adiantou muito, porque um amigo me viu e, em instantes, eu estava cercado (**temos que aprender e nos acostumar, porque a traição faz parte do processo de aprendizado**) e depois crucificado em bambus com as mãos e os pés amarrados. Assim, carregaram-me pelo acampamento, aonde chegavam outros escoteiros e quebraram ovos na minha cabeça, jogaram erva-mate no corpo, jogaram lixo, colocaram um saco cheio de lixo dentro do meu calção etc. Até que resolveram me abandonar dentro de uma poça de água fria. Não fizeram nada perigoso e meninos são assim: é só os chefes descuidarem que acontecem essas coisas, e **tem horas que se protestar, piora.**

Depois, eu ainda tinha que voltar à barraca com os pés descalços e lá era cheio de escorpiões, bicho do qual eu tinha um medo danado; porém, claro, era tudo uma brincadeira e nunca fiquei com raiva do amigo "traidor" nem dos que me amarraram. Nesse acampamento, a Ana estava também, mas a ala feminina era longe da nossa, de forma que tivemos apenas uma conversa da qual entendi com sentido diferente algo que ela falou e, assim, pensei que ela queria um caminho diferente do meu. **Como é importante a comunicação, e esta vai além de palavras, além de sentimentos, é necessário entender o profundo** que eu não soube entender e com isso, lamentavelmente, nos afastamos. Esse erro pode ter custado anos de avanço e talvez muito mais do que isso, pois eu estava no arcano 2, A Sacerdotisa, a esposa do Mago.

Independentemente das escolhas da gente, em outros campos, a vida segue. Fui aos Bombeiros e fiz o curso de prevenção de incêndio, depois passei nas provas e conquistei a especialidade de "Combatente do Fogo". Fiz comida no acampamento e algo mais e conquistei outra especialidade, a de "Cozinheiro", e assim foi até o número de 12, passando outras tantas provas. Por fim, foram encaminhados os documentos, buscando o grande título de Lis de Ouro. **Tudo que se quer vai exigir dedicação, foco e paciência. Com continuidade, chegaremos ao objetivo.**

Num sábado aparentemente tranquilo, recebi a grande surpresa da chegada do título. **As coisas são assim, num dia calmo surgem as situações melhores ou piores que vivemos.**

Ali entre os escoteiros não havia máquinas, era tudo muito humano, mas no mundo, mais adiante, possivelmente até os médicos serão substituídos por robôs operados a distância. Nesse caso, o anestesista não perguntaria qual meu último pedido, como perguntou quando fui operado. Mas isso foi no desenrolar de um evento que começou quando fui eleito vice-presidente do Grêmio Estudantil do colégio e realizamos um campeonato de futebol. Quando estava assistindo a uma dessas partidas, recebi uma bolada, o que gerou um derrame interno num dos olhos e eu passei a enxergar tudo vermelho: a bola era vermelha, as pessoas eram vermelhas, a escola era vermelha... Com isso, tive que ficar num quarto escuro e com os dois olhos vendados por dias e dias, até que outro oftalmologista disse que eu deveria passar por uma cirurgia imediatamente. Então, na sala de cirurgia, o anestesista pediu qual era meu último pedido, porém nem consegui pensar muito, só falei: "Uma picada só" e apaguei.

A cirurgia resolveu o problema no olho, só a recuperação foi meio angustiante, pois por trinta dias eu deveria ficar com os dois olhos vendados – e, com isso, fantasias ridículas tomaram conta de mim. **Você já reparou na quantidade de coisas que pensa a nossa mente quando poderíamos estar em silêncio?** Isso me lembra o Ami[2], um menino de um livro, que diz que os humanos são muito barulhentos, ainda que não falem nada. **Temos que**

---

2 Referência ao personagem de *O menino das estrelas,* de Enrique Barrios.

fazer um esforço para tirar esses pensamentos e fantasias e talvez tenhamos que pedir ajuda à Mãe, porque são muitos. Bem, voltando ao meu caso, ainda por cima tive que ficar na cama por um dia, e outro, e mais outro, ficando tudo entediante e monótono, e eu não gostava de visitas, pois não queria que meus amigos me vissem daquele jeito. Mas teve uma visita que, apesar de ficar um pouco envergonhado e não poder ver, gostei muito: foi a da minha amada, que agora seria amiga: a Ana.

Sem enxergar, ficamos muito vulneráveis e os outros podem nos levar para onde quiserem. **Psicologicamente também é assim: quando não temos a consciência ativa, ou quando seguimos o que os outros fazem, sem refletir, vamos para onde não queremos ou para onde todo mundo vai... E isso somente não acontece com seres que fizeram um trabalho sobre eles mesmos.** Os Mestres representam alguém que está sonhando acordado, como um cego, porque não consegue se guiar sozinho. Quase certamente você e eu estamos nessa situação, mas podemos mudar.

Muitas vezes, ciência e medicina são cegas também, porque não se sabe exatamente os efeitos de algo que se usa. Por exemplo: um produto que se aplica na lavoura, pode ser que se descubra mais adiante que tem relação com o autismo; os enxertos, pode ser que se descubra que unir duas vidas dessa forma não é bom; um remédio que se aplica pode vir a ter efeito colateral desconhecido depois de muito tempo. Isso porque tudo está em pesquisa ainda e talvez a forma de pesquisa não seja a mais completa e, no futuro, um conceito que temos hoje pode ser alterado.

Eu não estou contra a ciência, ao contrário, penso que a ciência é uma maravilha, um dos quatro pilares fundamentais do universo. O que quero dizer é que, se a ciência atua sozinha, pode criar bombas atômicas e plantas modificadas, mas se juntarmos a ela a consciência e a meditação, teremos algo muito melhor que não prejudica pessoas, animais e o universo.

Quem sabe poderíamos ter um controle biológico em vez de transgênico. E se acrescentássemos a arte, buscaríamos a beleza, a harmonia com o todo. E se ainda acrescentássemos a filosofia, teríamos a consciência coletiva e a troca de sabedorias que levaria à perfeição.

Vamos dar um outro exemplo: a ciência junta materiais e faz a estrutura sólida de uma construção; a arte a torna bonita e harmônica, de forma que alimente a alma; a filosofia busca trocas de sabedorias com outras consciências e a mística pode nos indicar se haverá algum problema, se existe algum símbolo que atrai energias ruins e se nosso Pai quer ou não que seja feita. Com tudo junto, teremos o melhor que se pode ter.

Nosso problema é que estamos separando cada vez mais esses ramos do conhecimento e então vêm extremos religiosos que não servem para o ser humano ou, em contrapartida, uma ciência que só busca o triunfo, sem imaginar os prejuízos.

As vacinas também são assim: são grandes avanços da ciência que previnem doenças, mas nenhum cientista pode afirmar sobre coisas que não vê, pois não correspondem a esse ramo do conhecimento. Na escola, na época das vacinas, vinham enfermeiros com pistolas para injetar o produto em uma criança e, em seguida, em outra, pois não eram do tipo descartável ainda (a ciência entendia assim por estar separada dos outros ramos, mas depois a própria ciência retirou essas pistolas ao ver que traziam outras doenças). Muitas crianças choravam e eu, mais ainda, porque ficava tenso e só de ver os outros chorando, já achava que era ruim e doído. Isso colaborou para que eu não fosse fã de vacinas... **Que tal se a gente descobrisse, num futuro, que as vacinas deixam pequenos seres sugando a nossa aura e também o astral, será que seríamos a favor disso? Será que não poderíamos criar remédios em vez de vacinas?**

Diz o VM Samael Aun Weor que "realmente não são vacinas que se necessitam para combater as enfermidades. O que são urgentes de verdade são as vitaminas [naturais, extraídas dos alimentos], a boa alimentação, a água pura e o sol".

Mas se temos que tomar uma vacina, se temos que a tomar mesmo, então a tomamos. Nesse caso, dizem que é interessante esfregar o suco de limão sobre o ponto da vacina, mas ainda teremos que enfrentar o bicho que aparecer, especialmente nos sonhos, e sentiremos as coceiras pelas mordidas dos bichos na aura. Talvez até criaremos alguns buracos na nossa aura, o que abrirá espaço para a entrada de outras doenças e problemas vindos do enfraquecimento do corpo. É melhor uma forma em que o próprio organismo possa reagir sem vacinas, mas, para isso, são necessários os outros pilares do conhecimento.

Vacinas à parte, o pai estava construindo um sobrado e eu o ajudava na construção. Quando estávamos no telhado, ele me pediu para levar a furadeira e, no caminho, eu apertei o gatilho e ela começou a funcionar. Em vez de soltar o gatilho, larguei a máquina no chão. O pai e meu irmão me olharam sérios... Bah! **Senti-me um idiota, mas hoje ninguém lembra disso.** Logo nos mudamos para este sobrado, que era ao lado do prédio onde morávamos antes.

> "SUA VISÃO SÓ FICARÁ CLARA QUANDO VOCÊ PUDER OLHAR DENTRO DO SEU PRÓPRIO CORAÇÃO. QUEM OLHA LÁ FORA, SONHA; QUEM OLHA PARA DENTRO, ACORDA."
> (CARL JUNG)

3

A IMPERATRIZ

"Tecendo está teu tear, telas para teu uso e telas que não hás de usar."

3

O arcano 3 do Tarô, A Imperatriz, nos indica produção material e espiritual. É a Luz Divina e indica a criação ou a multiplicação de bens materiais, prosperidade, abundância, riqueza, êxito. Também indica obstáculos a vencer e satisfação à medida que se vai vencendo.

No plano espiritual, significa conhecimento oculto; no mental, é idear (idealizar); no físico, é expansão de ideias e desejos.

Em geral, pode indicar um possível matrimônio ou, se for para progredir, pode ser também uma separação.

Essa carta ou número é mostrado em sonhos ou, no dia a dia, em situações em que algo vai aumentar, crescer ou ser criado. Pode indicar que virá um filho, que se vai abrir uma empresa, que se terá sucesso, enfim: é a criação de algo novo, pois o número 3 cria. No espiritual, também é necessário criar um novo corpo para utilizar em outros mundos, por exemplo.

Uma das experiências no novo lar não foi muito agradável, já que, enquanto dormíamos, furtaram a minha bicicleta que estava na sacada. **Quando nos são mostradas em sonhos ou no dia a dia coisas relacionadas a**

bicicletas (e carros ou sapatos também), isso quer dizer que há algo afetando o nosso andar no caminho espiritual. Então, se ganhamos uma bicicleta, isso quer dizer que algo ou alguém vai nos ajudar no caminho; se temos que a consertar é porque precisamos corrigir o caminho; se a perdemos é porque podemos ter perdido algo ou alguém que nos ajudaria ou iria conosco no caminho. No meu caso, eu havia me afastado da pessoa que poderia caminhar comigo, a menina que eu amava desde a infância. Até os anjos choram no desencontro de duas almas, porém Deus (ou o universo) não é um tirano, então Ele nos dá o melhor que pode diante das nossas escolhas. **Se teríamos uma companheira que nos permitisse andar longa e rapidamente no caminho e fazemos escolhas diferentes, Ele nos dará a oportunidade de conhecer uma outra companheira que também fará um bom caminho conosco.** Se novamente escolhemos diferente, teremos uma outra pessoa e mais dificuldade, como uma engrenagem em que já não há um encaixe perfeito. Isso funciona em todos os aspectos da nossa vida.

Então, quando alguns falam que *fulano* deixou de participar de uma escola ou seita e a partir daí ele morreu ou só aconteceram catástrofes na vida dele, essa é uma forma de manter os fiéis naquela seita: não é a realidade. Seria atitude de um deus tirano, obrigador e escravagista fazer algo assim. **Não é a escola, seita, religião; não é o sexo da pessoa, nem a cor da pele, nem o país em que nasceu que a salva. O que a salva é o seu trabalho de expansão da consciência e as suas escolhas.**

O restante da vida continuava em expansão, a maior delas na parte dos conhecimentos na escola e fora dela, bem sinalizados pela carta 3 do Tarô, A Imperatriz. Nesse tempo, tínhamos muitas atividades extras na escola, como treino diário de esportes e atividades como a Feira de Ciências, na qual eu e um colega fizemos um imantador, ou seja, um aparelho no interior do qual eram colocados metais que saíam imantados. Para construí-lo, pegamos bobinas de motores queimados e tiramos os fios de cobre que foram enrolados em um pedaço de cano. Assim, ao o acionarmos, a corrente elétrica produzia o alinhamento dos elétrons do metal e este ficava imantado. Nesse momento, alguns colegas começaram a me chamar de Professor Pardal, porque eu estava sempre vendo como poderia melhorar algo. Esse apelido foi tirado de um gibi onde o tal Professor era inventor e fazia as coisas mais estranhas. O gibi fazia a gente pensar que **existe muita coisa a ser inventada ainda. O mundo precisa de pessoas com ideias e que funcionem.**

Outros professores, esses reais, faziam coisas extraordinárias. Eram os que nos davam aula e incentivavam a turma inventando atividades extracurriculares que nós assumíamos como desafios. Assim, **testávamos, arriscávamos e aprendíamos mais.** Numa dessas, o professor de matemática levou-nos a um gramado para apanhar gafanhotos, segundo ele, para um trabalho da faculdade, mas creio que era só para aplicar a matemática. Isso porque ele dava risada e nos dizia que, com isso, dava para fazer uma operação numérica e de probabilidades etc. Outra vez, ele deu um problema para resolvermos e explicarmos no quadro. Dos que fizessem isso, um ia entregar um buquê de flores para a namorada dele. Nessa eu fui e ele me disse para entregar e pedir o nome da moça... Opa, então ela não era namorada dele!!!

Os outros professores faziam atividades diferentes também. Não sei como eles conseguiam tempo, mas **criavam as atividades mais interessantes e engraçadas e não ganhavam valor adicional na folha de pagamento**, mas ganhavam satisfação pessoal, motivação, ânimo, e isso era muito melhor. Os de educação física faziam campeonatos de esportes com outros colégios, mas as únicas duas medalhas que ganhei foram uma de segundo lugar no futebol e uma de honra ao mérito por ter feito todo o primeiro grau na escola... Nós éramos "bobinhos", chegando, às vezes, a pensar em ficar todo o primeiro grau na escola para **ganhar a medalha, que hoje não faz diferença nenhuma.** Isso me lembra o Muttley, cachorro de um desenho animado infantil que, para fazer qualquer coisa, dizia: "Medalha, medalha, medalha". **A vida não dá medalhas. As que ganhamos neste mundo são inúteis para a vida verdadeira,** mas o esforço é muito necessário.

Fora da escola, as atividades vinham em todos os campos. Havia umas que eu nem deveria fazer, como quando estavam consertando uma máquina e tiraram o *plug* da rede elétrica. Nisso, resolvi tirar uma foto sem avisar, mas o *flash* assustou e todos ficaram nervosos. Veja como é interessante o nosso condicionamento humano, pois todos sabiam que o *plug* estava fora da tomada, mas o susto foi geral. Assim somos nós: **sabemos que não precisamos ficar nervosos numa situação, mas ficamos,** porque a mente está condicionada a isso, talvez devido a alguma experiência anterior, e só conseguiremos alterar o rumo **se observarmos intencionalmente esse nervosismo, medo ou o que for. Depois podemos entender por que ele existe. Se assim o fizermos, já demos um grande passo para sua eliminação.**

Havia outras atividades que eu não fazia, mas outros sim, como num aniversário meu em que alguns amigos fizeram uma festa surpresa. Eu estava na rua, brincando como em qualquer outro dia, porque nunca fui muito ligado em datas. Se perguntassem, eu diria: "Comemorar o quê? Mais um ano que passou? Já passa ligeiro e ainda a gente vai comemorar? Então, se comemora que ficou vivo mais um ano? **Coisa absurda! Acho que deveríamos comemorar quando se passou num concurso, quando se mereceu algo...".** Depois descobri que nos 30 dias anteriores ao aniversário vivemos o inferno astral, ou seja, é um período ruim. Não sei se sair desse período é suficiente para comemorarmos... continuo pensando que "parabéns" é para algo que se fez um esforço para conquistar, o que não quer dizer que não possamos nos reunir para celebrar a amizade ou fazer uma homenagem para alguém.

Sempre gostei de **coisas gratuitas, pois parecem mais humanas,** o que hoje é raro, pois quase todas as atividades são feitas somente porque o dinheiro está envolvido. Além disso, eu era adolescente e, não tendo mesada, nunca tinha muito dinheiro.

Ainda bem que encontramos um curso de datilografia gratuito. Hoje, esse curso não existe mais, nem as máquinas de escrever que utilizávamos, que eram manuais, mas **o conhecimento pode ficar armazenado para sempre.**

Outro curso gratuito ao qual fui levado por um amigo pôs ensinamentos e bases na minha vida, embora eu não imaginasse isso no momento e, para ser sincero, achasse que não me encaixava muito bem nele. Até a metade do curso, eu convidei pessoas que achava que tinham mais afinidade com estas práticas, mas nenhuma delas ficou e eu escolhi esse caminho porque, mesmo sem saber, minha alma já gritava por isso desde muito pequeno. Nos desenhos que eu fazia anos antes, aparecia este ensinamento, ainda que na visão de uma criança. Contudo não me dei conta disso e iniciei o curso mais pelo amigo do que pelo curso, que era de Autoconhecimento, no qual foram abordados muitos temas como relaxamento, concentração, meditação, desdobramento astral (viagem fora do corpo), como modificar o carma e ganhar darma, como ativar os chakras e a pronúncia de mantras mágicos, entre outros, pois o autoconhecimento é muito amplo. A síntese dos ensinamentos era a revolução da consciência com a eliminação dos defeitos psicológicos, a prática da alquimia ou da magia do amor entre o casal e a ajuda mútua entre a verdadeira família, a humanidade.

Para ativar os chakras, por exemplo, **temos a vocalização, uma prática na qual a pessoa senta ou deita, relaxa o corpo e inspira profundamente pelo nariz. Ao soltar o ar, pronuncia verbalmente uma vogal, alongando-a e se concentrando no seu som** ou, melhor ainda, imaginando a cor e o giro do disco correspondente (todos os discos, chamados chakras, giram da esquerda para a direita, como os ponteiros de um relógio visto de frente). Ao finalizar a expiração, inspira-se novamente e, ao soltar o ar, volta-se a vocalizar a mesma vogal, e assim segue. **São muito importantes a concentração, a imaginação e a constância (fazer diariamente).** Pode começar com uns cinco minutos diários, mas aumentando gradativamente, sem perder a concentração, **até que se atinja uma hora.** Esse é o tempo que os Mestres de várias escolas recomendam. Muitas pessoas dizem que a partir de 20 minutos já se evidenciam os resultados. **Se fizer isso, você vai ver que se entra em um estado diferente. Vale a pena.** Vamos conferir:

- *Iiiiiii* faz vibrar um chakra da cor do quartzo rosa, que existe entre as sobrancelhas e traz muitos poderes, como enviar mensagens do que se precisa para o exterior ou para uma pessoa. Outro poder é a clarividência. Ativa a pineal e a pituitária;

- *Eeeeeee* faz girar o chakra de cores prata, verde e azul, da laringe, que traz o poder de escutar outras dimensões da natureza. Influi na tireoide e facilita para visitar outro mundo conscientemente;

- *Ooooooo* é importantíssima. Faz girar o disco dourado do coração, que facilita para investigar outros mundos, traz a intuição e muitas faculdades do coração;

- *Uuuuuuu* faz girar o disco com vários tons de vermelho da região do umbigo, a nossa antena receptora de mensagens, impressões e energias; com isso, alimenta todos os outros chakras;

- *Aaaaaaa* faz girar os chakras dos pulmões e traz o poder de recordar existências passadas. Ativa a glândula timo, uma das responsáveis pelo sistema imunológico, e assim, nos protege e elimina muitas doenças. Desta vogal surgiu o mantra "abracadabra", que é utilizado para eliminar epidemias (cada um elimina de si mesmo).

Existem ainda sons como o *Mmmmmmm* (órgãos sexuais), o *Sssssss* (o silvo mágico da Mãe) e o da glândula pineal, que é parecido com o som do grilo ou com um *Iiiiiii* bem agudo. Concentrar-se neste último som faz a pessoa "dormir" quase instantaneamente e este "sono" descansa muito mais que o sono normal. Traz experiências místicas e mensagens enquanto dormimos, traz clareza para provas que vamos fazer no dia a dia sobre qualquer assunto e, enfim, inúmeros benefícios, mas teste-o... faça por pelo menos 20 minutos diários e **busque chegar a praticar por uma hora. Vale a pena.**

Além destes, temos outros chakras no organismo. Nos joelhos, por exemplo, temos os chakras da humildade, no fígado temos o que influi para um bom sono e sonhos lúcidos etc. Quem quiser se aprofundar neste ensinamento, sugiro que leia o livro *As três montanhas*. Sobre a alquimia sexual, pode-se estudar a obra *O mistério do áureo florescer*. Para a eliminação dos defeitos psicológicos, estude *Tratado de psicologia revolucionária* e *A grande rebelião*. Todas essas obras são do VM Samael Aun Weor. E se quiser vir com a gente nesta busca ou quiser entrar em contato com o autor, pode utilizar o e-mail alexandre.autor33@gmail.com.

Um livro muito claro sobre viagens fora do corpo e eliminação dos defeitos psicológicos é *Hercólubus ou Planeta vermelho* do VM Rabolú.

Esta obra pode ser encontrada nas livrarias ou solicitada pelo site: hercolubus.tv/pt – ela é enviada de forma gratuita.

Obviamente, para se ter resultados nessas práticas, é necessário continuidade. Quando a pessoa perder a motivação, tem que reavaliar para seguir adiante, como dizem os versos da música: "tenha fé em Deus, tenha fé na vida, tente outra vez. Basta ser sincero e desejar profundo, você será capaz de sacudir o mundo. Tente outra vez".[1]

Quem pratica regularmente esses exercícios vê sua aura trocar de cor e ficar mais brilhante. Isso é ótimo para quem os faz, mas atrai alguns pequenos seres que querem se alimentar desse brilho, dessa energia. E, se o conseguem, trazem prejuízos energéticos e retrocesso espiritual. **Esses pequenos seres negativos são chamados de larvas astrais e podemos encontrá-los facilmente em lugares como cemitérios, teatros, cinemas e, alguns tipos, em hospitais. Quando eles nos atacam** para roubar essa energia magnífica que adquirimos, **trazem coceira, especialmente na barba e sobrancelhas, motivo pelo qual os que fazem esse tipo de prática não frequentam os locais citados**, a menos que seja necessário.

É interessante cultuar a luz, o dia, o sol. Sol é vida, é saúde, é calor. À noite, cultuam os que têm afinidade com a escuridão. Com isso, lembrei da música que diz: "Um verme passeia na lua cheia".[2]

À noite, temos que nos cuidar mais, mas não são todas as experiências noturnas que são ruins... Uma vez fomos umas trinta pessoas a um parque na zona rural para buscar contato com extraterrestres. Colocamos o símbolo no chão e deitamos fazendo o mantra (palavra mágica) indicado. Demorou, mas algo que parecia uma estrela começou a aumentar de tamanho. Quando ficou grande como a palma da mão,

---

[1] "Tente outra vez" – Raul Seixas, 1975.

[2] "Flores astrais" – Secos & Molhados, 1974.

muitos falaram que estava tarde, não sei o que mais, e foram embora. Quando a luz ficou do tamanho da mão aberta, o último buscador fez a observação de que estávamos sozinhos em um local perigoso e, com isso, voltamos para casa. Assim somos nós, seres humanos, no fundo, e talvez sem notar, todos com um pouco de receio da tal luz que aumentava de tamanho. **Um dos culpados pelo receio geral que a humanidade tem dos extraterrestres são os filmes absurdos nos quais sempre os habitantes dos outros planetas são maus e os terráqueos bons, mas na realidade há grande chance de ser o contrário. E talvez extraterrestres caminhem entre nós ou nós mesmo sejamos eles...**

Falando em extraterrestres, quando encontrei pessoalmente o Mestre vi seu olhar penetrante. Ele tinha algo de diferente das pessoas comuns: se me dissessem que era de outro planeta, eu era capaz de acreditar... Bem, mas ele disse que havia sete bruxas atacando buscadores de luz. Aquilo me inquietou... Bruxas? Isso existe? Pouco sabia o quanto as bruxas ou magas negras são reais e perigosas. Tempo depois, levei uma surra de uma dessas no mundo astral: então vi que as duas forças, do bem e do mal, estão sempre se enfrentando. **As forças do mal querem desviar as pessoas e quase sempre se disfarçam de forma que não pareçam más, nem bruxas. Ah, jamais se esqueça: não existe bruxa boa. Existe bruxa disfarçada de boa, mas muito perigosa. Geralmente é linda de rosto e corpo e a sedução pode causar mais danos que uma surra. E tem a versão masculina também.** Porém, existem seres do bem, homens e mulheres muito poderosos, que utilizam a magia e não atacam os outros. Em outras dimensões, geralmente, usam uma túnica branca e emitem luz, por isso, são chamados de magos(as) brancos(as) ou magos de luz.

Para afastar os que são das trevas e entidades ladras de luz, como também eliminar as larvas astrais, podemos queimar enxofre. Uma vez fiz isso com três amigos, e foi até engraçado: **compramos enxofre na farmácia, colocamos umas duas colheres numa lata vazia, para a qual fizemos um cabo, e colocamos a lata na chama do fogão a gás.** Em segundos, o enxofre se derreteu e pegou fogo, com a chama azul e o cheiro característico. Cada um colocou a mão esquerda em seu plexo solar para evitar que entrasse qualquer energia negativa no corpo e um pegou a lata, enquanto fazíamos conjurações. Ao terminarmos, ainda tinha enxofre queimando, então deixamos a lata dentro de um quarto e fechamos a porta. Essa parte é que foi engraçada, porque quando voltamos, eu e um amigo, tinha tanta fumaça lá dentro que não dava para ver os móveis, chegando a nos dar ânsia de vômito. Se tinha alguma entidade lá, "correu léguas", como dizem, mas exageramos: não precisava de tudo isso.

Depois dessa história da bruxa e de afastar entidades e eliminar larvas astrais, inclusive algumas físicas, um amigo convidou-me para ir a uma cartomante. Eu achei curioso aquilo e resolvi ver como era. Entrei numa sala, a cartomante chaveou a porta (por que chaveou a porta?!) e disse: "Você não acredita muito nisso, veio aqui só por esporte".

Fiquei meio assustado, e, como a porta estava trancada, olhei para a janela para ver se era grande o suficiente: se a "coisa apertasse", eu pularia por ali.

Disse ela: "Esse curso que você está fazendo está sendo muito bom pra você". Eu: "Quem lhe disse que eu faço um curso?".

Ela (sem mudar em nada a voz tranquila de quem não fala tudo que sabe): "Ninguém me disse nada não, filho, eu vejo".

Não gostei daquilo. Dei-me conta de que ela realmente sabia algo de mim e eu, normalmente, não gosto que saibam de mim. Outra coisa: ela me chamou de filho e aquilo me incomodou, embora o tom utilizado fosse para tranquilizar.

Ela: "Quer ver com baralho espanhol, baralho comum ou leitura pelas mãos?". Eu: "Tanto faz entre os baralhos" (que tal ela agarrar minha mão e, de repente, se mostrar como um baita diabo disfarçado de senhora bondosa?... Eeee, tô fora!).

Mas meu receio era infundado. Fiquei na sala por quarenta minutos, ouvindo sobre a minha vida ou sobre o que iria acontecer e devo admitir que ela conseguiu ver muito bem através das cartas. Inclusive sobre o falecimento da avó. Mas nem todas as cartomantes são verdadeiras. Algumas são pessoas comuns que apenas querem dinheiro e outras são mais perigosas.

Na noite em que a avó faleceu, o avô veio dormir na outra cama do meu quarto. Ele disse algumas coisas que influíram na minha forma de ver a vida. Também disse que ele e a avó sempre pouparam até a última moeda e agora os filhos e netos iam brigar na justiça para dividir o que eles economizaram, o que era muito triste. O avô era muito religioso e fazia uma sequência de orações antes de dormir, algumas de pé, outras ajoelhado, outras de pé novamente, mas virado para outra posição. Parecia um ritual e gerou-me um sentimento místico. Quando encerrou as orações, deu boa-noite, pediu a benção de Deus para mim e se deitou para dormir.

Os antigos tinham uma crença, que é verdadeira: **quando morria a(o) companheira(o), se deveria guardar um ano de luto.** Mas o avô exagerava um pouco, pois queria que por um ano ninguém gritasse, nem fizesse brincadeiras etc. Só trabalhar podia (a criação deles era para ganhar dinheiro).

Falando nisso, estávamos trabalhando no telhado de um prédio. O avô, apesar da idade, queria trabalhar também e me usava como ajudante, mas às vezes eu não entendia o dialeto que ele falava e a coisa ficava difícil. Nisso, ele falou algo e eu fiquei imóvel, tentando entender, e os que estavam por perto riram. **Mas não dê muita importância quando riem de você, porque tudo passa e é esquecido.** Essa situação logo passou, o prédio ficou pronto e nos mudamos para um apartamento.

> "A MAIS PROFUNDA RAIZ DO FRACASSO EM NOSSAS VIDAS É PENSAR, 'COMO SOU INÚTIL E FRACO'. É ESSENCIAL PENSAR PODEROSA E FIRMEMENTE, 'EU CONSIGO', SEM OSTENTAÇÃO OU PREOCUPAÇÃO."
> (DALAI LAMA)

O IMPERADOR

*"Ao trabalho de tuas mãos dá benção
e, no do pensamento, põe coração."*

4

O arcano 4 do Tarô Egípcio (ou a simbologia do número 4) é de "mando, progresso, êxito, misericórdia". Este número promete ganhos materiais e resultados favoráveis, mas condições penosas para consegui-los. As amizades são simultaneamente ajuda e obstáculo. A sorte é propícia e adversa ao mesmo tempo.

No plano espiritual, é a manifestação da virtude divina; no plano mental, é a solução final; no plano físico, é a realização material.

Neste arcano agem juntos a afirmação, a negação, a discussão e a sedução. Veja: são 4 pontos cardeais, 4 estações do ano, 4 fases da lua etc. Dessa forma simboliza o todo e, nesse todo, **temos que escolher um caminho a seguir.**

São todos os lados agindo juntos, o que pode gerar conflito e discussão – por esse motivo, o número 4 é utilizado também para nos prevenir sobre o mal, **pois onde entra a discussão, sempre se metem as trevas invisíveis.** Outro motivo de ser utilizado esse número para nos prevenir contra os seres do mal é porque representa o materialismo (coisas materiais não são o problema, mas adorar o materialismo nos afasta do espiritual).

O 4 indica contatos afetivos intensos para bem ou para mal, podendo haver uma despedida; controle do material; domínio de si mesmo. **Deve-se trabalhar na base,** para que ela sustente algo grande.

A nova morada era em um apartamento com três dormitórios e dependência para empregada. Com a adolescência, resolvi que meu quarto seria essa dependência e me mudei para lá. Adolescentes têm um comportamento "diferente", mas em oposição a isso havia o colégio em que passei a estudar, pois era tão ou mais rígido que o anterior.

Nesse colégio, passei por alguns "vermelhões" (de vergonha). O maior deles foi depois que uma colega escreveu no meu caderno: "um beijinho com carinho da amiguinha", sendo que o professor daquela matéria era brincalhão e naquele dia passou para ver quem tinha feito a tarefa. Ao ver a escrita, leu-a em voz alta e fez uma piadinha. Eu fiquei vermelho – vermelho não, roxo – enquanto a classe inteira somente ria. E pior que não parou nesse dia, senão que durante todos os dias em que tivemos essa matéria até o final do ano, o professor sempre deu um jeito de falar dos "amiguinhos" e qualquer frase que ele falava com aquele tom era suficiente para a turma cair na risada e eu voltar a ficar vermelho. A atitude da colega, do professor e da turma resumem bem o que são os contatos afetivos intensos do arcano 4, O Imperador.

Era o período da adolescência em que se tem muitas festas. Uma resultou em vários incidentes porque um rapaz da turma "ficou" com uma colega e no outro dia falou demais ou inventou algo, de forma que a menina fez um escândalo e, como resultado, ele passou a maior vergonha, e nenhuma garota queria chegar perto dele sequer na aula. Eu já não falava, mas tirei uma boa lição: o melhor é não falar nada. **Em boca fechada, não entra mosca,** diz o ditado.

Nesses anos, comecei a ver o retorno dos fatos, pois voltei a ser eleito para o Grêmio Estudantil, novamente como vice-presidente. Observe que, depois de um cronograma estabelecido, **tudo volta a acontecer na nossa existência, somado às consequências do anterior. Mas é possível alterar isso** e assim, eu não organizaria nenhum campeonato de futebol. Se fosse organizado, eu não assistiria a nenhuma partida... outra bolada no olho? Eeee, tô fora!

Organizamos uma excursão e é interessante acompanhar esse processo de organizar algo com uma turma. No começo, quando vem a ideia, uns acham interessante, outros recusam, outros ficam neutros, como que esperando o que vai acontecer. Aí vêm outras reuniões e as coisas vão tomando forma. No final do processo, todos têm o objetivo como algo certo, que já está dentro deles, e se os planos mudam ou são impedidos podem pôr qualquer um no comando ou forma-se uma revolta tão grande que pode destruir qualquer lugar.

Em uma das cidades a que fomos na excursão, morava um primo para quem liguei e contei que tínhamos ido ver o ponto mais famoso da cidade. Para minha surpresa, ele disse que nunca tinha ido. É assim: **a gente conhece o que está longe e não o que está perto. Conhece outras pessoas e não conhece a si próprio.**

Onde estão hoje meus antigos colegas? E os professores que merecem os nossos agradecimentos por tudo que ensinaram? E o de Física com as suas piadinhas dos "amiguinhos"?

Cada um de nós teve suas experiências que ajudaram a moldar o que somos no presente. Que tal se isso fosse compartilhado? **Livros com aprendizados de cada um seriam muito melhores do que a imensa**

quantidade de romances que existem no mercado, os quais, na quase totalidade, não trazem nada de real para nossa vida. Claro que para escrever um livro da vida é preciso coragem, tempo, disposição, persistência e dedicação e por isso muitas pessoas têm a ideia, mas não conseguem levar adiante e anos depois continuam dizendo que um dia escreverão. Outros dizem que não têm assunto. Será mesmo?

Eu não pensava em escrever um livro, menos ainda falando de mim, mas o que é necessário e pode ajudar aos outros não é questão de pensar, é questão de fazer.

Eu estava aprendendo muita coisa e com tudo isso talvez agisse diferente do normal, então a mãe conseguiu um religioso para fazer uma entrevista comigo. Como já disse, não gosto de falar de mim e em boca fechada não entra mosca, mas dessa vez foi diferente e continuo achando interessantes algumas coisas que falei. Por exemplo: eu disse que não queria mais aquela religião na qual pregam o que não fazem e restringem a vida, e eu **sou contra regras que bloqueiam a vida, sem que a gente possa entender, e também não acho certo que o religioso não possa se casar.** Eu quero ter fortes princípios religiosos baseando minha conduta durante toda a vida, mas princípios que eu defina, a partir do meu entendimento: **não quero dogmas, quero experimentar,** quero saber o porquê, quero saber o resultado.

Disse também que **quero meu próprio templo e que ele esteja dentro de mim,** de forma que eu possa me voltar para dentro e lá encontrar meu Pai e minha Mãe. **Eu quero me interiorizar no final de um dia e poder pedir desculpas ao universo por algo ruim que fiz ou a alguém que prejudiquei.** Quero poder **estudar e experimentar para saber se temos existências anteriores** e não que alguém me diga que isso é pecado. **Quero princípios religiosos completos, ainda que** eu tenha que buscar um pouco em cada religião. Quero saber sobre outras dimensões do universo e, quem sabe, viajar nelas.

Quero buscar o caminho justo e perfeito a cada momento da minha vida. Assim, ainda que minhas obras não sejam perfeitas, porque eu não sou perfeito, eu **farei o melhor possível e estarei sempre alerta. Também quero desenvolver virtudes e eliminar o que é negativo em mim.** E, quem sabe, isso seja o "negue-se a si mesmo" que ensinou Jesus, o Cristo. Quem sabe, isso seja o "morrendo, nascemos para a vida eterna" que disse Francisco de Assis: não morrendo o corpo, mas **morrendo o que é ruim em nós.** Quem sabe isso – dissolver o que é ruim e coagular o que é bom – seja o que os antigos alquimistas almejavam com a frase "solve et coagule".

Também quero compartilhar com as pessoas todo o conhecimento que eu puder adquirir, pois assim cada um terá mais força para escolher seu caminho. Quero poder amar a Deus e a humanidade de forma livre, aliás, eu quero ser livre... meu coração fará as regras. Não vejo nenhum mal nas coisas que quero e **a lógica me diz que nenhuma pessoa precisa seguir uma religião específica para chegar aos céus**. Naturalmente, posso estar enganado. Nesse caso, estou aberto para que qualquer pessoa, incluindo você, me mostre o erro e, desde que me convença, eu me esforçarei em me corrigir. **Estou completamente convencido de que Deus não abandona quem é sincero na busca e que Ele nos guia pelo caminho.**

O religioso ficou mudo, triste e depois falou que ele tinha que seguir com a vida escolhida, o que me fez pensar que ele mesmo achou que eu tinha razão em algum ponto (ou em todos) e também tocou em outro ponto de que discordo: sobre as escolhas feitas. Entendo que **as escolhas podem e devem ser mudadas quando se chegar à conclusão de que foram incorretas,** do contrário teremos uma vida frustrada e não teremos como corrigir erros, ou seja, não temos como melhorar. Logicamente, **é preciso**

ter coragem e força para poder mudar de caminho. De qualquer forma, não soube mais daquele sacerdote, que gostava bastante de vinho.

Falando em vinho e bebidas, fui para a praia com um tio e, numa das noites, nos encontramos com outros parentes. Eu estava entre dois tios e ambos bebiam bastante cerveja. Eu nem terminava um copo e um dos dois o enchia de novo e dizia para tomar porque ia ficar "choca". Isso até que me levantei para ir ao banheiro. Não conseguia andar em linha reta. Para piorar a situação, estavam todos rindo e eu achava que era de mim.

Mais tarde, quando fomos dormir, o teto do meu quarto insistia em girar até que eu "desliguei", dormindo até a manhã seguinte. Quando acordei, estava me sentindo esquisito. Levantei-me e passei por onde estava o tio, e este veio rapidamente na minha direção. Desmaiei. Quando a consciência voltou, eu sentia um gosto ruim na boca, que durou o dia inteiro: parecia que tinha mordido o cabo molhado de um guarda-chuva. Não gostei nem um pouco daquela experiência.

Depois daquela noite, em outras oportunidades, bebi mais duas vezes. E mais duas vezes desmaiei. Na última, eu estava em casa e fui até o banheiro. Deu-me uma sensação de como se tivesse um funil à frente dos olhos e ouvi o maior estrondo da minha vida (bati a cabeça). Parecia uma bomba, e quando minha consciência tomou o controle do corpo novamente, estavam me sacudindo e dando tapas.

Tomei uma grande decisão a partir disso: "Não quero bebidas pra mim, quero ter o controle do meu corpo, pensamentos e sentimentos, sempre". Assim, não voltei a beber, exceto poucos goles em outras ocasiões.

Outra experiência que fiz foi ligada à maconha. Nessa, fomos a uma casa, colocamos um disco com músicas andinas e "fechamos o cigarro" com uma porção da erva que uns amigos tinham trazido e que, segundo eles, era quase demais para nós quatro. Eles começaram a dançar "esquisito", riam à toa, enfim, tinham reações diferentes do normal enquanto eu não sentia absolutamente nada de diferente. Eles explicaram novamente como tinha que fazer e eu fiz, mas nada aconteceu, exceto que fiquei indignado, pois além de tudo, parecia que estava escrito na minha testa: "maconheiro". Fui para a casa ainda indignado. Em outros dias, repeti o experimento, trocando as pessoas para ver se eles não estavam me enganando com qualquer outra erva, mas nunca senti nada de diferente. Na última vez, me deram um cigarro que, segundo eles, era suficiente para cinco pessoas e eu fumei com uma moça, mas nada aconteceu comigo.

Ora bolas, por que não funcionava para mim? Acabei descobrindo que as drogas, especialmente a maconha, debilitam o corpo astral e somente depois produzem efeito no corpo físico. Como eu estava fazendo três horas diárias de uma prática especial para fortificar o corpo astral, a droga não conseguiu agir. Também fiquei sabendo que, **com o uso prolongado, as drogas rompem certas ligações entre os corpos e isso produz a ausência de realidade, alucinações e dificuldade de raciocínio** e eu não queria isso; a maconha, assim como outras drogas inaláveis, quando usadas por longo período, **trazem impotência sexual** e eu não queria isso também; com o uso de qualquer droga, **torna-se muito mais difícil o despertar da consciência** e eu queria despertar. Aprendi a respeitar todos os que usam drogas, que geralmente o fazem como parte de uma busca interior; mas é uma busca externa e não devemos buscar fora o que podemos conseguir melhor dentro de nós mesmos. Além de que, para mim, **é algo que não tem serventia. Não precisava disso para sentir mística nem me divertir, nem para ficar alegre, não precisava para esquecer nem para resolver um problema.**

A adolescência, a partir dos 14 anos, foi o tempo de romances e de "ficar", pois são os 7 anos sob influência de Vênus, que ativam alguns hormônios e emoções. Já dos 2 grupos de 7 anos anteriores, o primeiro recebe a influência da Lua e com isso vem a necessidade de carinho e proximidade dos pais, o segundo é influenciado por Mercúrio e é quando a criança quer descobrir o mundo. Depois de Vênus, dos 21 aos 42 anos, vem a regência do Sol e é quando a pessoa está adulta e vai buscar o seu lugar no mundo. Finalizando o Sol, vêm sempre ciclos de 7 anos, o primeiro com a regência de Marte, com sua força e um comportamento agressivo ou competitivo; seguindo, teremos a regência de Júpiter, em que se colhe o resultado das nossas escolhas (com escolhas razoáveis durante os anos anteriores, pode ser um período de abundância). A próxima regência é de Saturno e pode haver alguma cobrança, pois este planeta representa a espada da justiça. Por fim, chegamos ao ciclo dos 63 aos 70, no qual Saturno se combina com a Lua e, nos próximos ciclos, Saturno se combina com Mercúrio, Vênus, Sol e assim se segue. Mas, como eu dizia, a adolescência foi um tempo de "ficar", algo que nem sempre dava certo. Levei pouquíssimos "foras", já que só levava adiante se tinha alguma correspondência, mas um deles foi estranho porque pedi em namoro a Isa, que não aceitou pois tinha três anos a mais do que eu e isso parecia muita diferença. Fiquei muito triste naquela noite e fui para casa dormir. **Sempre que levo um golpe preciso dormir uma noite, pois no outro dia tenho alguma solução ou mudei meu estado de espírito, de forma que o tal problema não me atinge tanto.** E foi o que aconteceu. Acordei no outro dia e já tinha aceitado que ela seria uma amiga e não namorada, e talvez fosse melhor assim. No entanto, um ano mais tarde, a diferença de idade não aparecia tanto, de forma que começamos a namorar.

Fomos com um grupo à fazenda de um amigo. À noite, eu quis dormir no galpão para ver o que aconteceria comigo e o amigo disse que poderia, mas somente se eu não tivesse medo, porque ladrões já tinham entrado lá várias vezes. Ótimo, era isso que eu queria testar.

Assim, levei o colchonete, instalei-me sobre uma das pilhas de sacos de grãos e demorei para dormir porque eu ouvia os ratos conversando. Conversando mesmo, um fazia "qui qui" o outro respondia "qui qui qui", aí entrava um terceiro na conversa. Pensei que eles estavam ao meu lado, de tão bem que os podia ouvir e isso fez com que eu demorasse para dormir. E quando dormi, logo acordei com as luzes acesas. Pensei nos ladrões, fiquei tenso, disparou o coração, mas em seguida, afastei essa ideia porque ladrões não acendem lâmpadas, creio eu. Nisso, alguém sussurrou algo e eu reconheci a voz. Esperei que chegassem mais perto e gritei: "UA-AAA!", como nos velhos tempos da infância. Eram amigos querendo me assustar. **O mais importante dessa experiência foi observar os medos. Temos muitos medos e eles não nos servem, ao contrário, nós é que servimos a eles até hoje.**

Ao voltarmos para a cidade, eu estava na caçamba da caminhonete e, perto de casa, o motorista reduziu bastante a velocidade. Eu achei que ele nem precisava parar e saltei... Caí e rolei no asfalto, raspando os braços. Nada que não sarasse em uns dias, mas minha idiotice poderia ter terminado de forma bem pior. Só que ali foi criado outro sentimento ruim que aprisionou um pouco da minha consciência... Fiquei com algo que me dá um frio na barriga cada vez que vejo uma cena em que alguém se esfola. É mais um "eu" a eliminar.

Outra atividade que fizemos juntos, eu e a Isa, foi ir com uma pessoa idosa para outra cidade, onde teve um almoço que era tão perigoso quanto o motorista, já que eram costelinhas de porco, que insistiram muito para que comêssemos. Ainda bem que tinha polenta e radicci porque eu não como **carne e derivados de porco, animal que é involutivo, assim como ratos e baratas. Pelas pesquisas, a ingestão de carne de porco ou derivados dificulta a concentração, aumenta a propensão a espinhas e furúnculos e vicia o organismo de forma que a pessoa sente falta. Ao ficar tempo sem comer, sente repulsa e revolta no estômago se voltar a sentir o cheiro ou gosto. Se examinarmos o assunto detidamente, vamos encontrar centenas de razões para não ingerir essa carne e seus derivados:** salame, morcilha, patê (ainda que seja de galinha, pode conter ingredientes suínos), presunto, mortadela, salsicha, bacon, banha e uma lista interminável e cada vez maior de itens. Além disso, **qualquer esoterista ou alquimista, ainda que seja superficial, não ingere isso, devido aos danos que traz para o trabalho interno.**

Seria mais seguro eu dirigir o veículo na próxima vez que saíssemos e eu já estava com a data marcada para tirar a carteira de motorista. Aliás, nesse dia teve algo interessante também, pois em uma parte da prova prática, ao puxar o freio de mão, virei ao contrário uma das minhas unhas, que estava maior que o normal para tocar violão. Vendo o sangue escorrendo no dedo, minha vontade era de gritar um "ai", mas assim: "AAAAAAAiiiiiiiiiiiii!", só que não podia porque era uma avaliação... Mas, realmente, **"Ae" é uma palavra mágica usada para curar e diminuir a dor. Com o tempo, foi transformada em "Ai", mas a continuamos pronunciando, ainda que instintivamente.** Dei-me conta de que tinha vontade de falar palavrões nesse momento... Por que a gente tem essa vontade? Será que pensa que muda algo da dor? Ou será que aí estão os dois lados, o bem (ae ou ai) e o mal (palavrão)?

Passou o tempo e chegou à véspera do vestibular, quando ficamos até a meia-noite caminhando pela cidade. No outro dia, levantei cedo e fui para a primeira prova, levando somente uma caneta e um rascunho, enquanto na sala havia muita **gente estudando até o último minuto, o que não é recomendável porque gera nervosismo e esquecimento da matéria.** No dia seguinte teve a segunda prova e, assim, foi até o fim. Meu nome apareceu nos aprovados **sem tanto estudo extra, mas prestando muita atenção à aula (creio que, se a gente aprendesse, não precisaria estudar para as provas).**

Na faculdade, estudaríamos programação de computadores, mas estavam surgindo novas e poderosas linguagens de programação que não estavam incluídas no curso. Isso me fez ver que era um tempo instável demais para estudar sobre aquilo. Mesmo assim comecei o curso, mas estava incomodado e, depois de duas semanas, quis trancar a matrícula. Como isso somente era possível após o primeiro semestre, resolvi cancelá-la.

Em seguida, eu me somei ao quadro de funcionários de uma empresa de informática. Cheguei a receber uma proposta para ser sócio, mas não fizemos o negócio e um dia fui visitar um tio que estava comprando uma loja. Não vendi nada de informática, mas ele precisava de alguém e eu gostei da proposta e comecei como vendedor. Mais tarde, eu passei a cuidar da administração, do caixa e por fim, da loja toda. Mas não era novidade, **parecia que eu já tinha feito aquilo. Você já teve essa impressão em algo que fez? Isso é porque já fizemos em um tempo anterior ao que lembramos.** Pode não ter sido igual, porque os tempos são diferentes, mas a sensação é igual.

Nisso, eu e a Isa resolvemos que poderíamos noivar e, no lar de um casal de amigos, sem muitas formalidades, ficamos noivos. Porém, em seguida, uma pessoa nos entregou um livro que descrevia que éramos incompatíveis por signos e gênios e não deveríamos estar juntos, mas não demos importância. Foi um erro, **sempre devemos investigar a fundo quando recebemos um aviso.** Mais ainda estando no arcano 4, pois, como estão agindo forças contrárias e a sorte é propícia e adversa ao mesmo tempo, é necessário cuidado. No entanto, nosso relacionamento seguiu normalmente, só era preciso ter mais atenção porque quando se está noivo surgem as propostas mais estranhas que visam terminar com o relacionamento, como alguma moça querendo que o noivo tire fotos dela nua.

Quando decidimos nos casar foi interessante ver as coisas se movimentarem. Tudo funciona assim: **quando a gente está decidido a fazer alguma coisa, as forças do universo ajudam, sendo ou não a vontade do Pai.** E assim, um inquilino dos pais resolveu desocupar o imóvel e o pai ofereceu-me essa casa... Era o 4, o Imperador, trazendo o material.

Combinamos que o Juiz de Paz iria até o local onde seria celebrado o casamento e faria as formalidades lá. E assim foi e, em seguida, alguns amigos me entregaram um objeto simbólico dos alquimistas: uma espada. Segundo eles, para cortar o bolo.

Quando deixamos a festa, fomos para a antiga e também nova morada: o sobrado.

"O ÊXITO DA VIDA
NÃO SE MEDE PELO CAMINHO
QUE VOCÊ CONQUISTOU,
MAS SIM PELAS DIFICULDADES
QUE SUPEROU NO CAMINHO."
(ABRAHAM LINCOLN)

5

O HIERARCA

"De ouvidos te havia ouvido, mas agora meus olhos te veem e meu coração te sente."

5

A simbologia do número 5 é "o Carma. Marte. Guerra". É a Lei.

Esse número promete: "liberdade e restrições, novas experiências, aquisição de ensinamentos proveitosos, amores e namoricos, viagens de prosperidade malograda. Amigos propícios e amigos de sinistro augúrio. Seres e coisas que vêm e vão, os primeiros para ir, os segundos para regressar".

No plano espiritual, estão as manifestações do Criador; no plano mental, é o domínio das paixões; no plano físico, é o controle das forças naturais.

São 5 dedos e 5 aspectos da Mãe Divina (Ela sempre nos ama, porém um aspecto Dela cobra e castiga quando erramos; outro aspecto elimina hábitos, vícios, características ruins quando assim queremos; outro ainda molda nosso corpo físico...). Em geral, indica recebimento de algo bom ou ruim devido à ação passada, mas também representa um homem de pé, com braços e pernas abertas, formando 5 pontas. Isso, quando se vence o Carma.

O arcano 5 está sempre ligado a ensinamentos a receber (o Carma é um ensinamento também), indicação, demonstração, filosofia, ciência, arte, Lei, rigor.

Não tínhamos televisor e o pai ofereceu um desses aparelhos em preto e branco que tinha guardado. Eu disse que não assistíamos televisão e não precisava. Ele não se contentou com a resposta e aproveitou quando não estávamos para colocar a TV na cozinha e ainda a deixou ligada, de forma que, quando chegamos, estava lá a quadrada falante que intrigou tanto a gente.

Mas mais intrigante foi uma noite em que aconteceu algo insólito: acordei e vi um homem com uma boina verde segurando algum objeto na mão, bem na frente da minha cama. Eu fiquei imóvel, como sempre fico até saber o que está acontecendo. Não havia qualquer sinal de arrombamento na sacada e lembrei claramente de ter chaveado a porta; além disso, com qualquer barulho, eu acordaria... Enquanto eu observava o estranho, minha esposa se virou e ele correu e sumiu antes de chegar à porta da sacada.

Nesse tempo teve outra dessas histórias do além, pois na carta 5 o invisível salta aos olhos. E essa aconteceu na loja em que eu trabalhava, quando as luzes do depósito se acendiam sozinhas. Na primeira vez que vi, fui verificar se a chave estava solta ou qual era o problema, mas não era uma chave comum, senão um disjuntor que precisava de força para ser acionado e fazia um barulho como "tlac", o mesmo barulho que escutávamos da entrada do depósito quando as luzes se acendiam ao fundo. Um dia, chegou um representante comercial que comentou que conhecia o lugar: muitos anos antes tinha sido uma boate com jogos de boliche. Ele quis mostrar onde eram as pistas de dança e, quando chegamos perto do disjuntor, ele falou que ali eram as mesas onde um rapaz tinha sido esfaqueado e morrido. Nisso, as luzes se acenderam e ouvimos o "tlac" a alguns passos de nós. Com isso, passamos a dizer que era o esfaqueado que acendia as luzes. Um dia, uma funcionária foi ao depósito, mas logo passou correndo por nós com os cabelos em pé. "O esfaqueado!" – gritou ela, já na rua. Depois, ela, ainda com os cabelos em pé, contou que tinha visto a cabeça de um homem deslizando sobre o grande espelho (tinha um espelho de uns 3 m de comprimento, até altura do pescoço de uma pessoa). Foi a primeira vez que vi alguém com os cabelos em pé e achava que era somente uma expressão, mas é verdadeiro. Meio palmo estava espetado para cima. Coisa mais inusitada.

Resolvi ir aos sábados à tarde, quando a loja estava fechada, para ver se eu tinha medo e, se tivesse, se o venceria. Eu abria a grade, entrava, fechava a grade, abria a porta, entrava e chaveava a porta. A partir daí, começavam a vir pensamentos do tipo: "Se ele aparecer agora, a porta e a grade estão trancadas, como vou escapar?". E vinham mais fortes quando eu lembrava que um amigo dizia que se o tal esfaqueado poderia mover um disjuntor, também poderia atirar objetos. Para me acalmar, eu lembrava que a mãe dizia que a gente tem que ter medo dos vivos e não dos mortos. Também pensava que ele não poderia ser mais forte que meu Pai e minha Mãe dos céus e pedia proteção a Eles. Por fim, eu **observava o medo em mim e falava: "Minha Mãe, arranca de mim esse medo e desintegra-o"**. Assim me acalmava e ia ao escritório, que ficava no depósito.

Fiz isso várias vezes e somente ouvia as luzes se acenderem e nada mais. Mas uma tarde ultrapassou esse limite, quando vi uma cabeça humana deslizando sobre o grande espelho. Logo ouvi o "tlac" e as luzes se acenderam. Como eu estava acompanhando a cabeça, vi claramente e sem chances de equívoco, além da cabeça, o tronco, um braço e uma perna. O resto não vi porque estava atrás da parede do disjuntor. Vieram pensamentos e mais pensamentos que eu não pude controlar nem vencer:

corri para fora. Mas aí uma sensação de derrota tomou conta de mim e **uma voz dentro do meu cérebro ou do coração** disse: "Você perdeu, você não é mais forte que seu medo".

No próximo sábado, resolvi queimar enxofre. Para minha surpresa, quando estava saindo da loja as luzes se acenderam, o que mostrava que o esfaqueado continuava lá.

Busquei informações sobre personalidades, que são os veículos em dissipação energética de pessoas que já faleceram (cada pessoa forma uma personalidade em cada existência), e como mandá-las embora, e no sábado seguinte entrei como de costume e fui para o depósito esperar que a luz se acendesse. Quando isso se deu, eu disse muito fortemente: "Esfaqueado, **tu estás morto, retira-te!**". Falei isso três vezes e depois saí. As instruções eram para dizer o nome do falecido, mas eu não sabia o nome dele, então usei "esfaqueado" mesmo e funcionou, porque não voltamos a ver as luzes se acenderem.

A colega dos cabelos em pé contou que seu avô ouviu dizer que caíam braços e pernas de pessoas de uma árvore e ouviam-se vozes. Conta a lenda que, quando isso acontece, é necessário ir sozinho à meia-noite e cavar porque aí está um tesouro. Ele foi e achou um baú com peças de ouro. Não sei se é verdade, mas se for, eu sei que a colega não herdou a coragem do avô, porque correr daquele jeito com os cabelos em pé durante o dia me sugere que à noite ela não iria nem até perto da árvore assombrada. Você iria? **Você já percebeu que o medo é um limite para a vida?**

Outra coisa surreal aconteceu quando eu e a Isa fomos devolver algo a alguém, creio que era um caderno. Do portão até a casa dessa pessoa tinha uma boa distância e, no caminho, observamos vários bonecos, como fantoches, mas pequenos, amarrados nos galhos das árvores. Alguns com alfinetes espetados no peito e outros nas pernas. Vi fantoches por toda a parte, alguns tomados de formigas, outros na pequena cachoeira, como se estivessem sendo afogados, outros ainda com uma linha no pescoço como se estivessem enforcados. Aqueles bonecos contrastavam com a bonita paisagem e o agradável som da cachoeira. Mesmo se os bonecos não existissem, **se a gente prestasse atenção,** sentiríamos uma sensação ruim; no entanto, era muito bonito. **Às vezes, o mal se disfarça de bem para nos enganar e somente a intuição pode nos ajudar.** Entregamos o objeto e sumimos de lá.

Eu estava com muitas atividades e responsabilidades ou não estava me alimentando bem e, **contrariamente às indicações, eu não tinha o hábito de tomar água.** Esse conjunto de fatores me levou a uma situação desconcertante: quando eu estava ministrando uma conferência, escrevi algo no quadro e, quando me virei para o público, não lembrava onde estava, nem que conferência era, nem o que faziam aquelas pessoas ali. Talvez, se alguém me perguntasse naquele segundo quem eu era, nem isso eu saberia dizer. Aliás, essa é uma pergunta interessante: **quem sou eu? Esse corpo não sou eu, eu o tenho, minha mente não sou eu, eu a tenho também...** Nesse caso, por sorte, aquilo durou apenas o tempo suficiente para que eu me perguntasse: "O que estou fazendo aqui?", e para responder me virei para o quadro onde estavam vários tópicos. Com isso, tudo foi voltando. **Mas tome água. Com calma, porque dizem que a água é pesada e deve ser tomada aos goles e trabalhada com a saliva. O corpo precisa de água e exercícios moderados.**

Eu ministrava conferências sobre autoconhecimento também na cidade vizinha. Assim, duas vezes por semana eu passava por um trajeto repleto de curvas que sempre traziam surpresas.

Numa delas, vimos um automóvel começando a pegar fogo. Em dois ou três minutos estava completamente queimado. Assim é o arcano 5, O Hierarca, trazendo ensinamentos para o proprietário do veículo.

Demos carona para ele e, no caminho, evitamos que se jogasse na pista, pois, segundo ele, era "o único bem que tinha conseguido na vida". O que interessa disso tudo é como somos nós, humanidade, damos mais valor a um bem do que à vida. Creio que muitos acreditam que nunca fariam isso, mas na hora **não agimos como pensamos que agiríamos**, então não vale a pena ficar pensando.

Numa outra noite, estávamos retornando para casa, eu, a Isa e um mecânico. Avistamos um carro parado com o pisca-alerta ligado e a tampa do capô aberta. Perguntei para os dois passageiros: "Paro ou não paro?". Ninguém respondeu e eu voltei para a pista e perguntei novamente, mas o silêncio continuou. Nisso, passamos pelo carro que estava parado e resolvi encostar porque estava com um mecânico, e se nós não parássemos, ele ia ficar a noite inteira ali. Ouvi-os dizerem: "Só tu mesmo para parar nessa estrada com essa escuridão". O mecânico viu que o distribuidor estava solto e o consertou em instantes. O dono do carro perguntou quanto era o serviço, mas não cobramos. Ele disse que ninguém além de nós pararia o carro naquela situação para ajudar. Disse que tinha que pagar, mas não quisemos. Ele não sabia o que fazer e praticamente se ajoelhou na pista para nos agradecer. Ali estava o 5, O Hierarca ou Jerarca, novamente **trazendo ensinamentos do tipo causa e consequência, agora para o dono do carro, e no futuro os traria para nós pelo que fizemos.**

Uma funcionária da loja precisava buscar o genro, que era alcoolista, para ser internado num hospital. E lá fomos nós com o meu carro. O pai do rapaz tinha um bar e, segundo ele, em muitas situações não deveria ter vendido bebidas, mas vendeu. **Vender bebidas alcoólicas acaba prejudicando muitas pessoas e colhemos o que plantamos. Foi um remédio que a organização do universo teve que aplicar, embora, normalmente, isso seja entendido**

como castigo. Mas é possível fazer boas ações para cancelar as más ações que fizemos antes e, com isso, não se aplica um remédio tão forte.

O que ele plantou? O que nós plantamos que não está certo?

Para o ruim que plantamos ou plantarmos também receberemos algum remédio, para que se grave no fundo da nossa consciência e não façamos mais. Isso é o Carma, bem mostrado pelo número 5, O Hierarca, e para evitá-lo **é bom examinar e corrigir o tipo de atividade que fazemos.**

No caso em questão, logo que deixamos o bar, o rapaz começou a salivar e tremer. Perdeu o controle sobre o corpo, o que significava que tinha bebido novamente... Encurtando o caso, o rapaz terminou com sua vida com um tiro de espingarda e esse foi um duro aprendizado para seu pai.

Em outra ocasião, passei no concurso de um banco e, numa sexta-feira, recebi um telefonema, pedindo para me apresentar numa cidade próxima e já começar a trabalhar na segunda-feira de manhã.

Assim, no sábado alugamos um apartamento, no domingo nos mudamos e na segunda eu deveria começar uma nova semana em um novo emprego.

> "NA PRÁTICA, A TEORIA É OUTRA."
> (ANÔNIMO)

A INDECISÃO

"Trabalhos me dás, Senhor, mas com eles, fortaleza."

6

O arcano 6 é o **número de Cristo**, do amor e da atração amorosa, do enamorado, da vitória e da boa sorte. É um **número ligado ao sexo e à Indecisão**. Isso porque **quando se está enamorado surge outra pessoa: uma levará o buscador às portas do Céu e outra o levará às portas do Inferno. É necessário refletir e escolher sem se deixar ser enganado. Temos que eleger um caminho.**

Esse número promete "privilégios e deveres nas relações dos sexos. Antagonismo de forças. Separações e divórcios. Posse do que se persegue e ardentes desejos que se cumprem, uns que se satisfazem e outros que defraudam" (SAMAEL AUN WEOR, 1979).

No plano espiritual, é o conhecimento instintivo; no plano mental, é abstinência e gula, liberdade e necessidade, dever e direito; no plano físico, é determinação de estado.

Em geral, é algo como: "Não se deixe tentar, fixe sua posição, guie-se pelo espiritual" (Idem, 1979). Mas pode indicar inveja à espreita, armadilhas, confianças traiçoeiras, intrigas.

Quando se estiver diante de dois caminhos, surgirá este número para prevenir o buscador. E, como nos outros números, alguém nos mostra o arcano ou de alguma forma surge uma imagem juntamente com o arcano, e nessa imagem existe um significado. Por exemplo: podemos encontrar uma carta de baralho número 6 de coração vermelho ou podemos sonhar com 6 melancias.

No banco em que trabalhava, vieram à minha mente centenas de novas informações e procedimentos nos primeiros dias, sendo que, além da função principal de cada um, todos tinham muitas outras funções e isso tudo gerava uma correria que **só os mais experientes ou inteligentes sabiam levar adiante sem se chatear.** Com tantas novidades, não era de se esperar que tudo desse certo. Assim, cometi um erro e, como resultado, o gerente me falou uma porção de coisas em tom elevado, depois chamou a moça encarregada de me treinar e repetiu o discurso enquanto ela argumentava no mesmo tom. Para eles não importava se havia clientes na agência, o que, para mim, era insano e terminou com um débito de quase um terço do salário mínimo na minha conta. Os colegas protestaram dizendo que não era justo, mas é difícil saber o justo, já que não temos a capacidade de ver ações passadas. Claro que temos que buscar o que é correto em nosso mundo e usar meios legais se for necessário, mas manter o rancor e a sensação de que fomos injustiçados só nos causará doenças e nos fará sofrer. Tudo bem, o débito não me mataria. **É melhor esquecer algumas coisas.**

Certos procedimentos, se executados, geravam prejuízos para o público, mas melhoravam os resultados da agência. Ainda bem que alguns colegas não aceitavam executar esses procedimentos e eu segui o exemplo, mesmo sob ameaças. Aí estavam os dois caminhos que o arcano 6 trazia. **Às vezes, o caminho correto exige que desobedeçamos às ordens.**

Estávamos o tempo todo sob muita pressão e **isso seria perfeito para poder aprender a extrair a serenidade e eliminar a tensão.** Mas eu não via assim, senão que, depois de seis meses, pedi para ser demitido. O gerente administrativo disse que não ia me demitir porque eu era um bom funcionário, poderia fazer carreira e ofereceu-me transferência para qualquer agência do País. Eu não tinha a mínima ideia de que o banco me via assim. **Normalmente, não é o salário que faz um funcionário ficar ou sair e sim o tratamento ou a valorização para com ele.** Eu, por exemplo, segui na agência.

Quando alguém chegava atrasado, o dia começava com mais nervosismo. Quem mais fazia isso tinha um **automóvel novo de placa 0016,** o que é curioso, porque no Tarô **a carta 16 representa algo que vai dar errado,** e o carro dele apresentava um problema diferente a cada dia. Eu gostava do modelo que ele tinha, não do carro dele, obviamente, porque **com essa placa eu não queria.** Aproveitando que era do banco e conhecia o pessoal de uma concessionária, fui falar com eles para adquirir um carro por consórcio. Na nossa conversa, eu dei a sugestão de uma pequena mudança no retrovisor do carro. Sugeriram que eu escrevesse para a fábrica, pois esta premiava o criador de boas ideias com um carro. Eu achei que era algo óbvio demais e que já teriam pensado nisso e talvez fosse inviável. Um ano depois, o amigo me disse: "Você deixou de ganhar um carro!" e logo mostrou-me que os modelos do ano seguinte seriam como eu sugeri. **Acredite em você mesmo.**

Esse nervosismo do dia a dia e o frio do inverno me trouxeram um problema: um dia, quando saí do banheiro após tomar um banho quente, veio um vento frio e me deu um estalinho em uma vértebra. Na hora não me preocupei. Porém, não era um estalinho ou uma água quente, era o resultado da forma com que absorvi a tensão vivida no banco. **Eu** não soube aproveitar aquela pressão. "Maiores adversidades, melhores oportunidades", diz o Dalai Lama. Poderia ter me libertado de muitas reações desagradáveis e cíclicas se tivesse olhado para dentro de mim no momento das tensões, observado o que sentia e queimado isso com o super auxílio da Mãe. Talvez fosse necessária alguma reflexão como: "Eles discutem todos os dias, isso vai passar como das outras vezes" para que eu pudesse me tranquilizar e para a Mãe poder agir. Mas o fato é que, dessa forma, eu estaria livre, sentindo uma sensação muito agradável e fazendo o trabalho melhor, não tendo aquele estalinho que gerou um repuxão que, por sua vez, fez a cabeça encostar-se ao ombro, juntamente com muita dor. E o fenômeno se repetiu várias vezes durante a noite.

De manhã, fui ao banheiro e com o frio a musculatura da coluna voltou a repuxar e doer, mas dessa vez foi tão forte que tive a sensação de que ia desmaiar. Eis que de repente não senti mais dor, nem corpo. Sentia-me leve e sem limites. Pensei: "Morri... então morrer não é ruim", mas logo voltaram os sentidos e chegou o médico, que fez o diagnóstico e receitou remédios.

Quando contava o ocorrido, as pessoas me diziam que eu estava tomando banho muito quente, o que abria os poros. Para que os poros fossem fechados, era recomendável finalizar sempre com uma ducha de água fria. Eu não queria sentir aquela dor novamente e queria experimentar a técnica, de modo que, na noite seguinte, tomei o banho quente e depois passei para o frio. A ducha fria (gelada, porque era inverno) caiu direto em cima da cabeça e, no mesmo instante, meu coração bateu forte, depois parou por uns dois segundos e logo disparou. Meus pés ficaram frios e eu demorei a conseguir esquentá-los. Perguntei aos que me ensinaram se isso era normal, mas ninguém soube me dizer e aí descobri que **as pessoas**

ensinam o que não praticam, dizem para fazer algo enquanto elas próprias não o fazem. Voltei a tomar banho quente.

Na instituição de autoconhecimento, desenvolvíamos trabalhos voluntários e alguns faziam um bom esforço para poder ministrar as conferências. **É claro que nós entregávamos e também recebíamos, porque assim funciona o universo. A Lei nos premia ou cobra de acordo com o resultado de nossas ações**. Assim é a oração: "Perdoai as nossas dívidas assim como nós perdoamos aos nossos devedores". Dívida não quer dizer dinheiro. Se discutimos com alguém, geramos uma dívida, não necessariamente com aquela pessoa, mas com o universo. Se perdoarmos, seremos perdoados, não necessariamente pela mesma pessoa, mas pelo Pai Celeste e Interno que todos temos. Assim pedimos nesta oração e assim funciona na prática.

Numa das vezes em que saí de casa para ministrar uma conferência, quando fui colocar a chave na fechadura da porta do carro, levei um choque pela eletricidade estática e, sem querer, atirei a chave a alguns metros para trás. Um cidadão que estava passando sorriu e disse que eu deveria pôr os pés na terra, e ele estava certo, pois ninguém vive sozinho, senão que tudo está interligado e todos os seres recebem, transformam e distribuem vários tipos de energia. Assim funciona com toda a nossa energia. **Então, nos sentemos descalços com os pés na terra e as mãos abertas com as palmas para cima, apoiadas sobre as pernas. Nessa posição, vamos utilizar a imaginação e a concentração. Ao inalarmos o ar calma e profundamente, imaginamos as energias vindas dos céus entrando pelo topo de nossa cabeça e pelas palmas das mãos e passando pelo nosso organismo. Ao exalarmos o ar, imaginamos a energia saindo pelos pés e indo para o planeta. Em seguida, inalamos o ar imaginando energias vindas do planeta, entrando pelos nossos pés e percorrendo o nosso corpo.**

Quando exalamos o ar, imaginamos a energia saindo pelas mãos e pelo topo da cabeça. Podemos fazer essa atividade pelo tempo e frequência que quisermos, que o resultado será sempre positivo tanto para nós como para o planeta e tão mais positivo quanto mais imaginação e concentração utilizarmos. Essa prática se chama transmutação das forças cósmicas, e quando vamos a uma praça, verificamos que é efetiva, melhorando ainda nosso humor e serenidade.

O apartamento em que morávamos era muito grande, além de que poderíamos pagar menos se alugássemos um menor, então encontramos, no sétimo andar, uma morada muito agradável.

"MAIORES ADVERSIDADES,
MELHORES OPORTUNIDADES."
(DALAI LAMA)

O TRIUNFO

*"Quando a ciência entre em teu coração
e a sabedoria seja doce a tua alma, pede e te será dado."*

7

Quando vemos em sonhos ou no dia a dia o número 7, O Triunfo, também chamado de O Carro de Combate, a Lei Divina quer nos mostrar "guerras, lutas, expiação, dor, amargura", mas com vitória ao final. Ou seja, muitas lutas até que se aprenda ou se organize.

Esotericamente se diz que o número 3 cria e o 7 organiza. Também se diz que terá que aprender a usar a espada e o báculo, mas promete "poder magnético, intelecção (intelecto + intuição) correta, justiça e reparações, honra e desonra; foi conseguido o que se perseguiu com empenho, satisfações e contrariedades".

Pode significar guerra contra nossa mente.

No plano espiritual, quer dizer que o espírito governa a matéria; no plano mental, devem ser eliminadas dúvidas e erros; no plano físico, são impulsos e desejos de superação.

Esse número traz por direito uma operação vantajosa, um contrato seguro, projeto concreto. Pode trazer como revés a perda de um objeto valioso e lamentações inúteis.

7 são as petições do Pai-Nosso, 7 foram os dias da Criação, 7 dias da semana, 7 são as notas musicais, 7 são os nossos corpos.

Sentimos que deveríamos nos acostumar com lugares menores e, como geralmente a vida vai nos preparando, dava para imaginar o futuro, porque o dormitório era um só, a cozinha era pequena e a escrivaninha tomava um terço da sala. Mas o lar era aconchegante e tinha uma vista muito bonita do sétimo andar, para viver o arcano 7.

Tinha algo a mais que o apartamento anterior: o elevador. Sim, o elevador em que fiquei preso quando faltou energia elétrica no prédio. Fiquei sem muita visibilidade, mas estava absolutamente tranquilo. Sentei no chão e fiquei esperando. Em cenas assim, a mente começa a trazer alguns pensamentos que querem nos levar ao desespero. **É necessário ficar tranquilo, "cabeça fria vale uma peça"** (essa máxima foi feita para o jogo de xadrez, mas vale para todas as situações). Fiquei me concentrando simplesmente nas batidas do coração. Depois quis, com a concentração, modificar o ritmo do coração. Todas as pessoas conseguem fazer isso, mas é necessário um pouco de treino. Logo, eu buscava concentração em alguma parte do corpo e sentia o pulsar do coração naquela parte, por exemplo, no dedo do pé, na mão, na orelha. Para dificultar um pouco, na ponta de um dente – essa, não consegui naquelas duas horas e alguns minutos em que fiquei na pequena cela.

O medo é algo que atrapalha nossa vida e deve ser eliminado. O elevador não chegou a amedrontar-me, mas fiz a experiência "O espelho mágico", na qual se escrevem palavras específicas, uma em cada canto de um espelho, e coloca-se uma tigela com água na frente, tendo como iluminação uma vela e recitando algumas orações e palavras com concentração. Com isso, o espelho mostraria uma face humana, claramente visível, à qual se poderia fazer qualquer pergunta e a resposta seria dada com uma imagem... Assim, entrei no quarto e fiz os procedimentos. Busquei concentração, mas nada ocorreu. Passei algum tempo lá, mas foi tudo inútil. Quando me senti entediado com aquilo, abandonei a prática e saí do quarto.

Eis que, na noite seguinte, eu estava novamente acendendo a vela e tudo mais, porque o número 7 traz desejos de superação e eu estava nele. **No fundo, eu não acreditava que veria qualquer imagem** e, assim, estava sereno, mas meu estado interno modificou-se quando o espelho começou a mostrar linhas verdes brilhantes, que oscilavam como um televisor desregulado. Eu pensei: "Não, isso não pode ser verdade...", ao mesmo tempo que sentimentos contraditórios iam tomando conta de mim. Quando as linhas começaram a fazer curvas, como se estivessem se encaminhando para mostrar uma imagem, o medo começou a atacar minha mente (não esqueça que a carta 7 pode significar guerra contra a mente) com os pensamentos mais ilógicos. Só que **na hora H a lógica é outra** e simplesmente não pude continuar. Não pude vencer-me diante daquela cena e encerrei tudo. Após isso, caminhei para a sala, sentindo-me fracassado. No entanto, não tive coragem de seguir com a prática e lembrava que alguém disse (não sei se tem fundamento) que o espelho poderia fazer escravos, de forma que resolvi não voltar a fazer aquilo.

Apareceram outras oportunidades de lidar com esse tipo de reação quando nos informaram que muitas músicas, quando tocadas no sentido contrário, contêm uma letra diferente e, em muitas delas, são homenageadas as criaturas das trevas. Segundo eles, nosso subconsciente capta a escrita ao contrário, ainda que a música seja ouvida no sentido correto, e a mensagem fica arraigada em nosso interior, fazendo com que, aos poucos, a pessoa passe a aceitar como normais as frases e rituais satânicos. É uma mensagem subliminar. Mensagens subliminares em propagandas foram proibidas e se espera que a proibição seja cumprida. Mas e nas músicas, seriam verdadeiras?

Para não ficar com dúvida (ou com o que falaram), resolvi experimentar e, assim, em uma noite qualquer, eu e alguns amigos desconectamos os fios do motor de um toca-discos, colocamos um disco de uma famosa cantora e apresentadora de televisão e o que ouvimos foi horrível, mas não estava muito claro e não tínhamos certeza se estávamos girando na velocidade certa, de forma que fizemos algum procedimento que não me lembro e, como resultado, o motor começou a girar o disco ao contrário: agora sim, era possível ouvir com clareza a terrível mensagem. Criança correndo desesperada? Vodu? Monstro? Melhor não descrever... tiramos aquele disco e colocamos outro, dessa vez de um famoso cantor, especialmente querido pelas mulheres e, novamente, o que escutamos nos deixou arrepiados e amedrontados, já que os sons, gritos e choros "mexiam" em nosso interior, invocando o medo e o pavor.

Depois desse, colocamos um disco de uma banda estilo pop/rock. Nesse disco, a música continuava a mesma, quero dizer, o arranjo musical era o mesmo, porque não entendíamos a letra ao contrário e parecia ser a mesma música quando tocada no sentido normal. Essa última não provocava nada arrepiante e até gostamos de ouvir. Após isso, desligamos o aparelho de som e achamos que a experiência teria terminado, mas estávamos enganados. Ao sair da casa do amigo, eu continuava arrepiado e tinha a sensação de que alguém ou algo estava grudado nas minhas costas. Eu olhava para trás e mexia com as mãos, tentando tirar aquela coisa a cada momento, mas não via nada e continuava sentindo aquilo, mesmo dentro do apartamento. Fizemos algumas formas de proteção como de costume, o que me aliviou consideravelmente. Foi possível dormir, mas tive sonhos ruins. No outro dia, falamos com uma moça que estava conosco, que contou que passou pela mesma situação e que não conseguira dormir em seu apartamento pela primeira vez em anos morando sozinha, voltando para dormir na casa dos amigos onde realizamos o teste. Curiosamente, a peça da casa onde ouvimos as músicas gerava em nós uma sensação péssima a cada vez que entrávamos lá nos dias seguintes.

Com o experimento, eu fiquei absolutamente convencido de que as mensagens subliminares nas músicas são reais. Muitos cantores cantam músicas aparentemente bonitas e, ainda pior, alguns cantam para crianças e, paradoxalmente, querem sacrificar essas mesmas crianças. São lobos com pele de cordeiro. **O mal se disfarça de bem para enganar os incautos.**

Depois do que senti, comecei a divulgar sobre a falsidade daqueles cantores. Porém, uma noite, enquanto eu estava fora do corpo físico, apareceu e lutou contra mim a própria cantora e apresentadora. Perdi a luta a ponto de ficar nocauteado. Aquela feiticeira é capaz de hipnotizar uma pessoa utilizando apenas o olhar, além de ter outros poderes maléficos. Fisicamente, o corpo sofreu um pouco como resultado do ataque.

Então aprendi que não nos interessa criticar tal ou qual pessoa, já que cada um escolhe seu caminho. **As críticas são prejudiciais e devem ser eliminadas de dentro de nós.** Apenas devemos ter conhecimento e aprender a nos defender. E também não temos por que divulgar aos quatro ventos as atividades deles nem as nossas. Falamos isso para os poucos que querem saber, aprender e ter uma vida melhor, mesmo porque muitos rirão destes escritos.

Nem das nossas experiências devemos comentar, pois são experiências íntimas. No mundo físico, falamos de coisas físicas e comuns. Do espiritual não se fala, se pratica. Não se trata de esconder, mas de ser coerente com o mundo.

Houve um fato que eu relacionei às forças ocultas e aconteceu logo depois disso, mas esse, quando passou, ficou engraçado. Foi assim: combinei de ir para outro país, com três conhecidos de um amigo meu, pois eu queria trazer uma impressora e um HD para o computador de casa. Assim, encontrei dois e eles disseram que só faltava buscar o "Corvo" (apelido do rapaz). Eu disse para deixar o Corvo, que corvo dava azar, mas falei brincando e logo o recolhemos e seguimos viagem, pois teríamos que rodar quase mil quilômetros. Quando era meia-noite, o que estava dirigindo disse: "Tenho bruxismo durante a noite". Eu não sabia o que era bruxismo e associei com o ataque daquela bruxa, zangões, feitiços.

Agora, imagine você: meia-noite, chovendo com raios e trovões, três desconhecidos no carro, sendo um apelidado de Corvo e outro falando em bruxismo... Preparei-me para uma batalha... mão esquerda no plexo solar, direita com dois dedos apontando para frente e dois dobrados, conjurações prontas. Pedi mentalmente: "Minha Mãe, não me abandones!" e disse: "É...? O que acontece?", aí ele explicou que bruxismo é quando se está dormindo e os dentes de cima raspam nos de baixo, gerando uma sensibilidade. E era essa sensibilidade que ele estava sentindo... Ufa! Que alívio!

Mas vou deixar registrada uma conjuração simples, que, conforme a tradição esotérica, foi ensinada pelo Anjo Metatron ou Aroch para nos proteger da maioria dos perigos, especialmente os invisíveis. Trata-se de um melodioso verso que deve ser cantado por completo **três vezes**[1]:

---

1 Para conferir a melodia, busque "Belilin VM Rabolú" na internet.

> "Belilin, Belilin, Belilin
> Ânfora de Salvação
> Quisera estar junto a ti,
> O materialismo não tem força junto a mim.
> Belilin, Belilin, Belilin."

É recomendável fazê-la inclusive antes de dormir para que o corpo fique protegido. Neste caso, **após a conjuração, seria melhor fazer o círculo mágico, que é pedir ao nosso Pai que ordene ao Intercessor Elemental (chamado também de anjo da guarda) para que ele trace um círculo mágico de proteção ao redor do nosso quarto. Faça três vezes esse pedido** e imagine que está sendo feito um círculo energético ao redor do local em que pedimos. Com isso, fica-se protegido enquanto ninguém entrar ou sair do local (do quarto, por exemplo).

Seguimos a viagem e, de manhã, deixamos o carro e atravessamos a fronteira a pé. Eu ia legalizar os produtos, ou seja, pagar o imposto na fronteira. Eles não queriam me deixar fazer isso e davam as mais diversas justificativas. Eu fui firme, então pegaram o HD e o levaram, dizendo que pelo menos aquele não seria legalizado. A fim de não ser tão radical, deixei para lá e peguei um táxi para a enorme fila.

No caminho, uma mulher fez sinal e o táxi parou para levá-la também. Logo outra pessoa fez sinal e ele parou novamente. As duas mulheres que entraram encheram o carro de caixas e eu já estava pensando que aquilo não era táxi, e sim, ônibus. Que história maluca de táxi parar para levar outros ocupantes e cobrar a mesma taxa de cada um? Mas, enfim, elas perguntaram e eu falei que ia legalizar, ao que começaram a me chamar de louco e dizer que aquele imposto era um roubo, que eu estava a favor do governo, que era um idiota etc., mas eu continuava firme na minha resolução e, com isso, o táxi parou no fim da fila e eu desci. O tchau delas foi assim: "É um idiota mesmo".

Fiquei cinco horas na fila e, no início, tinha sol, depois veio chuva. De tempo em tempo, a primeira moça que entrou comigo no táxi passava, pois a fila era só para quem queria legalizar. Ela deve ter feito umas quatro ou cinco viagens de táxi e cada vez que passava, gritava para mim: "Ô, idiota! Desiste disso e entra aqui", ou então: "Ô, otário!". Eram as batalhas vividas no arcano 7...

Mas, repentinamente, a polícia começou a revistar pessoas e veículos, recolhendo toda mercadoria que ultrapassasse o permitido. E, da fila, vi o táxi em que estava a moça ser parado e a polícia lhe dando voz de prisão. Ela gritava que a mercadoria não era dela, mas sendo a única pessoa no táxi, a levaram. Coitada, deve ter passado momentos ruins... mas que tal se eu estivesse no táxi junto com ela? **Você é responsável pelas suas decisões. "Serás eternamente responsável pelo que cativas",** ensina o livro *O pequeno príncipe.*

Depois de pagar o imposto, encontrei o motorista que sofria de bruxismo e ele me disse que foi apreendida toda a mercadoria deles e também o meu HD.

De volta à cidade, comecei a ministrar cursos de operação de computadores, passando a dar suporte computacional a um órgão ligado aos bancos. Também fui contratado pela prefeitura para familiarizar os funcionários com os computadores, bem como para fazer gráficos, planilhas e alguma digitação. Além disso, eu continuava trabalhando no banco. Um dia, o gerente administrativo deste banco entrou abatido na cozinha, quando eu estava almoçando. Eu perguntei: "Que bicho te mordeu?". Ele respondeu que teria que escolher quem seria demitido, pois ficaria com menos da metade dos funcionários.

Eu me coloquei no lugar dele e observei que, dos colegas, a maioria tinha filhos e tudo que sabiam fazer era relacionado ao banco. Com essa reflexão, eu disse para ele me demitir, mas ele negou, pois eu era novo no banco. Porém, depois conseguiu incluir-me em um plano de demissão voluntária. Era um bom lugar para trabalhar e guardo boas lembranças, mas nada na vida é estático. **"Não há mal que nunca passe e nem bem que dure para sempre"**.

Continuei com as atividades que levava sem o banco, mas logo a coordenação da escola de autoconhecimento, da qual eu continuava participando desde a cidade natal, precisou de alguém mais e eu me coloquei à disposição, sendo eleito. Então, fomos para a nova morada, a exatos mil quilômetros da cidade natal. A mudança era o que cabia no carro.

Na viagem, enfrentamos uma situação perigosa, relacionada a um caminhão que transportava carros. Ao iniciar a ultrapassagem, o motorista acelerou. Meu velocímetro marcava uma alta velocidade (eu achava que estava mais veloz, e tinha razão, mas só fui saber disso depois) e continuávamos lado a lado. Seguimos assim por 2 km quando, em uma subida, pensei que ali era a chance e acelerei o quanto podia. Só que a subida era uma curva e apareceram dois caminhões no sentido contrário. Girei o volante para o acostamento contrário e cheguei a ver as rodas do primeiro caminhão girando para aquele mesmo acostamento, o que seria o fim, mas ele percebeu e voltou. Parei para me refazer, pois estava tremendo e continuei assim por minutos. **Aquele motorista do primeiro caminhão era como a bruxa que me atacara (e, às vezes, uma cena assim no mundo físico é o correspondente a um ataque no mundo interno – quero dizer que pode estar acontecendo um ataque em outro mundo), pois na estrada, assim como no caminho interior, alguns querem nos desviar.**

Quando chegamos à "grande cidade", tudo era modernidade: prédios de vidro, muitas pistas em cada sentido etc., **mas isso não queria dizer que se tinha mais consciência lá...** Chegamos à sede da instituição e, de lá, andamos três quadras para onde seria o nosso dormitório.

"AQUELE QUE SAI DE CASA EM BUSCA DO CONHECIMENTO
ESTÁ TRILHANDO O CAMINHO DE DEUS."
(MAOMÉ)

A JUSTIÇA

*"Edifica um altar em teu coração,
mas não faças do teu coração um altar."*

8

A simbologia do número 8 é de sofrimentos, provas e dor, mas depende muito do contexto, porque essa carta "promete retribuições, castigos e recompensas, gratidão e ingratidão, compensação por serviços prestados".

Significa duras provas (provas de Jó) em que é cobrada a retidão, a justiça, o equilíbrio e deve-se buscar o bem, custe o que custar.

No dia a dia pode significar que devemos moderar os ímpetos e desejos. Não tomar nenhuma decisão ainda e não divagar, pois pode haver uma resolução imprudente.

É o arcano do juízo e do infinito. Dentro de nós, o símbolo do infinito e do 8 é formado por dois canais, entre os quais desenvolve-se a Mãe Kundalini quando são feitas práticas amorosas e místicas entre o casal. Com isso, vencemos o juízo, passamos nas provas e evitamos sofrimentos.

A compreensão de cada número e símbolo exige do estudante reflexão e meditação. É esse "buscar compreender" que nos traz o ensinamento verdadeiro. E quando a gente acha que sabe as respostas, Eles mudam as perguntas, então estamos sempre aprendendo.

Passamos a morar em um pequeno quarto e não precisávamos de algo maior. Na casa havia mais pessoas, quase todos casais, cada casal em um quarto. No total, geralmente, havia ao redor de trinta pessoas, distribuídas em três casas. Assim, aprendemos a viver em comunidade, na qual era escalado um casal por dia para a cozinha e esse casal fazia almoço e lanche para todos. Não tínhamos o costume de jantar.

Para o trabalho, íamos caminhando em grupos e quando chegávamos ao topo da rua, contemplávamos. Lamentavelmente, com a alta poluição, às vezes não víamos o céu e outras vezes não víamos a cidade, que estava encoberta por uma grande nuvem de cor cinza-claro ou pior, marrom-escuro. Ao mesmo tempo, sentíamos a boca e os olhos arderem, o nariz chegando algumas vezes a sangrar.

Curioso era que os habitantes da cidade estavam acostumados e não se importavam muito. Passavam horas no transporte e não pensavam em se mudar. **A gente se acostuma com tudo, então se nos impuséssemos uma disciplina para fazer uma meditação diária, era capaz de conseguirmos também.**

A instituição místico-científica sem fins lucrativos era coordenada internacionalmente por um índio semianalfabeto alegre e brincalhão, mas sério quando necessário. Ele era acatado, embora nunca mandasse. Ao invés disso, ele pedia sem orgulho e sempre queria que fosse tratado como um irmão e que deixassem o voto dele por último. Ele era bastante dedicado na luta para que cada um se desenvolvesse interiormente e várias vezes nos orientou sobre fatos por que estávamos passando ou que íamos passar. Na hora não entendíamos, porém alguns dias ou meses depois, sim.

Todos os cargos eram de atividade voluntária sem remuneração e, nos 43 países onde funcionava, a instituição era federalizada e totalmente gratuita. **Mantinha-se com a contribuição voluntária de seus membros e assim deve ser, porque o ensinamento pertence a todos.** Qualquer um pode encontrá-lo dentro de si e ao seu redor com um pouco de busca, reflexão e orientação das forças que coordenam o universo. **E quando se cobra para dar um ensinamento, já se recebeu seu pagamento, enquanto se o fazemos gratuitamente, o universo nos paga com mais conhecimento ou com o necessário.**

No nosso país, havia 350 centros de estudos de autoconhecimento, quase 10 mil participantes entre as diversas fases e sete pessoas na coordenação. A Coordenação Nacional tinha bastante poder, mas não o utilizava e essa era uma das atitudes mais sábias, pois **quando se utiliza o poder desnecessariamente ou excessivamente, em qualquer organização, pode-se cometer injustiças ou converter-se em um tirano, além de querer mostrar o que os fatos se encarregarão de fazê-lo de forma mais coerente no futuro próximo.** Os Magos da grande fraternidade universal da luz têm enormes poderes, mas deixariam de ser magos de luz se demonstrassem ou exagerassem no uso. Assim, também, o diretor de qualquer empresa tem bastante poder, mas se ele o utiliza com excesso, é um tolo, porque na hora em que precisar, não o terá.

Ainda na fase de adaptação, surgiu uma viagem inesperada, pois tivemos que renovar alguns documentos. Então resolvi levar carimbos autoentintados para vender e com eles pagar as despesas e levar algo que eu gostava para outras pessoas, já que eu sempre gostei de carimbos. Lembro que, quando era pequeno, ganhei uma porção deles e me divertia carimbando e pintando os desenhos. Agora tinham sido modernizados, era só apertar e o desenho ou escrita iam para o papel. Também tinha canetas que funcionavam da mesma forma.

Realmente os carimbos pagaram as despesas e ainda aprendi bastante quando estava fazendo os pedidos. Em um deles, o comprador me fez vários elogios e disse que a maioria das pessoas se limitava a pedir favores. **Isso me fez refletir que eu mesmo, às vezes, preferia pedir algo do que conquistar... no fundo é preguiça, que deve ser eliminada.** Como ele disse: "Vá à luta que consegue!".

Outra situação que me chamou a atenção foi durante um pedido para o diretor de uma grande exportadora, já que aquele diretor disse que desde criança tinha a intenção de sair pelo mundo e não o fez por ter tido que se iniciar precocemente no trabalho. Então **percebi que muitas pessoas queriam fazer algo, mas não faziam,** uns pelo excesso de trabalho, outros porque tinham dinheiro demais e com isso eram cheios de medos (às vezes encobertos por responsabilidades), outros porque não tinham dinheiro e dessa maneira surgiam outros tipos de medo. E, assim, cada um tinha os motivos com que justificavam não fazer o que queriam. Fiquei um pouco triste com o fato, porque **nos impomos muitas barreiras e o mundo põe outras... ou o mundo põe o reflexo do que nos impomos.**

Essa viagem foi inesperada, mas seguidamente passávamos dias fora e, nesses, nem pensávamos em carimbos ou qualquer outro produto, senão que íamos para cumprir uma função. Fomos para o lugar onde se fala "báo", em vez de "bom"; então, ao ver um conhecido eles dizem: "Oba! Báo?!", significando que você está contente por ver a pessoa e quer saber se ela está bem. Mas quando alguém vem de outro estado, pode entender como: "Ô, babão!", o que dá um sentido completamente diferente. **Tudo depende do que é entendido e não do falado.**

Também são utilizadas as expressões "uai", "ué" e "sô", originalmente de outro idioma, com significado de "por que", "onde" e "então", mas na atualidade essas expressões não têm conexão com a tradução e são utilizadas largamente, dando ênfase ou mostrando que você não entendeu ou está em dúvida de algo. São como algumas palavras racistas que hoje não têm mais conexão com os sentidos originais, senão que criaram um significado próprio. Podemos e devemos selecionar as palavras que falamos, mas **ao que ouvimos, damos o valor que queremos, então se alguém me chamar de tomate,** como me chamavam na adolescência, **e eu não der valor para isso, não haverá ofensa.**

As viagens eram de avião também. Na primeira, quando o avião começou a ganhar altura e "furou" as nuvens, percebi que, contrariamente ao que se vê do chão, as nuvens têm quilômetros de altura e são montanhosas. Montanhas de água suspensas, escondidas entre o branco ou cinza das nuvens, não é fantástico? Uma pena que, na maioria das pessoas, a capacidade de assombro está atrofiada e esses fenômenos já não chamam a atenção. **Temos que voltar a nos assombrar, a ver tudo novo, a ver o novo no velho. Assim, ampliaremos nossas descobertas e até nossos sonhos podem ser mais lúcidos e se tornarem conscientes.**

A capacidade de assombro se desenvolve buscando o assombro. Por exemplo, eu queria saber dados sobre o voo e pedi para a comissária, até que o comandante informou a altitude de 11.000 m, a temperatura externa de -70 ºC, consumo de combustível: uma tonelada por hora de voo. Eu fiquei impressionado... Uma tonelada de combustível por hora... -70 ºC... **Fantástico!**

Ao desembarcar, sofri um choque térmico com a sequência de alterações de temperatura entre o interior do avião, a pista, o aeroporto e a rua, de forma que comecei a tremer sem parar. Sensação que durou uns vinte minutos. **Choque térmico...? Fantástico!**

Finalizada aquela viagem, logo veio outra, de carro dessa vez. No caminho, eu estava com o velocímetro marcando menos que a velocidade máxima da rodovia, mas um policial nos parou e pediu para que eu o acompanhasse à casa-guarita, onde disse que eu estava bem acima do permitido e que eu poderia olhar nos binóculos que permitiam ver a placa de um carro a mais de 3 km de distância. **Fantástico! (Usei a palavra fantástico nas situações anteriores para mostrar que podemos nos assombrar no dia a dia).**

Naquele caso, o velocímetro estava marcando erroneamente e voltei para o carro lembrando do caminhão que tentei ultrapassar na primeira vez em que fomos para a grande cidade... a quanto trafegava no momento em que estava ao lado do caminhão e vi os caminhões vindo em sentido contrário? Ao pensar nisso, senti um frio na espinha... Nossa vida depende do que chamam de sorte, pois tanta coisa pode acontecer e, no próximo momento, não se tem mais acesso ao corpo físico. **Ainda bem que por trás, por cima, por baixo e por dentro do que se chama sorte existem outras forças. Mas não convém abusar.**

Nessa viagem, conheci um desenhista que era sempre requisitado para fazer os desenhos e propagandas das marcas mais famosas e tinha levado minutos para desenhar a fumaça da xícara de chá que serve de logotipo para uma rede *fast food*. **Quando a pessoa acha e segue sua aptidão, pode fazer o que gosta e trabalhar o quanto quiser.** O primeiro passo é saber qual o seu raio, como dito anteriormente, e dentro dele, aquilo com o que você tem afinidade. Se tiver com esse pensamento e sentimento e não ficar reclamando, **você passa a vibrar assim e, logo, o exterior vai ser o reflexo do interior.**

Nesses dias, voltei a ter informações sobre o banho frio, mas agora não era banho alternado entre quente e frio – e sim apenas frio. A técnica era molhar, primeiramente, o braço direito até o ombro, depois o braço esquerdo até o ombro, depois a perna direita, a perna esquerda, o peito (protegendo os órgãos sexuais), as costas e por último a cabeça. Li várias matérias a respeito, achei que valeria o esforço e fui para a ducha fria. O resultado foi surpreendente em agilidade e uma sensação agradável tomou conta de mim, de forma que continuei com esta prática, mesmo quando estava em uma cidade em que a temperatura era quase de geada. Quando liguei o chuveiro, em vez da água fria cair no braço, caiu diretamente no peito e um pouco na cabeça, o que quase me fez gritar, mas continuei no banho gelado. Quando saí, meus pés estavam frios como gelo e eu não conseguia esquentá-los. Assim, pensei que ainda havia algum erro na minha fórmula ou precisava aprimorá-la.

Em relação à alimentação, também fiz experimentos. Num deles, passei a ingerir frutas de apenas uma qualidade após o almoço até o desjejum do dia seguinte. Primeiro, fiz isso com laranjas, porém os dentes começaram a apresentar sensibilidade, sensação que aumentava se não houvesse consumo de leite na manhã seguinte. Depois substituí a laranja por abacate, mas o organismo me avisou que não estava gostando quando passei a sentir tonturas e estômago embrulhado. Com bergamotas não tive reação, mas por vontade própria alterei para mangas. Contudo, uma noite, senti uma vontade incontrolável de urinar, então me levantei, fui ao banheiro e urinei uma boa quantidade. Quando me deitei, senti a mesma vontade e voltei ao banheiro, urinando a mesma quantidade. Voltei a me deitar e novamente veio aquela vontade... E cada vez eu ficava mais preocupado. Eu pensava: "Será que estou derretendo por dentro?". Refleti sobre o assunto, chegando à conclusão de que eram as mangas e, assim, suspendi a experiência que, possivelmente, daria certo se fosse alternada a qualidade da fruta, sempre **entre as frutas da estação, pois assim ficamos de acordo com a natureza.**

Mais um experimento, esse quase sem querer. Eu gostava do cheiro de café e, naquele estado, eles sempre têm café passado, de forma que comecei a tomar um... dois... Um dia, tomei oito cafés e, como consequência, à noite, não conseguia dormir, nem parar de pensar. Meu coração parecia estar participando de uma corrida.

Quando eu tomava café expresso, ficava muito agitado e sentia diferença na velocidade com que o sangue circulava, nas fortes pulsações que o coração realizava, na temperatura do corpo, enfim, sentia todo meu organismo modificado. Então, eu e o café não nos entendemos muito bem, mas isso não quer dizer que o café seja assim para todos, pois tenho vários amigos que não sentem nada de diferente, o que quer dizer que **cada um reage fisiologicamente diferente com um alimento, da mesma forma que cada um tem a sua psicologia.** Então temos que aprender a lidar conosco mesmos em todos os sentidos.

Falando nisso, uma vez eu tive uma inflamação no umbigo. Fui à farmácia, sendo atendido por um farmacêutico de origem oriental que disse que essa região deve ser muito cuidada, porque captamos energias e nos alimentamos por ali, onde há um chakra. Interessante a explicação dele... no lado ocidental do mundo, dificilmente a gente vai a uma farmácia e sai com conhecimento de órgãos não visíveis. Eu já sabia de parte do que ele falou: que o chakra umbilical, quando desenvolvido, nos dá o poder da telepatia e poder de dominar o fogo, além de alimentar todos os outros chakras, e ele se desenvolve entonando a vogal U diariamente, como comentado em capítulos anteriores. Então, além de passar uma pomada, era melhor eu fazer mais essa vocalização que um Mestre diz para fazer uma hora diária no nascer do sol. Vamos fazer juntos?

Se quisesse ver o sol nascer, era melhor em outra cidade, pois a poluição atrapalhava. No meu caso, teria que combinar para mais adiante, porque eu continuaria na cidade pelos próximos dois anos pela nova eleição de membros da coordenação, para a qual me pus à disposição. Com isso, só mudamos de morada, que passou a ser uma edificação atrás da Sede Coordenadora.

"SOMOS O QUE VIBRAMOS SER."
(O AUTOR)

O ERMITÃO

"Sobe ao monte e contempla a Terra Prometida, mas não te afirmo que entrarás nela."

9.

O número 9, O Ermitão, indica **solidão, sofrimentos e necessidade de prudência e de ir ao mais profundo.** No mais profundo de nós mesmos, encontramos as forças instintivas e sexuais.

Talvez tenha que renunciar a tudo, inclusive a si mesmo.

9 são os infernos, 9 os céus. São 9 meses de gestação e tudo isso indica o profundo e a prudência. A prudência é também representada internamente (como um sonho) quando nos entregam um casaco ou um manto e o profundo é representado por uma escada ou elevador.

Promete "a ciência para que se façam descobrimentos; ordem ao realizá-los e cautela para servir-se deles. Associações novas e propícias. Amigos que ajudam e amigos que obstaculizam. Luz da razão e luz da intuição; a primeira para o imediato e a segunda para o que virá a ser".

No plano espiritual, é luz divina nas obras humanas; no plano mental, é discrição, caridade e conhecimento; no físico, é tornar concreto, culminação e elevação de anelos.

Em geral e superficialmente, pode sugerir que se seja discreto: não comente planos, medite.

Com este número, nos mostram que temos que aprender a nos resignarmos diante de sofrimentos. **Não é amoroso passar nossos sofrimentos para outros, mesmo que não tenhamos visto esse número.**

Na nova gestão, eu era novamente vice-presidente. Digo "novamente" porque **tudo retorna**, de pensamentos a situações. Fui vice-presidente do Grêmio Estudantil no ensino fundamental; fui vice-presidente do Grêmio Estudantil no ensino médio; fui o equivalente nos escoteiros e quem sabe em quantas outras vezes, mas nessa situação até o nome do cargo era igual, embora na instituição todos os cargos tivessem o mesmo valor – exceto o de presidente, que, legalmente, tinha uma responsabilidade maior.

Vários da coordenação eram instrutores e iam voluntariamente, aos finais de semana, para um dos grupos a fim de passar informações e técnicas. Assim, levamos uma porção de assuntos interessantes e muito ânimo aos grupos, o que repercutiu positivamente. Porém, com o tempo, vimos que alguns assuntos eram inúteis e constituíram-se erros. Eu pude verificar pessoalmente fatos positivos e negativos, pois nas sextas viajávamos, eu e a Isa, quatrocentos quilômetros e coordenávamos atividades durante o final de semana.

Vimos vários acidentes nesse percurso semanal. Uma vez, estávamos na subida de um morro quando vimos uma quantidade enorme de latas de cerveja deslizando na pista, sem vermos qualquer veículo até o topo. Se fôssemos alguém que bebesse muito desse líquido, poderíamos pensar que era uma miragem, mas nós não éramos desse tipo. Ainda assim **nos perguntamos se estávamos dormindo. É interessante se fazer essa pergunta, buscar ver qualquer objeto ou situação como rara e observar bem ao redor. Melhor ainda se, em seguida, der um saltinho querendo flutuar – faça isso várias vezes durante o dia,** assim o ato se grava na nossa consciência. Durante as horas em que nosso corpo dorme, durante um sonho, vamos fazer a mesma coisa – só que **no sonho, quando fazemos isso, vamos subir no ar, como se fosse um gás** ou pela própria observação do local, vamos lembrar que deixamos o corpo dormindo. A partir daí podemos controlar nosso sonho, ou, melhor ainda, deixaremos de sonhar e passaremos a ter uma magnífica experiência esotérica chamada de desdobramento astral ou saída consciente ao astral. Vale a pena. Além de que, **observar as coisas ao nosso redor e buscar o assombro, vai-se desenvolvendo essa capacidade tão importante para despertar a consciência**.

Depois da curva, no topo do morro, descobrimos o motivo daquele incidente: um caminhão capotou e a carga vinha rolando pela pista.

Noutra vez, chegamos à grande cidade, e devido ao excesso de chuvas, um dos rios que atravessam a cidade tinha transbordado. Foi muito curioso: lá o trânsito normalmente era intenso e veloz, mas naquele momento estavam todos parados no longo engarrafamento. Pernoitamos no automóvel parado na pista de maior velocidade. Era inacreditável... No astral é que costumam acontecer coisas estranhas como essa, então estávamos em corpo astral? Não podíamos saltar para comprovar isso por estarmos dentro do carro, então tivemos que substituir o salto por **uma outra técnica para saber se estamos no mundo ao qual se vai quando se deixa o corpo físico dormindo: tentar espichar o dedo, já que no mundo dos sonhos nosso corpo se espicha e encolhe. Mas o mais efetivo é o salto e buscar ver qualquer objeto ou situação como inusitada**.

Em outro lugar para o qual viajamos várias vezes, nos chamavam de casal de cangurus, porque estávamos fazendo essa prática e, ao impressionar-nos com situações novas, dávamos o saltinho. Tudo pode ser uma situação nova e isso vai sendo gravado na consciência. À noite pode-se ir para onde quiser quando se dá conta que está dormindo. É muitíssimo interessante essa prática. Depois de conhecer os lugares que existem nesse outro mundo, você vai perceber que o mundo físico é muito limitado quando comparado ao astral. Talvez por isso os orientais dizem que liberdade é cavalgar pelo ar. Pratique!

Um dia, os amigos queriam me mostrar um lugar de uma paz incrível, com uma bela vista da cidade através dos vidros do imenso edifício que era um cemitério vertical, digno de se assombrar... Opa, eu indo voluntariamente a um cemitério sem um bom motivo? Voluntariamente receber coceira na barba? Não, certo que não... Aí já não é capacidade de assombro. No meu caso, seria tolice.

Mas voltando à cidade que íamos aos finais de semana e aos experimentos que eu gostava de fazer: aproveitando que tinha um amigo homeopata, resolvi investigar como funcionava essa ciência na qual cada pessoa tem um elemento extraído da natureza que é o "seu" elemento, o qual deve ser potencializado o suficiente para alterar a energia da pessoa e, assim, curar ou modificar o que a pessoa quer. Essa matéria está em constante estudo e, frequentemente, surgem novos medicamentos que precisam de voluntários para teste. São levadas em conta as modificações na forma de pensar, conduta, ações, enfim, tudo quanto for possível aos voluntários relatar.

Testamos com um elemento potencializado cinquenta vezes e, ao contrário do que eu acreditava, comecei a sentir os efeitos já no primeiro dia. Aquelas poucas gotas de água com a força do fósforo conseguiam modificar meus pensamentos, sentimentos e ações... Segundo o médico, não modificavam e sim liberavam algo que tinha sido bloqueado. Não sei, o que eu sentia era que vinham pensamentos novos e quando eu tinha um pensamento diferente era até engraçado. Eu pensava: **"Ei, esse não sou** eu, eu não penso assim", ou "Tem outra pessoa dentro de mim pensando isso", o que era certo, porque todos temos vários pensamentos e sentimentos contraditórios que não observamos. Se o fizermos, vamos descobrir que cada um de nós tem vários pensamentos, sentimentos e vontades que podem ser eliminados de seu interior para que a consciência se manifeste.

Resolvemos, eu e o homeopata, me colocar nas pesquisas de um elemento extraído de uma planta dos Alpes e, nos primeiros dias, senti que ficava indeciso ao ter que tomar uma atitude. Surgiram-me uns pensamentos completamente desagradáveis, inferiores, enfim, intoleráveis e ridículos, de forma que parei de tomar aquele elemento. E não quis mais nem o anterior.

Esse médico tinha uma criação de frangos orgânicos e, seguidamente, levávamos alguns para a grande cidade, já que era o melhor lugar para se comprar frangos caipiras criados de uma forma mais digna, com espaço para caminhar, sem ração e **sem hormônios industriais, que são muito mais do que prejudiciais à saúde**. Afinal a saúde se pode conquistar novamente e demora muito para ser afetada, mas os danos para a parte interna são diferentes.

Quando encerramos as idas para essa cidade, alguns amigos nos levaram para passear num rio com boias. Começamos a descer, aproveitando o passeio na água gelada. Dentro de minutos, a situação se modificou, pois começou a ficar realmente frio e a correnteza nos espalhou de tal forma que alguns ficaram bem para trás, outros foram à frente e eu não via nenhum deles. Anoiteceu e eu continuava "sozinho", sentindo tanto frio que não batiam somente os dentes, também as pernas começaram a bater na câmara de ar, que logo virou e fui arrastado raspando os joelhos nas pedras. No meio daquela cena, senti algo insólito... a força da Mãe Natureza e uma indescritível tranquilidade acompanhada da "voz" que dizia: "Pede que Eu te tiro daqui imediatamente". Difícil explicar isso, mas eu sentia uma certeza de que, se eu pedisse, instantaneamente estaria em outro lugar, mas paradoxalmente, parei de sentir a necessidade de sair. Parecia que a voz era suficiente e, assim, fui sendo conduzido até o local onde os amigos esperavam.

Muito mais adiante, pude entender que esse tipo de situação pode esconder provas esotéricas, pelas quais nem todos passam... Quem aplica essas provas, se não vemos ninguém? Os Mestres da Fraternidade Oculta.

Como tínhamos encerrado as atividades naquela cidade e teríamos um tempo antes de escolher outra, vendi o carro, pois pensava em adquirir um com menos tempo de uso. Para isso, sugeriram-me procurar em vários lugares – e lá fui eu perder tempo nas centenas de garagens que diziam que tinham carros mais baratos. Isso até me dar conta de que não é assim, pois **o segredo não é procurar como um doido o que se quer, mas fazer o que se quer vir até nós.** Todos podem fazer isso, mas nem todos sabem que é possível e quem domina a técnica tem um grande poder na mão (vou registrar que eu não domino a técnica). Esse poder deveria fluir naturalmente em todos e, assim, o vendedor atrairia compradores, o místico atrairia ensinamentos – enfim, cada um atrairia o que precisa em qualquer campo que atue, mas **as pessoas se esqueceram dessa capacidade ou se fascinam pelos problemas de tal forma que os problemas vibram mais que as soluções.**

Com isso, deixei a busca de lado e dediquei mais tempo às práticas de concentração e vocalizações. Curiosamente, em seguida, um conhecido disse que o pai dele tinha o carro da marca, modelo e ano que eu queria e vendia barato porque ia comprar um novo. **O que eu queria estava ao meu lado e não a quilômetros.**

Na próxima viagem não fui com esse carro, mas de ônibus para um lugar onde o céu era vermelho pela poeira que estava no ar e em tudo.

Era tanta poeira que se podia olhar diretamente para o sol sem se sentir ofuscado; a temperatura era muito alta para mim e, com isso, meus pés doíam e à noite era obrigatório o ventilador.

Mas o sensacional foi quando embarquei no ônibus para voltar, pois, com o ar-condicionado resfriando muito, sofri um choque térmico e comecei a tremer sem parar, apesar da blusa e do cobertor. Coloquei a mão por dentro da blusa e senti algo muito estranho... Absolutamente insólito: tinha gelo no meu braço. O suor tinha congelado e eu cheguei a ouvir o barulho do gelo se quebrando quando encostei. Dava até para segurar a fina camada de gelo na mão e examiná-la antes que derretesse. Eu não entendo até hoje o que houve. Quando conto, ninguém acredita – se a pessoa for cientista ou físico, aí diz que é impossível. **Então, só posso concluir que nem tudo a ciência sabe.**

Mais uns dias e outra viagem, nessa sim, utilizei o veículo recém-adquirido. Nessa não tive problemas com a temperatura, mas fiquei muito triste quando, buscando a saída de uma cidade, fomos parar nas montanhas de pedra, nas quais vimos cavernas cavadas na rocha onde ficavam os escravos em tempos anteriores ao nosso. Inacreditável, inadmissível, intolerável, insalubre, desumano e pior que isso, pois nem ser humano nem animal conseguiria viver naquelas cavernas frias e úmidas, a tal ponto que a água vertendo se acumulava no chão até formar poças... E o cheiro no ar era nauseante. No entanto, os escravos viveram ali. **O ser humano é cheio de inteligência, mas não tem coração, não tem consciência. Muitos podem dizer que isso acontecia em outros tempos, mas o que se vê é que a humanidade continua a mesma e as formas de tortura evoluíram, mas não desapareceram.** A cada caverna que examinávamos, aumentava um sentimento triste e reflexivo que nos emudecia e, no silêncio, às vezes, víamos e ouvíamos, ainda que fruto da imaginação, os escravos, as mulheres, as crianças chorando...

Era espantoso, de deixar de "cabelo em pé"...

Falando nisso, mas mudando para uma forma mais alegre de cabelo em pé, a outra vez que vi uma pessoa de cabelos para cima de verdade (a primeira contei alguns capítulos atrás) foi nesse tempo, na grande cidade, numa das vezes em que disparou o alarme e fui examinar. Nessa noite havia um casal em outro quarto e, quando eu passei, a senhora saiu do quarto. Ela tinha os cabelos compridos, só que ali, pelo susto, mais de um palmo estava em pé, absolutamente em pé... Coisa mais estranha!

Ainda bem que a causa da sirene era apenas uma borboleta. Mas no outro dia, o casal **trouxe quatro mudas de babosa e plantou uma em cada canto do terreno, pois, segundo eles, essa planta é protetora e impede que sejam feitas maldades e roubos** onde são plantadas dessa forma.

Tem pessoas que não acreditam, mas para elas fica a frase de um amigo que estava certo em uma discussão e disse para o outro que não aceitava: **"Tá bom! Com louco não se discute!".** E é assim, tem momentos em que é melhor encerrar o assunto porque tudo que você disser vai ser insuficiente para que o outro entenda e só vai se tornar desgastante.

Aliás, esse pensamento poderia ser aplicado a nós também nos momentos em que cometemos erros pequenos, grandes e enormes e o Mestre não nos corrigiu, porque senão deixaria de ser Mestre e passaria a ser um tirano, querendo impor sua vontade. **Há uma diferença grande entre se intrometer e ajudar. É muito comum que sejam confundidos os dois significados e é necessário que a gente aprenda essa diferença e só atue quando sentir que deve.**

No nosso caso, talvez nós fôssemos os loucos do pensamento. Mas, graças aos céus, vimos que os erros poderiam ter consequências ainda piores. Isso foi perto da eleição de novos coordenadores, quando notamos alguns erros e, finalmente, pedimos alguma orientação. Com isso, uma noite, estávamos eu e outro coordenador quando no aparelho de fax surgiu um conteúdo dramático para nós, que o fomos lendo em pé (muitas vezes, **a Lei age energicamente quando pedimos orientação, mas é muito melhor que o silêncio, pois quando está nos chamando a atenção é porque espera que nos corrijamos, já o silêncio pode indicar que desistiu de nós**). Mesmo sendo noite, estávamos os sete na sala, todos mudos... As cadeiras foram dispensadas... Sentamo-nos no chão e por minutos não se ouviu uma palavra.

Cada um poderia apontar erros dos outros e tudo ficaria ainda mais sério, mas graças a Deus, não foi o que fizemos. **Refletimos, assumimos todos os erros, pedimos desculpas** e informamos na reunião preparativa para a eleição que ainda estávamos buscando formas de corrigir os nossos erros.

Essas palavras mudaram tudo, pois em seguida chegou um fax com a ajuda e, também, o incentivo característico do Mestre: "Alegra-me muito que tenham reconhecido o erro ou os erros cometidos... **O que trabalha comete erros, o que não comete erros é o que não trabalha...** Estou com vocês... Borracha e conta nova...".

A assembleia tinha orientação para nos expulsar juntamente com qualquer um que tentasse nos defender, mas **uma atitude nossa pôde alterar o destino.** Lembre-se disso sempre.

Concluiu-se a eleição e novos coordenadores assumiram. Os colegas começaram a seguir seu rumo... E nós, Isa e eu, para onde iríamos a partir daquele momento?

Junto com outro casal, resolvemos abrir um centro de estudos de autoconhecimento (que chamávamos carinhosamente de grupo) mais ao centro do País. Como esse casal tinha um carro e nós também, fomos com os dois automóveis, mas a mudança deles ia muito além do que cabia no veículo e ainda queríamos levar um material para o grupo. Dessa forma, um amigo sugeriu que deixássemos um dos carros com as esposas na cidade de destino e voltássemos com o outro, parando na cidade onde o amigo morava. Lá, ele emprestaria sua caminhonete e levaríamos o restante. Assim foi combinado e mais tarde faríamos outra viagem para devolver a caminhonete.

Nessa viagem para a cidade de destino teve algo insólito. A tampa de uma mesa estava presa sobre nosso carro. Durante a viagem, vi que um caminhão se aproximava e aumentei a velocidade, porém o cabo extensor que segurava a tampa da mesa arrebentou e ela planou no ar, mas não bateu no caminhão porque... adivinhe: ele desapareceu! Mistérios... Estávamos em uma reta e não havia estradas secundárias. Olhei pelo retrovisor e ali estava o caminhão, olhei para a frente, havia a estrada, olhei novamente pelo retrovisor e havia a mesa voando. Ficamos parados algum tempo e não vimos qualquer vestígio daquele veículo. **Mistérios... uma pena que o ser humano perdeu a capacidade de se assombrar com esses eventos. Viramos céticos, não cremos mais no invisível e, assim, cada vez vemos menos.**

Após todos nos instalarmos, deixamos um carro com as mulheres e eu e o colega voltamos e tomamos emprestada a caminhonete para levar o restante dos materiais, chegando ao apartamento dos seus pais às 3 h da manhã, quando sua mãe nos serviu um jantar. Era um superjantar, ainda mais para ser ingerido de madrugada, pois tinha arroz, dois bifes enormes, quatro ovos fritos, feijão, salada, bolinhos de arroz e sobremesa. O colega não se intimidou, foi se servindo e mastigando, enquanto eu lembrava que ele falava que tinha pesadelos à noite, e agora eu entendia o porquê... **Nossa refeição à noite deve ser leve se quisermos ter uma noite reparadora, tranquila e com sonhos lúcidos ou informativos.**

No outro dia ajeitamos o que deveria ser transportado, mas a caminhonete ficou pesada e com carga alta, sendo necessário medir para garantir que passaria nos viadutos. Às 18h saímos em uma viagem estimada para durar três horas, mas não foi assim...

Tivemos um engarrafamento, depois um pneu se rasgou e levamos mais tempo do que gostaríamos para trocá-lo em um solo inclinado irregularmente. A carta 9 exigia prudência e ainda bem que estávamos de acordo com isso, pois tínhamos deixado o estepe à mão. Ao final, apareceu um gambá bonitinho e simpático que veio nos cheirar e lamber nossas mãos. O gambá simboliza que deve ser desenvolvida a visão interior, ver além do que os olhos físicos veem. Também sinaliza a mudança e algum problema que se resolve com a razão. **Era incrível a tranquilidade e confiança que ele transmitia** e parecia dizer: "Relaxem que vocês têm uma longa viagem e mais problemas pela frente...".

Havia uma borracharia aberta e o sonolento trabalhador foi consertar o pneu. O pneu não, os pneus, já que, enquanto estávamos na borracharia, outro pneu foi ao chão (ótimo que foi dentro da borracharia).

Depois de dirigir a noite inteira, chegamos ao sítio do amigo que emprestou a caminhonete, pois era caminho e ele queria que passássemos algumas horas lá. Ele abriu a porta dizendo: **"Para que estou vivo? Por que ainda vivo?"** e contou que a noite dele tinha sido pior que a nossa. O veículo que dirigia ficou entre os carros de assaltantes e um carro-forte e havia disparos dos dois lados. O curioso é que ele tinha certeza de que sua vida teria se encerrado na noite anterior, então, ao acordar nesse novo dia, não sabia como agir. Por que será que a vida dele não terminou? Volto a dizer, **uma atitude nossa e podemos alterar o destino.** Reflita nisso. Reflita mais um pouco. Mas, voltando ao caso dele, **essas perguntas que ele fez trazem reflexões da alma e podem nos fazer descobrir o verdadeiro objetivo da vida.** É uma pena que a maioria das pessoas pense nisso apenas quando leva um grande choque psicológico.

Logo descarregamos a caminhonete e o dono a levou para a cidade, de onde voltou com pneus novos e uma segunda caminhonete, dirigida por seu irmão, sugerindo que levássemos os materiais divididos entre os dois veículos de carga e deixássemos nosso carro ali temporariamente. Assim, saímos cedo na manhã seguinte, e essa viagem foi mais tranquila, tendo um único inconveniente quando iniciei uma ultrapassagem alguns metros antes do permitido e um policial estava observando o trânsito com binóculos... Multa, claro.

Paramos em um posto de combustível, de onde telefonei para aquele que era para ter morrido e não morreu, para avisá-lo e porque eu sabia que ele, facilmente, poderia anular aquela multa, mas ele foi correto e disse tranquilamente: **"A gente tem que assumir os nossos erros..."**.

Às vezes, torna-se difícil buscar o justo e o perfeito... Mas há que o fazer porque, do contrário, ficam dívidas com o universo – e certamente haverá cobrança.

Chegamos ao lar, descarregamos, descansamos e, em alguns dias, devolvemos as caminhonetes emprestadas e pegamos o nosso veículo. Se somarmos a quilometragem percorrida nessas viagens para abrir o novo centro de estudos, passa dos dez mil quilômetros, mas **as dificuldades são infinitamente menores ou não nos atingem quando temos ânimo.**

> "MAIS VALE UM SOLDADO NO CAMPO DE BATALHA
> QUE MIL GENERAIS AQUARTELADOS.
> DE MODO QUE AVANTE, À BATALHA,
> MORREMOS OU VENCEMOS,
> PORÉM NUNCA DERROTADOS."
> (VM RABOLÚ)

10

A RETRIBUIÇÃO

*"Custoso é o saber que compras com a experiência
e mais custoso o que te falta comprar."*

10

Quando fazemos um pedido para a Lei, para o universo, muitas vezes nos é mostrada a resposta com um símbolo: se for um relógio, devemos nos ater à hora indicada, pois nela está a resposta. Se for outro símbolo, teremos que o compreender também.

O arcano 10 do Tarô Egípcio é a Roda da Fortuna, também chamado de *Samsara* pelo Budismo, que nos traz o significado de que **tudo muda**, e muda novamente para ser como antes. Assim poderemos compreender melhor sua predição: "Boa e má fortuna; elevação e descida; posses legítimas e posses duvidosas. Recomendações de passadas contingências e circunstâncias que se repetem de forma distinta".

Indica mudanças, bons negócios e, no plano espiritual, tempo e circunstâncias são artífices da perfeição; no plano mental, são os diversos processos do pensamento; no plano físico, é ação e reação.

Não podemos nos desesperar com as mudanças. **É necessário se adaptar.** Hoje a humanidade está sendo levada a isso com todas as situações que está vivendo, seja com o clima, com epidemias, mudança de classe social, enfim, muitos fatores estão nos obrigando a essa adaptação que é muito necessária para o espiritual. **Temos que manter o ânimo e nos adaptar à nova realidade.**

Nosso novo lar era amplo como nos velhos tempos; era o início de uma nova volta do arcano 10. A casa tinha garagem para mais de um carro e três dormitórios.

Havia uma barragem na cidade e nos disseram que isso fez a temperatura subir bastante. Dava para sentir, pois era a cidade mais quente em que eu já havia morado. **Então as barragens geram energia limpa, mas têm alguns efeitos, como aumento de temperatura e modificação do meio ambiente.**

Nos primeiros dois meses, a esteira de praia que compramos numa das saídas da grande cidade foi nosso colchão. Era até divertido e sobrava bastante espaço no quarto para fazer a ioga esotérica ou fonte da juventude, que consta de 11 exercícios e, segundo a tradição esotérica, quem consegue ficar na última posição por três horas vence a morte. Eu vinha a fazendo diariamente há mais de um ano – para isso, levantava às 5 h, **enquanto os outros habitantes da casa dormiam.** Uma das posições era particularmente difícil, porque era feita de joelhos e me doía uma região que eu tinha machucado. Outra era a última posição, aquela de vencer a morte, que exigia uma adaptação do corpo.

Assim, percebi que **tudo nos custa.** Às vezes, queremos as mais belas experiências com os menores esforços e não funciona assim. **Quem não faz superesforços, converte-se em uma pessoa medíocre. Muitas vezes, utilizamos desculpas, que não são mais do que preguiça, pois quanto maiores os esforços, maiores os méritos.**

Desde que comecei na cidade anterior, fui aumentando o tempo gradativamente: às vezes, aumentava um minuto na última posição e nos seguintes dias não conseguia aumentar nada. Mas ia seguindo **com foco, paciência e determinação, com a constância de quem quer chegar ao objetivo.** Depois de quase três anos, chegou o dia em que ultrapassei a marca das três horas. Minutos antes de atingir essa marca, eu entrei num estado muito diferente dos que tinha sentido até então. Vi imagens na concentração – e não era apenas ver, eu estava em um lugar diferente, que trazia cenas e sentimentos incomparáveis. Ao sair daquele estado, eu tinha a impressão de que não tinha corpo e ao tentar me mexer, inicialmente, o corpo não me obedeceu. As pernas levaram vários minutos até que eu pudesse controlá-las de verdade. Era impressionante o que tinha acontecido.

Uns dias depois, vimos uma orientação dizendo que havia práticas mais importantes do que essa ioga. Comprovando isso, substituí a prática da manhã. Se você quiser fazer esses exercícios, veja a explicação completa no livro Exercícios de Lamaseria (SAMAEL AUN WEOR, 2004). Vou deixar as figuras das posições, mas não deixe de fazer práticas realmente importantes, não deixe de "fazer amor de madrugada, amor com jeito de virada..."[1], para fazer estes exercícios.

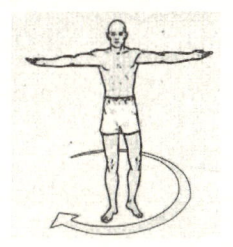

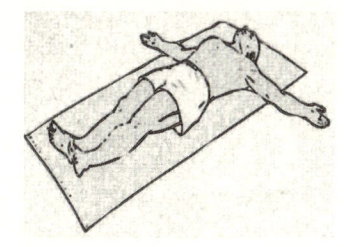

---

1 "Pintura íntima" – Kid Abelha, 1984.

Fonte: Exercícios de Lamaseria (SAMAEL AUN WEOR, 2004).

Aos sábados à tarde, a nossa diversão era ir à feira, na qual sitiantes da região vinham até a cidade e vendiam uma grande variedade de produtos, podendo-se encontrar galinhas vivas, queijos, verduras, carne de gado, frutas, pamonha, pastel, lanches, caldo de cana, roupas e muito mais.

Naquela feira, sempre eram vistas cenas muito engraçadas. Numa delas tinha um cidadão vendendo camisetas, sem qualquer interessado ao seu redor. Ele não se importava com isso e sapateava, gritando que estava com a banca cheia de compradores, mas abriria um espaço. Teve também um cidadão de baixa estatura e magérrimo, com uma bicicleta enorme, onde estavam amarradas grandes vassouras. Ele chegou perto de mim, pegou-me pelo braço e disse: "Qué não, ô coisinha?". Eu tive vontade de pegá-lo pelo pescoço... nunca alguém tinha me chamado de 'coisinha' daquela forma... **Tem algumas atitudes ridículas nossas. Qual a lógica de querer brigar com alguém porque ele nos chamou de algo?**

Então eu estaria contente se me chamassem com um elogio e triste ou "brabo" se me chamassem de "coisinha"? **É uma estupidez colocar a nossa honra ou nossa felicidade na mão dos outros.** Se fizermos isso, qualquer pessoa pode nos levar da alegria à tristeza ou à ira com uma palavra e, assim, viramos fantoches.

Melhor era compreender a situação e o que estava agindo dentro de mim mesmo. Isso exige um esforço e, como eu disse antes, maiores esforços, maiores méritos.

Na feira, comíamos o pastel de queijo, já a carne provinha de animais criados sem hormônios, o que era bom, mas se fosse tratada com um pouco mais de higiene eu teria comprado mais. Tinha mangas na feira também; curioso, porque no parque das mangueiras todos se abasteciam gratuitamente. Mas logo tivemos que mudar alguns hábitos porque chegou a onda da dengue, transmitida por um mosquito que as autoridades combatiam com o terrível fumacê: uma caminhonete que jogava fumaça da rua até os fundos dos pátios. O pé de acerola e as pimenteiras sobreviveram, apesar de que o pé de acerola nunca tinha produzido, mas uma colega fincou uma porção de pregos na planta e todos os dias dizia para a pequena árvore que se ela não desse frutas, seria cortada para virar lenha. Não é que funcionou? Começou a produzir sem parar ao longo do tempo em que passamos lá.

Cogitava-se uma vacina contra a dengue, mas mesmo que esta existisse em larga escala, nós não a tomaríamos, porque não éramos partidários desse método de controle. Melhor que nenhum de nós pegou essa doença, talvez por sorte...

Bem, aprofundando um pouco, existem três formas de se prevenir de qualquer doença: a primeira é fugir do que possa trazer o problema, ficar em casa sem estar exposto, por exemplo. Essa é forma que deixa o organismo mais débil e nos torna cada vez mais fracos e suscetíveis, porque o organismo não aprende a se defender.

A segunda é tomar uma vacina, que é introduzir algo estranho ao organismo. Os Mestres nos previnem que isso, visto em mundos suprassensíveis, injeta no organismo algo parecido com uma larva cheia de outras larvas em seu interior e essas larvas trazem efeitos desagradáveis que vão desde coceiras, dores, até doenças tanto físicas como mentais. Tudo isso a curto, médio e longo prazo.

A terceira é **fortalecer o organismo, seja com sol** (tomar sol todos os dias ou sempre que possível traz muitos benefícios para a saúde); **com alimentação** [alimentação saudável protege de doenças e é recomendado incluir no cardápio chuchu (*Sechium edule*), babosa (*Aloe vera*) e ojaransin, também chamado jeransin ou mãe de milhares, (*Bryophyllum daigremontianum*), pois previnem epidemias, podendo os três serem preparados como salada); **com vocalização (a vocalização da vogal Aaaaaaa**, como já explicado, ativa a glândula timo, que é parte importante do sistema imunológico e elimina os agressores ao organismo); **com mantralização (o mantra abracadabra**, pronunciado alongando-se cada vogal e diminuindo uma letra a cada pronúncia, elimina doenças pela ativação da glândula timo. Fazer muitas vezes esse mantra); ou ainda **com água fria,** que permitirá que o organismo reaja (mais adiante poderemos falar dessa forma)].

Além disso, logicamente, é importante não ficar pensando na doença, pois atraímos o que pensamos. E temos que considerar ainda a atuação da Lei Divina.

Mais uns dias e entrou em contato um amigo que conheci no ano anterior. Ele ministrava um curso e buscava representantes comerciais para vender produtos terapêuticos, especialmente colchões, e me expôs o suficiente para me convencer a ir de ônibus por mais de mil quilômetros até a cidade onde ele estava, para participar do curso. Naquela cidade moravam parentes meus, e o amigo instrutor quis visitá-los junto comigo para que eu fizesse a primeira venda. Esses parentes eram bons degustadores de cerveja e logo vieram grandes copos com o gelado líquido, que traz satisfação para a maioria. Eu era uma exceção e a recusei, mas o dono da casa ficou chateado, passando a frisar que era boa, chegando a ir buscar a garrafa para que víssemos a marca. **É difícil, na nossa cultura, alguém não querer beber, mas é necessário para quem quer ter o controle sobre si mesmo.** Além disso, naquele momento eu não a queria, mas poderia vir a querê-la em outro momento.

Ao sair do apartamento dos parentes, o meu amigo disse com completa segurança: "Eles vão comprar!". Eu ri e disse que achava que não, então ele acrescentou: "Você vai ver... e eu vou mandar um colchão para você, aí vai poder falar com segurança".

No caminho, ele apontou várias falhas que tive como vendedor, pois em técnicas de venda deve-se estudar na frente de quem sentar, com quem falar e até para quem olhar.

Temos que aprender a nos defender de algumas técnicas de venda e igualmente nos defender da compra pelo impulso, porque os vendedores podem nos fazer comprar o que não queremos. E o mesmo vale para **pessoas que tentam convencer as outras, ferindo o livre-arbítrio; essas não emitem luz, embora se achem boas.**

Em vendas, primeiro se cria a necessidade, depois se criam as condições. Esse processo também é bastante utilizado no campo farmacêutico, no qual, se observarmos, vamos notar que muitos medicamentos e exames que "necessitamos" hoje não necessitávamos em absoluto; ou seja, foi criada a necessidade, seja através dos meios de comunicação, da informação infiltrada na cultura ou outras formas que **têm ao fundo objetivos financeiros dos envolvidos.** O nosso grande erro foi termos separado a ciência da religião e, com isso, agora temos que filtrar tudo que vemos e ouvimos, porque quase tudo é movido por interesses.

Na área de vendas, **algumas pessoas compram porque são fascinadas pela novidade, outras porque se fascinam pelo produto, outras porque são convencidas; outras, ainda, porque precisam de um produto.**

Quando a pessoa é fascinada pelo produto ou pela novidade, o vendedor não faz esforço. Nesse caso, é prudente mostrar algumas desvantagens do negócio para que a pessoa busque mais a sensatez e não devolva o produto no outro dia.

O tipo de vendas de que eu gosto é aquele em que eu localizo o que a pessoa quer e depois criamos as condições favoráveis. Ao mesmo tempo, é gratificante ver que a pessoa ou empresa vendeu algo porque você fez uma boa negociação. **Às vezes, ter um intermediário é uma necessidade porque, se colocarmos vendedor e comprador numa sala, normalmente eles não se entendem,** pois cada um quer "puxar todas as brasas para o seu assado", enquanto, com um mediador, a situação fica mais equilibrada.

Na compra, **é muito importante ver o produto e pensar por algum tempo, não comprar pela fascinação, pois, assim, compraremos o que queremos** e não o que eles (os vendedores) querem. Pratique isso.

Voltando à cidade onde o magrelo me chamou de "coisinha", contei sobre a situação da bebida na qual fui mal interpretado. O colega disse que o melhor nessas situações é dizer: **"Tô sossegado",** pois isso significa que nesse momento você está bem e não quer o que a pessoa está oferecendo, seja cadeira para sentar, bebida etc. Achei interessante a expressão e resolvi pôr em prática, resultando completamente positiva.

Quanto ao colchão, eu estava enganado... Meu treinador ligou, dizendo que tinha feito o pedido dos parentes e alguns dias depois chegou o nosso aparelho terapêutico carregado de tecnologias que permitiam corrigir 80% dos problemas de coluna, circulação, restabelecer o organismo etc. Com ele, surgiu um grande contraste em casa, porque tiramos a esteira de praia para colocarmos o bonito e caro colchão bordado, feito com pedras de turmalina e muita tecnologia.

Fiz vendas de colchões, carimbos, canetas autoentintadas e logo acrescentei cartuchos reciclados para impressoras, o que começou quando vi que várias empresas precisavam desse produto. Tinha conhecido, em anos anteriores, um local que fazia esse trabalho muito bem. Só tinha que recolher, enviar e receber pelos Correios e isso danificava alguns cartuchos, então era mais garantido fazer vendas dos outros produtos.

Numa dessas, vendi uma caneta tinteiro que custava um salário-mínimo e o cliente falou: "A gente nunca sabe quando terá que dar um presente, além de almoçar com uma autoridade...". Como vi algumas cenas dessas, tive que aprender a não reagir. O que ia fazer com a caneta era problema dele e não havia como interferir. **Os únicos problemas que sempre podemos resolver são os que estão dentro de nós. Assim, eu somente poderia ver se existe o suborno em mim mesmo.**

Outra cena foi curiosa, pois eu estava vendendo para alguém que era participante de uma sociedade discreta. Ele me lançou uma pergunta um pouco diferente do normal e eu respondi com a senha daquela instituição. Então, fez outra pergunta e novamente eu acertei a senha, mas isso por "coincidência"; porém as respostas o fizeram acreditar que eu também participava daquela sociedade e a partir daí ele começou a me chamar de irmão. Como será que eu acertei essas senhas?

Isso me lembrou um símbolo secreto que me foi dada a oportunidade de conhecer. Existem muitos desses ao nosso redor, mas raramente recebemos autorização para descobrir e usar algum deles, pois são muito poderosos e nós não estamos preparados. Esse símbolo secreto que conheci envia um pedido que é atendido imediatamente pelo universo em qualquer área que é usado. Pode ser um socorro na neve, ajuda em um acidente ou o que for.

Resolvi testar o tal símbolo enquanto oferecia, sem sucesso, canetas para o prefeito de uma cidade próxima. Tracei o símbolo com o dedo no ar, sem que ele percebesse e, no próximo momento, disse uma frase que não sei de onde tirei. Imediatamente ele comprou uma caneta coberta de ouro. Eu tentei desfazer a compra, porque não era certo usar magia para fazer uma venda, mas não teve jeito, ele estava fascinado pela caneta e quis aquela do mostruário mesmo. **Muito perigoso o tal símbolo.** Talvez você pense que foi ótimo porque realizei a venda que queria, mas a magia deve ser utilizada somente em casos extremamente necessários, e estes são muito raros. Muitas vezes, mesmo diante do risco de morte, não se deve utilizar magia ou deixaremos de estar no lado brilhoso para ir ao opaco e escuro.

Comecei a trabalhar em uma corretora de seguros de vida. Engraçado que, quando eu falava em morte, muitas pessoas nem queriam mais ouvir e quando eu ia explicar algo sobre o tipo de caixão, se tinha tapete ou não, tipo de velas, coroa de flores etc., a maioria dos clientes fazia uma expressão estranha na face e perdia a vontade de fazer o seguro.

Todos vamos morrer, mas não queremos falar da morte. Não seria melhor planejar esse fato?

Também, aprendi sobre o processo de cremação, que é muito interessante. **Se todos fossem cremados, não existiria cemitério – lugar onde se criam larvas aos montes, dentro e fora da terra, já que as larvas se alimentam com a energia vital.** Não seria necessário comprar nem limpar túmulo ou gaveta etc. E os que querem ter uma recordação dos entes queridos que levem suas cinzas. Eu quero ser cremado e que minhas cinzas fiquem num lugar ensolarado, perto de uma árvore. Já até criei este lugar e plantei a árvore, mas também pode ser em qualquer outro.

Geralmente temos medo de falar de morte, do além e de entidades (que erroneamente chamamos de espíritos), mas esse medo deve ser eliminado de nós: o que devemos fazer é aprender a nos proteger.

Antes que você ache que eu eliminei o medo, adianto que eliminei um pouco ou alguns medos, mas ainda tenho muito a eliminar. Naquela cidade mesmo tive que trabalhar para eliminar o medo quando foi necessário fazer um exorcismo, pois uma entidade entrou em uma pessoa perto de mim. Ela começou a discursar em algum idioma ríspido como as línguas do deserto e a fazer gestos como se estivesse escrevendo no ar com as mãos. Aquela entidade não estava contente comigo e, quando eu me movia, ele me apontava o dedo e fazia algum tipo de ameaça. Para afastá-la, foi utilizada uma vela, um pentagrama, uma espada simbólica e uma conjuração, pois **o corpo é considerado um templo e nenhum mestre se manifesta no templo alheio: o que quer violar o templo de outra pessoa é entidade negativa, embora às vezes se disfarce falando bonito, mas não se iluda.**

A entidade tentava afastar a estrela, mas não conseguia e a energia foi sendo descarregada no fogo, enquanto a conjuração me protegia.

Poderia ter utilizado uma conjuração de maior poder e isso bastaria, mas com essa, aos poucos, a entidade foi cedendo e devolvendo o corpo ao dono, até que finalmente ele tomou o comando e voltou a falar comigo no seu próprio tom de voz. Então, falou que levava choques da espada e da estrela durante o processo. Logo começou a chorar e disse que não queria mais manifestar aquilo, mas não conseguia controlar e quando acontecia, durava um longo tempo, durante o qual era como se ele estivesse preso em uma parte pequeníssima do cérebro.

Pobre dele, para se livrar disso teria que fortalecer os corpos internos, negociar seu Carma e ajudar outras pessoas com o mesmo sofrimento, porque como diz o ditado: "Ao leão da lei se combate com balança, faze boas obras para com elas pagares tuas dívidas".

Passou mais um tempinho e a instituição à qual pertencíamos começou a passar por transformações. Na prática, a instituição estava deixando de atuar no mundo físico e passando a atuar mais num dos mundos invisíveis, de forma que o que mais deveríamos ensinar era como a pessoa deveria fazer para chegar consciente a esse mundo.

Cumprindo esse requisito, vou repassar o que aprendi:

O mais importante é a concentração, mas o querer se superar e se corrigir conta muito para essa experiência.

Deite-se ou sente-se em posição que permita o relaxamento, mas evite posições em que você durma muito facilmente ou que pressionem a região do umbigo (exemplo: de lado ou de bruços). Em seguida, use <u>uma</u> destas técnicas:

- **Concentre-se em ouvir um som que existe dentro da cabeça parecido com um iiiiiii bem agudo (como o som do grilo) e não pense em mais nada. Ao ver a primeira imagem, levante da cama** e dê um pequeno salto. Se você não sentir peso ou se elevar no ambiente, é porque já está lá e pode explorar o novo mundo.

- **Concentre-se em seu coração e não pense em qualquer outra coisa. Ao sentir sensações diferentes** (pode sentir-se virado na cama, como se tivesse levantado um braço ou perna ou sentir seu corpo sem peso, por exemplo) **está começando o processo. Continue concentrado e em instantes vai sentir um estremecimento e talvez uma vibração na nuca que parece um motor...** espere mais um ou dois segundos e vai sentir que seu corpo se move para cima da cabeça. Ao sentir isso, levante devagar e dê um pequeno salto, se não sentir peso ou se elevar, já pode explorar o novo mundo. Algo bem legal é pedir mentalmente para o Pai Interno levá-lo a um templo de luz. Existe um templo que se chama Igreja Gnóstica, vá a este.

- **Concentre-se em uma palavra mágica que tem o poder de ativar nossa consciência no mundo dos sonhos. Temos várias palavras mágicas, uma delas é o Laaaaaaa-Rrrrrrraaaaaaa-sssssss** (os hífens são inalações); **outra é o Faaaaaaa-Rrrrrrraaaaaaaooooooon-nnnnnn** (inspire entre o aaaa e o rrrr); **outra é o Eeeeeee-Giiiiii-iptooooooo** (entre o "E" e o "Gi" existe uma inalação). **Pode ser verbal ou mentalmente.** Faça isso muitas vezes e verá que vai sentir as sensações descritas no item anterior ou se dará conta de que deixou seu corpo físico dormindo e está usando seu corpo astral (ou seja, está consciente no meio de um sonho).

Use qualquer uma das técnicas e não se preocupe com o corpo, ele estará dormindo e logo você acordará, como sempre. Você só estará consciente em vez de estar sonhando. Não tem nada de sobrenatural nisso. Não se preocupe também se a experiência inicialmente parecer curta, é uma questão de treino prolongá-la. **Também se pode manter um objeto na mão durante o dia, pois enquanto estiver no mundo dos sonhos também terá um objeto; se for acordar, aperte esse objeto e poderá permanecer mais tempo nesse outro mundo.**

Ao acordar, anote a experiência e procure não contar para outras pessoas. É uma experiência íntima e particular – a não ser que você já tenha um guru, aí ele poderá auxiliá-lo no significado de algumas experiências.

Garanto que você, no mínimo, lembrará de muitos sonhos que teve durante a noite.

Essa experiência é muito legal e muito importante.

Treine. Vale a pena.

Com essa nova forma de a instituição atuar, tomamos a decisão de deixar a cidade, um casal por vez, eu e a esposa seríamos os primeiros. Assim, fui pedir demissão da corretora de seguros quando o proprietário estava justamente indo me encontrar, pois queria que eu gerenciasse o hotel dele. Agradeci e disse que poderia visualizar claramente esse gerenciamento funcionando, mas tinha muito a aprender e a conhecer antes de me fixar em algum lugar definitivamente.

Decidimos não levar o colchão com fibra de turmalina, pois não sabíamos que tipo de situação teríamos pela frente. Em vez disso, falei para os pais que ia enviar o colchão para eles e que estávamos indo para fazer uma pequena cirurgia que a Isa precisava e depois iríamos para o nordeste do País. O pai disse: "Você continua perdendo tempo com isso!" e não falou mais comigo. Esse episódio é interessante porque temos que **aceitar que nem todos têm que gostar do que gostamos, fazer o que fazemos nem pensar como pensamos. Cada um é livre para decidir o que fazer e responsável por sua**

decisão. O que não podemos é deixar que outros decidam a nossa vida. Não precisamos nos afastar de quem não nos compreende por ver a vida de forma diferente. Nisso, eu errei, e quando erramos é necessário corrigir.

Depois da cirurgia, teríamos mais de dois mil quilômetros de estrada sem muito desenvolvimento até a cidade para a qual iríamos. Apesar de os pneus estarem com meia-vida ainda, resolvi comprar dois novos. Nesse dia, estava em nossa casa um rapaz que se autointitulava meu preposto e que foi junto comigo à loja. Ali comprei uma roda e os dois pneus e pedi que um pneu fosse montado na roda nova e outro na roda em que estava o estepe, deixando o estepe dentro do carro, sem roda. O porta-malas do carro ficou com dois pneus novos montados em rodas e um sem roda. Eles deram risada e se puseram a colocar objeções assim: "Você é doido, teus pneus estão bons, você não precisa de pneus novos, muito menos uma roda nova", "Com os pneus que estão no carro você pode ir e voltar sem se preocupar", "Tu tens os objetos pessoais para pôr dentro do carro, três pneus extras vão tomar grande parte do espaço, deixa somente o estepe". Quando se cansaram, eu falei que eles tinham razão, mas que eu ia levar os pneus da mesma forma.

No caminho, o preposto continuou falando dos pneus por uns minutos, depois perguntou se eu veria novamente o casal que morava na casa comigo, pois parecia que formávamos uma família. Eu respondi que não sabia se voltaria a vê-los e que **éramos parte da grande família, a humanidade.** Então, ele disse que eu não sentia saudades e que não tinha amor e com isso passamos a refletir, chegando à conclusão de que ele falava de apego, e não de amor, e se nós ficássemos eu estancaria meu trabalho interno e criaria um grupo dependente de mim; em vez disso, eu queria um grupo livre de dependências e forte para pensar por si próprio – e isso era amor. Da mesma forma que tínhamos chegado e aberto o grupo, agora seguiríamos adiante, armazenando bons sentimentos das amáveis pessoas que moravam conosco, do pessoal do grupo, das pessoas da cidade e da própria cidade. **Os pais que impedem que o filho estude ou trabalhe distante deles, quando este tem uma grande oportunidade, dizem que querem o filho perto porque o amam, mas, na verdade, estão impedindo o desenvolvimento do filho por causa de um sentimento medíocre que é o apego.** Estão prejudicando em vez de ajudar. Vejamos os animais: eles criam os seus filhotes e, quando estes são adultos, criam uma nova família, um pouco ou muito afastada dos pais, o que não quer dizer que os filhotes não amem os pais.

Com tudo arrumado, despedimo-nos do pessoal do grupo e dos companheiros da casa e percorremos o curto trajeto de 204 km até a cidade onde Isa faria a cirurgia, mais a distância até o apartamento de um casal de amigos.

"NUNCA DUVIDAR DO QUE SOMOS CAPAZES DE FAZER,
SENÃO TER ESSA FÉ DE QUE VAI CONSEGUIR..."
(V.M. RABOLÚ)

11

A PERSUASÃO

"Gozoso na esperança, sofrido na tribulação; sê constante na oração."

11

A simbologia do número 11 é ligada à força, mas não à força física, senão que a carta nos mostra uma mulher que, sem esforço e quase sem tocar, abre ou fecha a boca de um leão. Então é A Persuasão, O Leão Domado.

Às vezes significando o 11, a Lei nos mostra o relógio marcando 2 h, porque a Cabala, outro livro sagrado de conhecimento de números, reduz tudo até 9. Também porque o 10 é chamado de primeira hora de Apolônio (Mestre filósofo que viveu em Éfeso), o 11 é chamado de segunda hora de Apolônio e assim segue.

Esse número promete: "O controle da direção que é seguida; o domínio dos elementos, vitalidade, rejuvenescimento, aquisição e perda de amigos por coisas de família; penas, obstáculos, ciúmes, traições e resignação para sobrepor-se às contrariedades".

O arcano 11 é o trabalho com o fogo, com a força do amor, tendo a Lei a favor da pessoa. Por isso, não deve haver temor.

No plano espiritual, é princípio precursor; no plano mental, é domínio através do intelecto; no plano físico, é domínio das baixas paixões.

Agigante sua fé e apresse o passo com humildade, que a confusão será breve.

Nosso objetivo era passar vinte dias no apartamento dos anfitriões, a fim de que fosse feita a pequena cirurgia no nariz da Isa e ela se recuperasse. Assim, com tudo já acertado, nos encaminhamos para o hospital.

Não teríamos custos, pois a operação seria efetuada por alunos e professores da universidade, porém eles estavam fazendo uma campanha em que todos os pacientes que dessem baixa deveriam conseguir um doador para alimentar o banco de sangue do hospital. **O sangue é um líquido individual, no qual está impresso o Carma da pessoa e, quando entra em contato com o sangue de outra pessoa, ocorre uma mistura de Carmas** difícil de se corrigir, porque a pessoa recebe uma pesada carga que não foi ela quem originou e sempre é muito mais difícil corrigir algo que não sabemos de onde veio do que algo que sabemos. Esse Carma recebido complica a vida do recebedor de forma considerável, e eu não estava inclinado a participar disso. A anfitriã estava comigo e tinha a mesma opinião, mas mesmo que quiséssemos nosso peso era inferior ao mínimo para poder doar. Esse impasse nos tomou algum tempo, até que foi autorizada a baixa sem o doador.

Intervenções cirúrgicas poderiam ser melhores se os pacientes, em geral, não temessem, pensassem e imaginassem situações negativas, porque nós atraímos o que pensamos, ou melhor, o que vibramos – eu chamo de vibrar o conjunto de sentimentos, pensamentos e vontades, mas isso exige um trabalho sobre si mesmo. Essa reflexão surgiu porque vimos alguns acontecimentos no hospital, mas no nosso caso parecia estar tudo certo e voltamos no dia marcado para retirar os tampões das narinas.

O médico encarregado de tirar os tampões não era o mesmo que fez a cirurgia, o que me deixou um pouco intrigado. Ele tirou três tampões de gaze das narinas, mas eu disse para olharmos novamente, pois não tinha lógica ter dois tampões na narina que não tinha sofrido intervenção e apenas um na que tinha sofrido. Olhamos novamente, mas não se via nada anormal no nariz e, assim, ele voltou a dizer para colocar soro muitas vezes ao dia e descansar.

Com isso, passaram-se os dias, mas em vez da recuperação, começaram a aparecer manchas vermelhas pelo corpo, acompanhadas de uma coceira que atordoava Isa dia e noite. Até que, uma noite, algo desceu até a garganta e, com uma pinça, tirei o outro tampão de gaze e logo todos entendemos o motivo da alergia. Como ela se recuperou de forma muito acelerada depois disso, despedimo-nos dos anfitriões para iniciar a viagem, afinal, tínhamos passado três meses no apartamento onde esperávamos passar apenas vinte dias.

Foram mais de 800 km naquele primeiro dia. No dia seguinte, quando paramos em um restaurante, eu percebi que havia arames saindo dos dois pneus traseiros e perguntei a um caminhoneiro o que ele achava do caso, já que eu nunca tinha visto aquilo. Ele respondeu que os pneus não durariam muito e que eu teria problemas porque não havia revendedoras de pneus nas proximidades. Para piorar, estávamos na sexta-feira, e a próxima terça-feira seria feriado (então segunda-feira também seria). De qualquer forma, disse ele que eu deveria seguir até onde conseguisse, porque não adiantaria ficar parado ali. O que me tranquilizou foram os dois pneus montados em rodas que estavam no porta-malas.

Rodamos mais um bom trecho até acharmos um posto de gasolina. Lá, enquanto o tanque era abastecido, os pneus esvaziaram. O borracheiro queria saber como eu tinha conhecimento de que os pneus iam se destruir. Mas eu não sabia. Ele fez uma expressão estranha, como se não acreditasse, e disse que ninguém sai com duas rodas no porta-malas, mas era sorte, porque não existia aquele pneu ali e, se precisasse, teria que ser encomendado depois do feriado.

Que tal se eu tivesse deixado de comprar os pneus porque o pessoal insistiu que não eram necessários? Quanto atraso, preocupação e problemas teria? E se os pneus tivessem terminado na estrada, visto que ali não tinha nada perto? **Quando se sente que deve fazer algo, deve-se fazer sem se importar com os comentários e sem se deixar levar por outras pessoas.** Como diz o sábio no livro *El vuelo de la serpiente emplumada* (COSANI, 1993): **"Jamais pergunte a outro homem: 'O que é que devo fazer?' porque é a mais nefasta de todas as perguntas. Se a fazes a um néscio, a um adormecido, está-lo-ás convidando a arrastar-te ao sonho [...] E se fazes [...] a um sábio, a um desperto, perceberás quão inútil é perguntar, porque um desperto sempre responderá: 'Faz o que melhor te pareça; se nisto colocares todo o teu coração, agindo sempre alerta, ganharás em riquíssima experiência".** Isso não quer dizer que não possamos escutar um conselho, mas o nosso coração é quem deve decidir o caminho.

Seguimos a viagem; a partir daí, a estrada era plana e passavam-se horas sem que víssemos qualquer casa ou carro. Naquele cenário, a última coisa que alguém poderia desejar era um problema no motor... Foi o que eu pensei quando o motor, instantaneamente, desligou. Eu estava tranquilo quando desci, abri o capô e olhei – não conhecia quase nada disso e parecia estar tudo certo.

Por sorte (será?), em 15 minutos, apareceu um outro carro, usuário da rodovia. Dele desceram dois homens e disseram que não entendiam nada de mecânica, mas que, se nós tivéssemos um celular, eles tinham o número do telefone de um guincho que ficava a um pouco mais de duas horas dali. Nós não tínhamos celular, mas eu pedi para darmos uma olhada juntos, pois talvez fosse algo realmente fácil de visualizar e corrigir. E era mesmo... O cabo do distribuidor tinha se soltado, impedindo a passagem da corrente elétrica. Ao colocá-lo no lugar, o carro voltou a funcionar normalmente.

Retribuição cósmica? Darma (do sânscrito *Dharma*)? Até o problema era praticamente igual, só que agora eu estava do outro lado... Lembrava-me muito bem do carro parado na pista entre a cidade natal e a cidade vizinha alguns anos antes (capítulo 5). Agora eu entendia o que o motorista sentiu ao querer se ajoelhar. Da mesma forma, minha gratidão era tanta que palavras e dinheiro não eram suficientes... E eles, assim como nós no caso anterior, não aceitaram dinheiro, apenas desejaram boa sorte e se foram.

Mais algumas horas e paramos para pousar em um hotel. Ao clarear do dia, seguimos em uma rodovia em péssimas condições para tráfego devido aos buracos criados pelas chuvas. Foi o pior trecho de estrada por que já passei na vida e o asfalto, quando existia, era somente entre um buraco e outro. Às vezes conseguia andar a uma velocidade de 20 km/h, mas o normal era a 5 km/h... Melhor dizendo, quando o ponteiro indicava que o carro andava, era necessário frear. Atenção total na pista e muito calor, e nós não tínhamos ar-condicionado e ainda, para piorar, eu tinha visto uma reportagem sobre um problema que gerou falta de oxigenação do cérebro de pessoas naquela região. Como resultado, alguns cresciam com o desejo de matar – e realmente matavam, cortavam e colocavam na geladeira. Segundo a reportagem, em alguns casos o matador parava carros na estrada e de lá tirava suas vítimas. Não creio que tenha havido muitos casos, mas naqueles momentos eu não pensava em quantidade: pensava que, a qualquer momento, poderia aparecer alguém na beira da pista ou uma árvore cortada que obstruísse o caminho e, a partir daí, um maluco querendo nos cortar em pedaços para comer na sopa... Eeee, tô fora!

Mas não apareceu qualquer ser humano por horas e seguimos por aquela estrada esburacada por mais de duas centenas de quilômetros. Depois a estrada melhorou muito, mas veio um temporal que fez o céu ficar cor de chumbo e o vento começou a soprar com tanta força que chegou a arrancar placas e galhos. O vento nos seguiu, mas não nos atingiu – e assim chegamos à nova morada no nordeste do país, e lá tinha sol.

"FOCO, PACIÊNCIA E DETERMINAÇÃO
SÃO OS INGREDIENTES DA VITÓRIA."
(O AUTOR)

12

O APOSTOLADO

"Ainda que o Sol te fatigue de dia e a Lua te entristeça de noite, não leves os teus pés ao resvaladeiro, nem adormeças quando estejas em guarda."

12

O número 12, O Apostolado, também chamado de O Sacrifício, indica que se está próximo do Mestre e isso tem o seu preço, pois surgem provas, algumas com dor. Para sair dessas provas com triunfo e sem dor, é necessário fazer uma prática entre o casal chamada de alquimia. Falaremos mais sobre isso e, um pouco, o estudante terá que encontrar por si, pois não é permitido falar tudo sobre a prática.

Esse número promete "contrariedades, angústias, quedas, perdas materiais em algumas condições de vida e ganhos noutras; pressentimentos que animam e pressentimentos que afligem".

O 12 tem relação com as serpentes, os cães e o fogo. Ele implica em sacrifícios, sofrimentos. Luta na questão econômica e social.

No plano espiritual, é complacência no bem realizado; no plano mental, é circunspecção em decisões dolorosas; no plano físico, é abnegação como força expansiva.

Em geral "os rodeios não se enquadram quando deve falar o coração; deleite-se no belo e aperfeiçoará sua alma".

Amenize sua irritação.

O sacrifício traz prêmios. Tenha por base: o amor a Deus (12 são as pétalas do chakra do coração), o sacrifício pela humanidade (12 são os apóstolos) e a negação de si mesmo (1 + 2 = 3: são as forças divinas e não as humanas). Quem nega O Apostolado nunca se integrará ao seu Pai.

Não tínhamos muitos utensílios para mudar, já que nossos pertences estavam no carro. Dessa forma, com pouco esforço, estávamos na simples e simpática casa que passou a ser o nosso lar.

Logo, o casal de instrutores que cuidava do grupo de autoconhecimento seguiu para outro estado e esse era o objetivo, porque **não é bom criar um grupo viciado em um casal ou em uma pessoa.** Eles deixaram alguns utensílios e também o celular que tinham, mas naquele tempo os celulares transmitiam enormes cargas de radiação ao organismo de quem o utilizasse (é possível que ainda hoje influam nas nossas energias). Aquele que eu usava, quando o colocava na cintura, deixava a perna doendo. Quando passava para o outro lado, doía a outra perna, uma dor estranha, de forma que ele ficava sempre em casa. Era um celular fixo por filosofia. Os clientes diziam que eu parecia bicho do mato, porque não gostava de celular, mas tudo bem.

Falando em bicho, no topo da mangueira do quintal existia um grande cupinzeiro e os cupins passavam o dia subindo e descendo por caminhos que eram abertos no tronco da mangueira. Eram os maiores cupins que eu já tinha visto e estavam sempre trabalhando, ou seja, sempre comendo madeira. Dava pena saber que, em pouco tempo, aquela e outras árvores do quintal não produziriam mais, mas, uma noite, descobrimos algo que poderia prolongar-lhes a vida... Fomos despertados por um cheiro de serragem tão forte que parecia que estávamos dentro de uma serraria, e grande foi minha surpresa e indignação. Hesitava em acreditar que estava acordado vendo aquilo. Parecia mais o famoso desenho animado em que os cupins iam devorando a casa e, após segundos, somente restava o telhado e... já tinha ido o telhado. Eles tinham feito duas carreiras ou trilhas dentro das paredes de alvenaria e estavam devorando a madeira de um quadro.

Peguei um pote com querosene e bastou o cheiro subir que, em segundos, caíram tantos que o chão ficou da cor deles naquela parte do quarto. Ao voltar a me deitar, pensei que por sorte não tínhamos roupeiro, pois seria um banquete para os cupins. Em vez disso, tínhamos um cano pendurado e nele estavam os cabides com as roupas.

Ao clarear o dia, pinguei querosene nas trilhas que permitiam que descessem e subissem até o topo da mangueira. Se eles não tivessem vindo comer meu quadro, talvez pudessem comer as árvores com tranquilidade... Assim somos nós também: **destruímos as árvores, mas ao tocarmos em algo sagrado, decretamos nosso fim.** Claro, a natureza não dá saltos, então as consequências estão vindo gradativamente, mas serão contínuas, diferente do caso lá, porque comprei veneno especializado e avisei a proprietária da casa, que também trouxe outros venenos. Foi um ataque devastador.

Além dos cupins, naquela cidade era possível ver muitos bichos exóticos. Sapos gigantes, lagartixas verdes, lagartixas transparentes (dava para ver os órgãos internos de tão transparentes que eram), morcegos, caranguejos (eram tradicionalmente apreciados na culinária local), grandes abutres, baratas que pareciam pequenos tatus e aranhas, especialmente do tipo caranguejeira, todos esses eram comuns. As aranhas... Uma vez, um casal nos visitava quando entrou pela abertura de ventilação do banheiro e chegou até a cozinha uma aranha caranguejeira do tamanho da mão espalmada de uma pessoa. Um dos presentes, ao vê-la, começou a gritar e correu para fora da casa, completamente fora de si. **Aquela foi a primeira vez que vi uma pessoa entrar em pânico e pude perceber o quão terrível é aquele sentimento. Ainda bem que pode ser eliminado, mas para isso não se pode fugir do que nos causa essa reação.**

Um dos amigos disse que elas sempre andam em casais, de forma que, inevitavelmente, íamos nos deparar com a outra. E, assim foi, pois no dia seguinte, apareceu o "cônjuge" da aranha. Outra vez, vimos uma mancha negra se deslocando e, mais de perto, percebemos que deveria ter mais de cinquenta dessas aranhas atravessando a rua. **Aranhas têm uma simbologia ligada ao materialismo,** especialmente em sonhos.

Eram muitos bichos, visíveis e invisíveis a olho nu. Uma vez, viajei para vender cartuchos para impressoras, que eu continuava recebendo pelo Correios. Nessa ocasião, fui de ônibus e, na ida, começou uma dor no estômago que parecia me torcer. Durante o dia, a dor diminuiu um pouco, mas à tardinha voltou mais forte do que antes e, na viagem de volta, achei que ia desmaiar, pois estava suando frio e quase me contorcendo pela dor. **A gente sempre pensa o pior, mas às vezes, não é tão grave e a preocupação só traz mais problemas.** Ali não foi diferente, pois comecei a pensar que estava com úlcera ou algo pior. Isso durou uns dias, até que fui à farmácia e descobri que eram parasitas intestinais. O farmacêutico já trouxe o remédio acompanhado de um copo com água e logo que os tomei a dor foi diminuindo até sumir. Segundo ele, aquilo era comum naquela região e não tinha cura definitiva, então eu teria que tomar aquele comprimido a cada seis meses até que fosse descoberta a forma de eliminar os ovos dos parasitas. A preocupação antes de ir à farmácia só trouxe mais preocupação, nervosismo e cabelos brancos. **Era outra característica a eliminar, a preocupação.**

Senti-me aliviado, porém confesso que não gostei e não podia admitir que a ciência não sabe a cura, ou sabe, mas **nos torna escravos da farmácia.**

A ciência é limitada em muitos aspectos. Tenho certeza de que, se alguém se dedicasse à meditação sobre o assunto, poderia encontrar a solução. É possível que você esteja pensando por que eu não fiz essa meditação, então. Respondo que é possível que ainda a faça, mas a **gente tem que priorizar pontos do conhecimento**, pois são muitos e não conseguimos praticar todos.

Outro ponto em que a ciência é limitada são os motivos das doenças. Vejamos outro exemplo: a temperatura no município era constante na maior parte do ano, de dia e de noite era 33 ºC, porém, o sol era muito forte e dava a impressão de que ultrapassava ou "furava" a pele e chegava até os ossos. Por lá ninguém usava protetor solar, mas curiosamente era a região de menor incidência de câncer de pele do País, enquanto, em geral, a população utiliza cada vez mais protetor solar e tem cada vez menos exposição ao sol enquanto o número de casos de câncer de pele é cada vez maior e, ainda, segundo os médicos, aparecem em partes do corpo que não são expostas ao sol. Curioso também que alguns estudiosos **recomendem que não se use protetor solar e fique vinte minutos com o mínimo de roupas sob o sol do meio dia. Então, talvez o câncer esteja ligado a outros fatores psicológicos, como tristeza, inclusive.**

Naquela região, todos tomavam muito sol e eram muito alegres. A chuva somente aparecia nos meses de março a junho e, nesses meses, a vida voltava a se manifestar com seu verde-esperança, mas mesmo nessa época a temperatura não baixava de 30 ºC e a própria chuva não durava muito tempo. Logo que parava de chover, o sol voltava tão forte como antes e, devido a isso, as pessoas normalmente não usavam muita roupa. Alguns tinham apenas chinelos, tênis, bermudas, camisetas e bonés.

Em compensação, com muito calor a parte sexual aflora mais, e lá o povo tinha o costume de tratar os estranhos como se fossem íntimos. Assim, quando eu entrava em alguma loja, a atendente aproximava-se e dizia **melosamente: "Oi, meu querido" ou "Oi, meu amor", expressões que são utilizadas com aquele tom estrito para pessoas que conhecemos e amamos,** não sendo expressões a serem profanadas dessa forma, porque **perdem o efeito se utilizadas em demasia: assim, ao dizê-las para quem amamos soariam como um simples bom-dia, especialmente "meu amor".** Mas para eles era algo muito comum.

Além das frases melosas e da prostituição, muitas pessoas tinham envolvimento com bebida. Víamos isso quando saíamos cedo para ver o momento sublime em que a noite vai embora, surgindo em seu lugar o amanhecer repleto de cores e, por fim, a grande bola dourada no horizonte, que **no mar é mais bonito ainda, porque se junta o fogo e a água e ambos são base para a vida...** Enfim, quando íamos ver o nascer do sol na praia que ficava a 13 km, sempre víamos muitas pessoas caídas no chão pelo excesso de álcool no sangue. **Uma pena que o ser humano não se dê valor e chegue a embriagar-se. Nós não podemos estar satisfeitos com o nosso nível, temos que querer e lutar por algo superior. Aí o resultado vem.** Por isso, lá o resultado não vinha, a luta era sempre por algo inferior e fazia o ser humano comportar-se como um porco. Era lamentável, mas parecia que queriam continuar naquela situação. **Se a pessoa não quer mudar, não adianta os outros a forçarem, pois o livre-arbítrio tem que ser respeitado.**

Uma pessoa assim, **caso tenha eliminado uma característica ruim do seu interior, ao beber, voltará a manifestar essa característica** e, assim, dificilmente atrai algo bom na sua vida. O normal é que vá decaindo.

Aliás, aquela era a cidade do "já teve" e "já foi", pois em qualquer conversa, alguém já dizia: "Aqui já teve fábrica disso" e, realmente, bastava olhar as margens do rio que eram encontrados vários galpões e silos, mas quase todos abandonados. Uns poucos continuavam a funcionar, especialmente no beneficiamento de arroz. Neles, viam-se depósitos de pó que eram gerados pelo lixamento. Aliás, eu diria que **o ser humano é engraçado, pois o arroz integral contém uma boa quantidade de vitaminas úteis ao nosso organismo, e em vez de aproveitarmos o que a natureza nos dá, lixamos o arroz duas vezes para transformá-lo em arroz branco e o resultado é que comemos apenas o que não nos é tão útil.** O ser humano é contraditório...Tão inteligente em alguns aspectos e incrivelmente néscio em outros... Quem aproveitava eram as instituições de caridade que tratavam sub ou desnutrição com aquele pó que seria jogado fora. E funcionava muito bem, eu via o resultado dentro das instituições quando ia visitá-las, pois algumas eram clientes minhas.

Eu continuava como representante comercial da empresa que reciclava cartuchos de impressoras e um amigo quis se associar a mim. Esse amigo tinha uma vida curiosa, já que passava por situações financeiras extremas, sempre envolvido em grandes negócios que demoravam a começar a funcionar, mas quando funcionavam, colocavam-no em uma situação privilegiada por algum tempo. Lamentavelmente, ele se envolveu com sonegação de impostos em outro país, o que resultou na sua prisão e, depois, como parte da pena, teve que servir a várias religiões. Dessa forma, viu o que se passava por trás dessas organizações e o que comentou não foi muito agradável... **São raríssimas as religiões que realmente querem o desenvolvimento do ser humano. É bom se questionar sobre isso porque existem muitos objetivos por trás dos cultos místicos, mesmo dos mais famosos e tradicionais.**

Quando o conheci, ele queria transformar nossas vendas em um grande negócio e, assim, passamos a atuar de duas formas: uma era a compra de cartuchos vazios, que eram vendidos para empresas que faziam a reciclagem em outras partes do País; a outra era a venda de cartuchos reciclados ou remanufaturados para empresas de toda a região Nordeste. Para isso, contratamos o serviço de malote dos Correios, mas não fomos muito sortudos nessa ideia, pois o malote diversas vezes chegou colorido, deixando óbvio que os cartuchos haviam vazado e não poderiam ser vendidos.

Com *toners* o problema de vazar era menor, porém eram pesados demais, o que encarecia o transporte. Lembre-se que o número 12 do Tarô traz a luta na questão econômica e social. Mas esse amigo passava por um processo de pobreza, no entanto com um novo negócio e algum tempo poderia ficar rico novamente.

Não sei se voltou a ter sucesso financeiro, pois nessa época houve uma série de mudanças e não voltei a falar com o amigo. Essas mudanças começaram com uma assembleia da escola de autoconhecimento à qual fui representando o grupo.

Fui de avião até a grande cidade novamente, onde a votação mudou radicalmente o destino da escola de autoconhecimento, já que se concedeu o prazo de um ano para os participantes aprenderem a se locomover em um dos mundos suprassensíveis ou invisíveis, para onde seria levada quase a totalidade da instituição.

Terminada a reunião, alonguei por 400 km a distância que me separava do lar para outra reunião, agora com o proprietário da empresa de reciclagem. A volta era de ônibus, com previsão de duração de cinco dias, tempo que eu nunca tinha imaginado ficar dentro de um veículo em movimento.

No segundo dia, os passageiros pareciam uma grande família com suas diversas faces. **Surgiu fofoca, discussão e ira. Esses sentimentos**

atraem a loja das trevas com muita facilidade e, embora a gente não veja, nos mundos invisíveis começa uma destruição e, às vezes, **uma batalha entre a fraternidade da luz e a loja das trevas, enquanto, fisicamente, começam a acontecer coisas que parecem acidentes,** mas são reflexos do que está acontecendo em mundos que são onde estamos, mas têm uma vibração diferente.

Surgiu no ônibus também o compartilhar e, com isso, novas amizades. Muitas pessoas buscavam conversar a fim de não sentir o tempo passar, enquanto outros, com o mesmo objetivo, compravam passatempos e revistas. Não há mal em fazer isso de vez em quando, mas **você já parou para pensar o que é um passatempo? Será que não furta o nosso tempo?** Poderíamos desenvolver a concentração, a meditação, a observação. **Por exemplo, imaginar que entramos em nosso coração, onde há um bosque cujo céu tem uma parte com muitas nuvens de onde saem raios, trovões e surgem fortes furacões, enquanto no outro lado do céu voam enormes águias. Entramos no bosque e vamos até a clareira central pedir ou falar com a rainha de nosso coração que se chama Kakini. Essa prática traz a clarividência.** Enfim, poderíamos aproveitar o tempo de tantas formas, sem que ele escape das mãos e morramos como se nunca tivéssemos vivido.

Conforme a previsão, cinco dias depois eu estava em casa. Com o resultado da assembleia, o trabalho voluntário que os instrutores realizavam resumiu-se a preparar os grupos para que atuassem sem auxílio externo. Depois disso, para eu e Isa não ficarmos como "mandachuvas" ou "caciques", resolvemos voltar para a cidade natal e, assim, em uma semana vendemos os utensílios domésticos e estávamos prontos para iniciar o percurso de mais de quatro mil quilômetros.

Em uma das últimas noites lá, surgiram muitas fogueiras pela cidade e pessoas se juntaram tocando gaitas e cantando. Enquanto as pessoas das casas vizinhas estavam animadas, as pessoas ao redor das fogueiras continuavam a cantar, depois iam para outra fogueira e assim seguiam noite adentro, fazendo um bonito espetáculo tradicional que, para mim, era a despedida.

Logo partimos, viajando por 900 km até parar na casa de alguns amigos. No outro dia foram mais 900 km até pararmos em um hotel e lá começou uma gritaria no corredor e em outros quartos... Eu fiz aniversário um pouco antes disso, então será que era alguma comemoração? **Comemorar aniversário é uma atividade criada para nos adormecer a consciência e nos fazer comprar algo. Nós somos eternos, já estivemos neste mundo muitas vezes e se tivéssemos consciência plena, poderíamos vir quando quiséssemos.** Alguns dizem que é um dia especial para a pessoa, mas temos que ver de outra forma: **todos os dias são especiais e a cada dia temos uma quantidade de oportunidades que não voltam mais.** Enquanto houver dia de alguém em especial, ou de uma classe, haverá discriminação. **Todas as pessoas são muito importantes, você é muito importante, todos os dias do ano.** E os presentes? **Podemos levar quando quisermos,** pois garanto que a pessoa vai se sentir melhor do que receber um presente que "teve" que ser dado no aniversário. E as palavras bonitas? Podemos dizê-las sempre.

Além disso, **a pessoa pode ter uma numerologia ou acontecimentos tumultuados para após o aniversário. E então, vai comemorar o quê?** Era o que eu pensava, mas o motivo da gritaria era outro, **era tempo de uma festa local no estilo do Carnaval, tempo em surge um tipo de energia baixa que nos sugere cautela.** Encontrei os foliões saindo com suas fantasias (aliás, as fantasias existiam para os homens, as mulheres estavam fantasiadas delas mesmas).

Dormir não foi o forte da noite: lembre-se de que a carta 12, O Apostolado, nos exige muito, **ainda bem que é possível "carregar a bateria"**

com concentração. Com isso, conseguimos rodar os 700 km no dia seguinte e chegamos ao apartamento dos amigos que nos hospedaram na ocasião da cirurgia, um ano antes. Eles nos fizeram ficar um dia descansando para depois seguir até a cidade que nos abrigou. Lá nos esperava o casal de companheiros que compartilhara a casa conosco em outro tempo.

Era noite ainda quando acordamos e observamos que o céu estava negro por completo. Não havia estrelas ou Lua, apenas nuvens escuras e ameaçadoras no céu, e um temporal apavorante não tardou a chegar. Naquele cenário, teríamos mil quilômetros.

Estava chovendo tanto que a visibilidade era quase nula, além do vento que parecia querer arrancar até as casas. De tempo em tempo, tudo se iluminava pela força de um relâmpago, que logo era seguido por um trovão. No meu sonho da noite anterior e no caminho, formou-se em minha mente a imagem do carro despencando dos trilhos de madeira da velha ponte de mais de dois séculos. Por que vinha essa imagem? Por que insistia em aparecer na minha mente?

Existia outra ponte, essa de concreto, mas a antiga era o caminho mais curto, de forma que segui dirigindo em direção a ela com a insistente imagem em minha mente, até que chegamos à frente da ponte de uns quatrocentos metros de comprimento, onde parei. A visibilidade aumentou pelos vários relâmpagos que surgiram, tornando possível ver sua estrutura e, abaixo, o rio. Poderoso e ameaçador, o rio fazia ondas como um mar. Isa me dizia para que eu fosse de uma vez, enquanto eu via o cenário; a imagem da tragédia não saía da minha mente. Engatei a primeira marcha, mas dentro de mim, a voz disse: **"Não são os acidentes que matam, as pessoas mesmas se matam"**. Engatei a marcha à ré. Eram só 10 km que teria que fazer para chegar à outra ponte.

Nunca saberei se o carro realmente despencaria daquela ponte, mas estamos vivos e essa é a certeza de que precisamos. **Geralmente, a gente se arrepende pelo que deixou de fazer.** Naquela vez não foi assim.

Pousamos e, no amanhecer, partimos para vencer os últimos 600 km. Ainda aquela imagem do carro despencando trazia-me arrepios e uma sensação ruim ante cada ponte pela qual passávamos, por mais concreto que tivesse.

Nessa viagem, foram 4.314 km. Para o necessário, não há cansaço. **"Dê-me uma alavanca e um ponto de apoio e eu moverei o universo"**, dizia Arquimedes. O que seria a alavanca? O que o arcano 12 ensina para sair das provas sem dor?

No segundo dia em que eu estava na cidade, o tio que era proprietário da loja onde trabalhei na adolescência me convidou para trabalhar novamente nas lojas. Curiosamente, no mesmo dia, recebi um convite para gerenciar um supermercado e mais duas propostas de trabalho. Isso me fez perceber que **nem sempre faltam empregos, mas sempre faltam pessoas de confiança para os empregos.** A melhor forma de garantir emprego no futuro é, especialmente, inspirar confiança. Lógico que se capacitar é importante, mas **"fazer" a gente aprende, caráter a gente cria e desenvolve.**

Ótimo, já tinha um emprego e, em um dos dias seguintes, eu estava no apartamento do pai, pois tinha acabado de voltar a falar com ele após dois anos – e nessa vez, ainda bem, ele não falou que eu estava perdendo tempo com atividades voluntárias. Então, chegou a inquilina de um apartamento dele e disse que não havia condições de permanecer lá em virtude de haver infiltração de água em várias peças a partir do telhado. Assim que ela saiu, o pai perguntou se eu queria morar nesse apartamento, pelo qual não precisava pagar aluguel.

Eu gostei da ideia, já que poderíamos consertar o telhado e diminuir as despesas. Além disso, ninguém queria assumir o posto de síndico, função que eu gostava e poderia me trazer muita experiência. Com isso, aceitei a oferta e logo realizamos a mudança. Ganhamos alguns móveis, buscamos outros no sítio, e assim foi, de forma que quase nada era novo. Mas como isso não tinha importância alguma, com pouco esforço e gasto, estávamos com novo lar montado.

> "NÃO SÃO OS ACIDENTES QUE MATAM,
> AS PESSOAS MESMAS SE MATAM."
> (A VOZ)

13

A IMORTALIDADE

*"A noite passou e chegou o novo dia.
Veste-te, pois, com as armas da luz."*

13

Com o nome de A Imortalidade e a imagem de um camponês colhendo trigo, o arcano 13 simboliza a transformação, a mudança radical e total, incluindo a morte mística ou a morte física.

Esse arcano promete "desenganos, desilusões, morte de afetos, negação naquilo que se solicita, colapso, gozos puros e gratos à alma, melhoria de dolorosos desfrutes, ajuda de amigos, renovação de condições, as boas para melhor e as más para pior".

Às vezes representado em sonhos por um ataúde, esse número indica também que algo deve morrer dentro de nós mesmos (psicologicamente) ou ataques das trevas que tentam tirar o iniciado de seu caminho luminoso.

No plano espiritual, é renovação da vida; no plano mental, é inércia como função do movimento; no plano físico, é letargia e sonolência.

Não condene por analogia. A preguiça complica tudo.

Pode indicar a necessidade de destruir falsos amores, representados por dois dos trabalhos de Hércules: a captura da Corça de Cerineia (representa o sentimento que engana a pessoa, fazendo-a pensar que está amando) e a captura do Javali de Erimanto (representa a força que induz a pessoa à satisfação de paixões enfeitiçantes e destruidoras).

O amor é a base do aprimoramento humano e os falsos amores a base da perdição humana.

O apartamento era o mesmo onde eu tinha morado no início da adolescência, só que agora com a infiltração do telhado. Mas não por muito tempo, pois é incrível o que o **ânimo faz: onde ele existe, tudo se desenvolve,** e quando ele termina, começa a involução e o retrocesso. Logo terminou o problema.

Outro problema também terminou depois que busquei informações para a eliminação das amebas que me traziam, de tempos em tempos, uma grande dor no estômago. Fui buscar no que está oculto, mas não é aceito pela ciência, e também busquei na farmácia. Nesta última, me deram o comprimido e no oculto vi o que curava, mas não encontrei um componente. Tentando obtê-lo, soube que um amigo havia obtido ótimos resultados ministrando três ou quatro gotas de um eliminador de microrganismos utilizado no meio rural chamado creolina, diluídas em um pouco de água ou postas em cápsulas e tomadas de madrugada. Depois de tomá-la, é preciso permanecer por algum tempo deitado em decúbito dorsal. Esse procedimento deveria ser repetido por alguns dias.

Como eu estava determinado a eliminar aqueles bichos, tomei o comprimido da farmácia, depois o elixir não aceito pela ciência – faltando aquele componente – e, por último, tomei as gotas de creolina e com isso não voltei a sentir a dor.

Eu continuava querendo fazer testes também. Um dia, ao visitar um outro amigo, ele começou a falar dos benefícios do banho frio. Ele me emprestou o livro *Medicina natural ao alcance de todos* (ACHARÁN, 2003), que continha mais informações a respeito.

Resolvi experimentar **a fricção com uma toalha molhada pelo corpo ao me levantar pela manhã e obtive ótimos resultados, dando a impressão de que acordava todas as células do corpo, influindo sobre o ânimo e fazendo com que os órgãos trabalhassem de forma normal. Podia ser feito por doentes e sãos e, segundo outro estudioso: "Nunca se pode fazer nada melhor a um doente do que uma fricção de água fria"**. Bem, e como se faz? Veja a explicação do próprio livro (pp. 158-160):

FRICÇÃO OU BANHO DE TOALHA

Designa-se com este nome, ainda que impropriamente, visto que não se esfrega a pele, a aplicação mais simples, e a mais importante também, de água fria, consistindo ela, na essência, em molhar rapidamente toda a superfície do corpo, desde o pescoço à planta dos pés, com uma toalha mais ou menos embebida em água fresca, conforme seja maior ou menor o grau de calor do corpo. Para esse efeito, o mais prático é usar um pano de linho ou algodão dobrado em seis ou oito partes, as quais se vão desdobrando em cada passagem, a fim de que a parte que se aqueceu e sujou em contato com a pele, não volte a atuar sobre ela.

Sãos e doentes, diariamente e durante toda a Vida, deverão utilizar fricções de água fria ao acordar; com o que manterão ativas as suas funções orgânicas, evitando, assim, constipações e outros achaques, ou curando-se de alguma doença de que sofram.

Quando não se dorme de noite ou se desperta com alguma dor, o melhor é dar uma ou várias fricções de água fria, com o intervalo de uma hora mais ou menos entre uma e outra. O mau sono acusa anormalidade funcional e a fricção de água fria, normalizando a circulação sanguínea e favorecendo as eliminações mórbidas, produz bem-estar geral, que provoca, após alguns minutos, um sono tranquilo e profundo.

Esta fricção pode ser aplicada de pé, ao lado da cama, colocando no chão papéis ou impermeáveis para não se molhar, sendo desnecessário que o pano se ensope da água. A pessoa voltará à cama sem secar-se ou, nessas condições, vestir-se-á rapidamente, para fazer algum exercício ou passeio. Se o doente não puder levantar-se, a fricção será dada na sua própria cama e, descoberto completamente o corpo, aplica-se-lhe a fricção geral, passando a toalha desde o pescoço à planta dos pés ao invés, abafando-se em seguida sem se secar.

Para que a fricção seja mais eficaz, convém seguir a ordem que vamos expor, a fim de evitar inconvenientes para o coração, ainda no caso de ser este o órgão mais doente. Começar-se-á primeiro pela frente, com uma passagem da toalha molhada, que irá desde o pescoço à ponta do pé direito; outra desde o pescoço à ponta do pé esquerdo e a outra desde o pescoço, descendo pela parte central até entre as pernas. Em seguida as costas, com uma passagem desde o pescoço até por cima e por baixo do braço direito, descendo pelas costas à perna e ao pé do mesmo lado e outra passagem igual ao lado esquerdo; e, finalmente, a espádua, passando desde a nuca ao calcanhar e planta do pé direito, em seguida, mesmo pé até a planta do pé esquerdo; e, por fim, a parte central das costas sobre toda a coluna vertebral até entre as pernas, mudando sempre as dobras da toalha ou molhando-a novamente, escorrendo o excesso de água para não molhar a cama.

Quando a fricção se faz de pé, a espádua é molhada de uma só passagem, desdobrando a toalha e tomando-a pelas duas extremidades para passá-la pelas costas de alto a baixo.

Os efeitos de uma explicação tão simples são os seguintes: 1º - Desperta as defesas naturais do organismo, permitindo-lhe lutar vantajosamente com a anormalidade, sempre febre interna em grau variável; 2º - Favorece as eliminações, ativando os rins, pulmões, pele e intestinos; 3º - Desperta febre curativa na superfície do corpo e com isso diminui a febre destrutiva das vísceras, restabelecendo o Equilíbrio Térmico; 4º – Acalma a excitação nervosa e tranquiliza a excessiva atividade do coração, permitindo a este descansar e repousar os nervos, manifestando-se estes benefícios com melhoria do pulso e sono tranquilo e reparador; 5º - Normaliza a circulação do sangue, derivando a congestão interna para a pele e extremidades, sendo, portanto, o melhor alívio nos casos de pneumonias e congestões internas. 6º - Ativa a função digestiva, favorecendo a nutrição.

Ante estes benefícios de tão simples aplicação, compreende-se que não existe droga, injeção ou soro que facilite melhor o caminho para recuperar a Saúde. Tinha razão o Padre Tadeo quando, para demonstrar o engano que representam as injeções de cânfora, digitalina, estricnina, adrenalina e todos os terminados em "ina", dizia: "Nunca se poderá fazer aplicação mais favorável a um doente do que uma fricção com água fria".

Ainda para morrer tranquilo é útil a fricção de água fria, e com a sua aplicação evita-se a agonia dolorosa, passando o transe final sem as angústias do intoxicado por drogas e injeções.

No caso de não ser possível praticar a fricção inteira, pode-se fazer parcialmente, às pernas, braços, ventre, peito, espádua, etc., conforme o efeito que se deseje obter.

Em relação ao banho frio, descobri onde eu tinha "errado", não obtendo os melhores resultados. Somente se pode **tomar banho frio se os pés e mãos estiverem quentes: caso contrário, é necessário previamente esquentá-los,** o que pode ser feito com exercícios, passando urtigas ou de outra forma. Outro ponto é que se deve **primeiro molhar o braço direito, depois o esquerdo, depois a perna direita, a esquerda, proteger os órgãos sexuais e molhar o peito, depois as costas e, por último, a cabeça.** Isso para que a reação do organismo seja melhor devido ao sentido das veias e artérias.

Também aprendi a fazer **um poderoso fortificante utilizando folhas da planta chamada babosa** (*Aloe vera*) **em quantidade correspondente a um metro linear. Além desse ingrediente, apenas é necessário meio quilo de mel de abelhas e uma colher de rum ou aguardente de cana.** A forma de fazer é simples: descarta-se a casca das folhas da babosa e coloca-se seu gel com o mel no liquidificador e, para melhorar o efeito, acrescenta-se uma colher de aguardente de cana (nem sempre acrescento). Tomam-se três colheres por dia, antes das refeições.

Testes à parte, num dia normal de trabalho, me ofereceram uma empresa que vendia celulares. A princípio eu ri e neguei, pois não estava pensando em ser empresário, especialmente porque o negócio exigia um investimento para o ponto comercial, mercadorias e um valor desconhecido em capital de giro (**sempre calcule o valor que irá necessitar de capital de giro em um negócio**), além do alto valor do aluguel da sala comercial, que assustava qualquer um.

Além disso, eu não gostava de celulares pela experiência que tive na morada anterior, mas me atraía aquele empreendimento e a possibilidade de investigar mais sobre o assunto e, depois de refletir, comecei a pensar em como poderia dispor do valor necessário. Além de que sempre acreditei num empreendimento conduzido por duas pessoas, **mas por duas pessoas com uma forma parecida de pensar e sem um querer enganar o outro,** pois caso contrário a sociedade converte-se em uma praça de guerra destrutiva para todos. Com esse pensamento, busquei um sócio, mas vários que convidei não aceitaram. A maioria deles considerava o negócio inviável e entre esses estava o pai que, além de não querer participar, me passou um sermão sobre o caso, especialmente porque o aluguel a pagar era alto.

Porém, eu estava convicto de que poderia ter bons resultados e lembrei de uma pessoa que tinha visto não mais do que três vezes – e que, contudo, parecia-me ser um amigo de muito tempo. Fui visitá-lo e relatei toda a situação. Ele não queria ver relatórios nem nada disso, apenas me escutou sem fazer perguntas e, ao final, disse: "Eu topo. Só não tenho tempo para cuidar disso".

Ótimo. Para pagar a minha parte, eu entreguei o carro e o restante pedi emprestado. Mas valeu muito a pena pela amizade verdadeira que começamos e pela sociedade em que poucas pessoas acreditavam, já que, naquele momento, **o que mais havia eram pessoas cheias de vontade de me dizer a degradante, desestimulante e traiçoeira expressão "eu te falei que não ia dar certo", ou simplesmente "eu te disse", ou "eu sabia"... Expressões de superioridade que não ajudam nem trazem crescimento e, em geral, apenas significam algo como "eu sei o que faço e não caio nessas armadilhas". Paradoxalmente, parece que quem mais fala isso mais sofre péssimas consequências.**

É necessário reconhecer que o antigo proprietário era uma pessoa que aplicou muito bem as técnicas de vendas e, como resultado, ocultou o que não era interessante divulgar, valorizou os pontos importantes e minimizou a sensação de que foi feito um negócio ruim... E, no final, conseguiu vender um negócio que gerava prejuízo por quase o dobro do valor máximo que a operadora de celular entendia que valia. Mas isso não nos assustava nem feria, pois sentíamos que era possível transformar os dados em positivos.

Eu passava de manhã e de tarde para verificar o funcionamento da loja nova, mas logo tivemos problemas sérios que nos mostraram que, sem a presença de um dos proprietários, nossa empresa quebraria imediatamente. Além disso, cometi um erro na loja onde trabalhava que me deixou desgostoso comigo mesmo e, no mesmo dia, pedi para sair. Somente consegui conciliar os dois empregos por 15 dias, e foi o suficiente para compreender que a expressão **"o olho do patrão engorda o gado"** é verdadeira.

Colhemos os resultados do nosso trabalho e dois meses depois que assumimos, pela primeira vez, aquela loja atingiu a meta da operadora. Claro que não seguimos atingindo as metas todos os meses e tivemos muito a corrigir para que a loja se mantivesse sem prejuízo. O período inicial foi bastante complicado e necessitamos economizar em quase tudo, menos com pessoal e com o escritório de contabilidade. **Nunca desmotive a equipe com salários baixos nem escolha o escritório de contabilidade só pelo valor.**

Todos os meses eu fazia um levantamento para ver se, no mês anterior, tínhamos tido lucro ou prejuízo, e essa era a única maneira de tomar as decisões que fossem necessárias para o bom andamento da loja. **Jamais ignore se teve lucro ou prejuízo. Nem em sua empresa, nem em seu lar.** Se não tem o dinheiro, lute para eliminar o nervosismo, mas não fique sem saber, pois isso gera prejuízos maiores. E lembre-se: **o dinheiro que entra na sua loja não é seu.**

Seguimos em um ritmo apertado por quase um ano. Um ano devolvendo dinheiro dos empréstimos. Um ano em que eu estava sem veículo de transporte e retirando apenas o necessário.

E ainda era necessário fiscalizar e estar atento à própria operadora de celular, porque às vezes vinha com alguma alteração de política comercial ou "regra nova". Em uma dessas, citaram um parecer antigo de um órgão do governo para querer diminuir a nossa comissão. Eu tinha cópia do parecer desde que compramos a loja e ele não justificava qualquer alteração, então visitei os outros agentes autorizados daquela operadora na cidade e mostrei os dados e o parecer, buscando que nos uníssemos contra a medida. Não tive resultados e assim assinei sozinho um documento entregue ao gerente executivo, mostrando o impacto que teria sobre os envolvidos. Eu estava indignado, mas não tinha ideia do resultado daquele procedimento e, para minha surpresa, a operadora de celular desistiu da alteração e ainda fez uma referência à minha carta.

De todo o estado, nós fomos os únicos a emitir qualquer opinião por escrito. Eu pensei que vários agentes protestariam, especialmente os maiores e os que se localizavam na capital, mas não foi assim. **Não deixe de fazer o que sente que tem que fazer, mesmo que ninguém o apoie.**

Outro caso curioso foi quando eu comprei um celular e disse para o gerente da operadora de celular que queria um determinado número, mas vimos que não estava disponível. Eu disse que ia esperar até ele ficar disponível. Claro que aquilo foi admitido somente como brincadeira, porque os números poderiam estar ativos com qualquer pessoa, mas ocorreu que fiz um pedido de números para celulares e fui para casa, onde, como de costume, fiz minha vocalização das vogais.

Dois dias depois, recebi o lote de números solicitados e, entre eles, estava o número de dez dígitos que eu queria. Na verdade, ele estava indisponível por estar entre os números pré-pagos no estoque da operadora. De todas as formas, liguei para o gerente do número novo, e ele não parava de dizer que era fantástico, que não poderia ser uma coincidência. "Imagine o número sendo liberado pela agência governamental, indo, juntamente com centenas de milhares de outros números, para o centro de distribuição da operadora, enquanto você fazia um pedido de míseros vinte números e... você recebe o número que queria... Não pode ser coincidência... Tu deves ser um mago, não tem outra explicação".

Em seguida, comecei a receber ligações importantes e, em pouco tempo, minhas ideias "anticelulares" estavam corrompidas... **o aparelho tinha se tornado necessário**. Bem, não para **as imprescindíveis funções do chefe de subir o ânimo da equipe, estar alegre, motivar, organizar, fazer funcionar,** porque isso tem que ser feito pessoalmente.

Como resultado de uma ligação do celular, por exemplo, fui atender a uma indústria mecatrônica que era a face da modernidade. Estando lá, aconteceu um fato que vale a pena contar: quando precisei buscar algo no carro, cheguei a uma porta sem maçaneta ou chave e com *leds* que acendiam e apagavam. Não entendi como fazia para abrir e então, dei um passo para trás e disse: **"Abre-te, Sésamo!"**. Em seguida a porta se abriu, mas nesse caso, não foi a frase mágica (será que não?), senão que eu estava sendo monitorado e eles deram boas risadas da minha forma de agir. **Mas, em desenhos animados infantis, existem várias dessas palavras que produzem efeitos extraordinários (positivos ou negativos, bons e maus)** e aquela porta parecia que precisava de algo de outro mundo para se abrir.

Ah! Falando em outro mundo, naquele tempo, faleceu um amigo e fui providenciar o necessário, mas não organizei nada quanto ao cemitério, pois **todos sabiam que ele queria ser cremado, mas como não deixou nenhum documento, a família decidiu enterrá-lo.** Um desrespeito. Então, deixe registrado como você quer que seja o seu velório e sepultamento ou cremação. E eleja alguém que faça valer sua vontade.

Eu já vou deixar escrito aqui que, quando eu morrer, quero ser cremado. Nada de pessoas chorosas, porque logo nos veremos novamente. Se você estiver presente e for chorar, **altere seu estado interior, pois ele não está de acordo com o evento. Você tem essa capacidade de modificar seu estado e chorar só vai trazer dor de cabeça.** Se possível, gostaria de música clássica (para isso os compositores criavam o Réquiem, a música para tocar em seu funeral), mas isso também não é essencial. Gostaria ainda, de conversas normais nesse dia e apenas respeito por alguém que passou e oxalá tenha aprendido algo desse tempo. Contrariando a publicidade atual, não quero que nenhum órgão seja doado.

Pronto, agora podemos seguir falando dos celulares.

Chateava-me um pouco a questão de divulgar o celular para crianças, não sendo um brinquedo nem estando completamente estudados os efeitos dessas ondas. Anos mais tarde, recebi um panfleto emitido por um órgão oficial de outro país que dizia que as crianças e adolescentes não deveriam ter mais que o contato rigorosamente necessário com conversas em celular, pois é prejudicial.

Também nos prejudica pegar celular ou outra coisa que não seja nossa. Isso me lembra um funcionário que esqueceu o celular num local público e, quando lembrou, voltou para buscá-lo, mas **um idiota qualquer, desses que gostam de "achar" objetos e pensar que achado não é roubado,** tinha levado o aparelho. Achado é furtado. **Em um mundo normal, não se pega o que não é seu,** pois quem perdeu algo faz o caminho inverso e encontra o objeto perdido, ainda que seja dinheiro. Em um mundo normal, não se pegam, sem autorização, frutas do pátio dos outros. O mundo em que vivemos está absolutamente anormal. **Temos que consertar isso, começando por nós.** Bem, nesse caso, quem pegou teve azar, pois ele veio até a loja e, casualmente, eu fui atendê-lo e reconheci o aparelho...

Eu continuava observando o mercado e descobri que um outro agente autorizado influenciava muito a quantidade das nossas vendas.

Apesar de não estar a mais de 200 m da nossa loja, quando ele não tinha estoque, nós vendíamos muito bem; mas, provavelmente, o local onde ele estava era melhor, de forma que comecei a ficar interessado em comprar aquela loja e passei os dados para o sócio, que, como de costume, esperou que eu terminasse de falar e disse: "Eu topo".

Precisaríamos colocar dinheiro particular ou emprestado novamente na empresa, mas o negócio não parecia ser difícil, pois como o então proprietário nunca estava no estabelecimento e "sangrava-o" a ponto de deixar faltar mercadoria seguidamente, era óbvio que ele não estava muito bem financeiramente.

Estávamos certos: a loja estava com títulos atrasados e não tinha mais capital de giro. Compramo-la apenas assumindo dívidas e recebemos também outra pequena loja que ele tinha em um bairro. Em seguida, telefonamos para os credores e negociamos a dívida, pois **para eles era melhor receber menos e continuar fornecendo produto**s do que lutar na justiça. Além disso, telefonei para fornecedores de acessórios e consegui um bom incentivo, já que eles teriam venda em locais que não vendiam antes.

Enfim, no comércio e em todos os ramos, **é mais sábio agir indiretamente.** Eu gostei de "jogar", aprendi muito e ainda tenho outro tanto a aprender, mas algo começou a se movimentar invisivelmente.

Houve uma convenção em que estavam presentes o presidente nacional e diretores mundiais da operadora de celular. Naquele evento, sentei-me para fazer o desjejum, e logo chegaram a essa mesma mesa outras pessoas, entre elas o presidente nacional, que se sentou ao meu lado e, assim, pude conversar de perto com ele. Disse-me que eu deveria pagar um terço do aluguel que pagávamos por cada loja, ainda mais porque viria uma nova política comercial. Aquele foi um aviso importante. **Curiosamente, a parte mais importante do evento foi durante o desjejum, falando e ouvindo,** e não durante as palestras que recebemos. **Às vezes, temos um grande aprendizado de algo que parece a coisa mais simples do mundo, basta que estejamos atentos.**

Preparamo-nos e não tardou para que as palavras do presidente se tornassem realidade, com redução de metade da margem bruta. Havia algumas compensações, mas estavam vinculadas ao atingimento de metas, o que nem sempre ocorria, e, assim, ficou muito difícil. Além disso, a operadora passaria a adotar uma tecnologia com *chip*. Essa notícia trouxe grande euforia, pois seria aberto um mercado gigantesco, ou melhor dito, todas as pessoas que possuíam celulares iriam adquirir novos aparelhos a cada tempo.

O que poucos perceberam é que, de três fabricantes, passaria para mais de setenta, oferecendo centenas de modelos, o que exigiria um valor em estoque e capital de giro fabuloso. E o pior, ninguém teve noção de que a implantação da nova tecnologia traria um período turbulento e lotado de problemas tão grandes que fechariam muitas agências autorizadas. Para piorar, a operadora pretendia triplicar o número de pontos de atendimento em cada cidade, o que geraria uma concorrência acirrada entre nós, lojistas, para a implantação de serviços. Talvez fosse o arcano 13 trazendo a mudança radical, mas lutei contra isso. **Quando a gente não aceita os desígnios da Lei, tudo fica bastante sofrido.**

No lar, a relação conjugal sempre foi amistosa. Não brigávamos e cada um encontrou um lugar, de forma que foi possível vivermos juntos, porém persistia a incompatibilidade. **Aprendemos muito juntos,** todavia, por algum tempo, passamos a receber fortes indicações de que, para avançar no caminho do amor, deveríamos buscar compatibilidade. Curioso e aparentemente contraditório... Se fosse falar em linguagem dos antigos alquimistas, diria que **o templo necessitava de** um cálice, pois se este ou a espada não são apropriados, o alquimista fica estancado até que os substitua.

Eu não entendia e não aceitava, conscientemente, os sinais que recebia: entrei em um conflito extremamente desgastante, mas o conflito era somente meu, já que, em nossa relação, teoricamente, estava tudo bem. Mesmo se eu tivesse algum amigo que pudesse contar íntimos segredos, não falaria sobre isso; aliás, eu nunca fui de falar sobre meus sentimentos nem sobre mim.

Aquele processo me deixava entre manter um casamento que não serviria para nosso crescimento interior. Mas não tinha grandes problemas, ou buscar a coragem para nos separar, enfrentando todo o tipo de **críticas das pessoas que desconhecem o processo,** e procurar outra pessoa, que teria que ser ensinada sobre magia e alquimia; teria que aceitá-las, além de ser compatível. Eu via nisso tudo uma batalha que pensava poder vencer de uma forma diferente.

Continuava pedindo várias vezes por dia ajuda aos céus, e **inicialmente pedia para que a situação se acalmasse em mim e era atendido. Assim, compreendi que se pedimos algo para Deus, que está nos céus e também dentro de nós, ainda que seja um pedido incorreto, somos atendidos.** Por isso, tive que acrescentar ao pedido de uma batalha interior que durou muito tempo: **"Porém, seja feita a Tua vontade e não a minha!".** A partir desse momento, vieram situações definitivas.

Quanto mais eu pedia ajuda para que fosse feita a vontade da Lei Divina, do Pai, de Deus, da Mãe, mais recebia sonhos simbólicos ou experiência oníricas, mostrando que duas pessoas incompatíveis não podem avançar e que, para a alquimia, necessita-se um cálice no altar. O fato era que, por 12 anos, eu fui casado, pelo menos no mundo físico, mas para continuar o caminho teria que seguir a via da separação, **o que**

implicava uma tremenda revolução contra mim mesmo, contra o que eu pensava que os outros iriam pensar, contra a imagem que existia de mim etc. A outra opção era abandonar o caminho místico e seguir com um casamento **com regras que já não serviam,** no qual não havia complementação quanto aos centros energéticos. Essa segunda opção foi a escolhida por muitas pessoas que chegaram até esse ponto, mas sem dúvida, não serviria para quem fosse um pouco revolucionário.

Eu estava definido pela grande revolução, mas como **sempre que tenho uma grande decisão ou problema a resolver, o melhor é conversar com a Mãe Divina durante a noite, pedir ajuda e dormir.** No outro dia eu estou melhor, mais tranquilo e com boas ideias. Contudo, dessa vez foi preciso mais que uma noite e resolvi organizar algo com calma, para não haver mais prejuízos e sofrimentos do que o necessário e quanto aos outros, melhor era lembrar do ditado anônimo: **"Nunca se explique. Seus amigos não precisam, e seus inimigos não vão acreditar".**

Com certeza cometi muitos erros neste processo e talvez pudesse ter transcendido a situação, mas não consegui.

É possível que não tenha como fazer tudo isso sem dor. Magoei sem ser a intenção. Peço perdão à Isa, faço votos que ela encontre alguém e que possam se amar muito.

O fato é que em um Dia das Crianças do 13º capítulo de minha vida veio a força do arcano 13 do Tarô, indicando a mudança radical, sem a qual não é possível o real progresso. No meu caso, em relação ao casamento.

Enquanto eu ia dar alguma informação para os sogros, a Isa arrumava, com carinho, minha mala para que eu me mudasse para o sítio. Minha esposa foi uma peça muito importante no caminho e sou muito grato a ela (todavia, agora, seria ex-esposa).

Não adianta ficar sonhando, precisamos agir contra tudo o que for necessário. Se doer, arrancaremos a dor e seguiremos à frente!

"Viram copos, viram mundos, mas o que foi nunca mais será. [...] Olhos abertos, o longe é perto, ~~o que vale é o sonho~~."
Não vale o sonho.[1]

"NÃO IMPORTA QUANTO TEMPO LEVA,
IMPORTA O RESULTADO."
(O AUTOR)

---

[1] Trecho alterado da música "Desgarrados", de Vitor Ramil (1992).

A TEMPERANÇA

14

*"Não seja como palha diante do vento,
nem como vento diante da palha."*

14

O número 14, A Temperança, traz longa vida e um processo de estabilização. É como um metal ou vidro que, temperado, se torna mais resistente, mas para temperá-lo foi necessário ser exposto à alta temperatura e, em seguida, voltar à temperatura normal.

No plano espiritual, é a união do interior com o exterior; no plano mental, são afetos recíprocos ou associação de ideias; no plano físico, é regulação de relações dos sexos ou equilíbrio da força vital. Dessa forma, este número pode trazer matrimônio ou alguma associação.

Esse arcano promete "amizades, afetos, reciprocidade, obrigações, combinações químicas e de interesses, amores aflitivos, amores devotados e amores traiçoeiros. Coisas que ficam e coisas que se afastam, as primeiras para se afastarem e as segundas para retornarem".

Esse arcano, às vezes, coloca a pessoa nos extremos para que ela seja temperada. Não viva nos extremos. Só vai haver temperança se você voltar ao equilíbrio.

Também indica castidade, mas não abstinência sexual.

Cheguei ao sítio, templo da natureza, tirei um pouco das teias de aranha do quarto e da sala e fui dormir. Não era o supercolchão com densidade perfeita e malha feita com turmalina, mas estava ótimo. Uma falsa liberdade e o alívio de um dever cumprido eram o que de mais compensador eu tinha, por ter realizado a tarefa mais difícil até aquele momento da minha vida.

Não faltaram os que quiseram me dizer o que fazer, uns para voltar ao casamento que já não existia, outros para buscar outras mulheres e voltar depois. Alguns disseram que estavam com inveja de mim... Então, **percebi o quão falsa é a nossa sociedade, pois pessoas que pareciam ter um ótimo casamento, na verdade, só o aparentavam.** Segundo eles, não tinham a coragem necessária e preferiram o caminho da traição (a traição pode ser a um amigo, ao cônjuge, **ao guru que nos ensina internamente** etc.), embora alguns deles soubessem que isso desviava do caminho e poderia ser difícil consertar.

Para esses assuntos, não peço opinião de outros, e mesmo nos assuntos em que a peço, acontece algo curioso: se não se faz o que sugeriram, eles ficam revoltados. Não é estranho? **Se eu pedi uma opinião, não quer dizer que eu tenha que fazer o sugerido, senão que eu estou buscando dados para uma decisão mais correta, mas sou eu que vou decidir.**

E às vezes, mesmo sem pedir, ouvia muitos "conselhos". Eu ouvia e estudava, mas **espero nunca deixar que decidam a minha vida.** Porque cada um é responsável por seus atos e pelas consequências deles e, **na maioria das vezes, quem dá um conselho não assume o resultado.** Já nos dizem os versos da canção[1]:

---

1 "Mais uma vez" – Renato Russo e Flávio Venturini, 1987.

"Tem gente que está do mesmo lado que você
Mas deveria estar do lado de lá
Tem gente que machuca os outros
Tem gente que não sabe amar
Se você quiser alguém em quem confiar
Confie em si mesmo"

Vou contar uma situação que vivi para entendermos melhor o arcano 14, que nos coloca em extremos para voltarmos mais fortes ao equilíbrio. Para contar isso, vou quebrar o pensamento que adotei: **"Em boca fechada não entra mosca",** em virtude de que foram aprendidas lições que podem ser aproveitadas por outras pessoas:

Olhei na íris da moça com quem eu estava e vi que ela tinha uma inflamação grave na região do útero, e assim o disse a ela (mas eu não sabia o nome que a ciência dá àquilo, apenas sabia que existia algum problema sério no local). Ela confirmou com a cabeça, muito séria, mas logo mudamos de assunto. Algum tempo depois, numa noite em que eu estava sozinho, recebi uma ligação de um amigo. Disse ele: "Estou sabendo que tu estás de intimidades com a fulana, fica longe dela". Eu sorri, mas ele continuou em tom sério: "Ela tem *tal doença* e em estado avançado" (se referiu a uma doença transmissível, incurável e fatal). Ao finalizar a ligação, minhas pernas estavam geladas. Eu não tinha medo da morte, pelo menos as experiências em que passei muito perto disso não indicaram que eu tivesse esse medo, mas nesse caso, era muito mais que a morte, era toda a situação, era sofrimento, era dor física e moral. Era ver aquela situação ocorrendo. No entanto algo ridículo em mim achava que eu merecia isso. Na sequência, eu me ajoelhei, voltei para o Leste e **pedi perdão à minha Mãe por ter me excedido na busca de experiências que me fortalecessem.** Ela havia autorizado, mas eu acreditava ter ultrapassado o limite. Chorei... Pedi perdão... Rezei... É difícil explicar, pois **eu não buscava que a situação fosse ignorada, nem que eu não pagasse por ela, mas buscava o perdão Dela, e terminei dizendo: "Que seja feita a Tua vontade e não a minha"**.

No coração, sentia mensagens que vibravam, dizendo: "Eu te permiti...", "Descanse, você está protegido", **"Pode meter-se onde quiser que está protegido", "Você precisa dessa experiência, agora aproveite a lição".** Como dar importância à "voz" naquele momento?

Em meio à revisão de cenas que se passaram naquele envolvimento, eu pensei: "Onde vou morar? "Quanto tempo terei de vida?", quando pensei isso, eu disse para mim mesmo **"estou ficando louco"** e afastei os pensamentos momentaneamente, mas seguramente, a noite foi longa e o repouso não foi o suficiente.

No dia seguinte, pesquisei e aprendi muito do que a ciência fala sobre a doença: formas de contágio, sintomas, exames, desenvolvimento... Dormi e, ao acordar de um sonho, escrevi algo que vou reproduzir para que se perceba o meu estado naquele momento:

"A grande Mãe celeste disse, tempos atrás,
para subir a íngreme montanha,
mas deveria ter cuidado que a subida era longa e cheia de lisas pedras e um
deslize poderia cercear meu caminho até o próximo aeon.
Disse que eu tinha uma grande missão
e a subida era o único caminho para conhecer e cumprir...
Uma única pedra, lisa como o sabão molhado,
enjaulou minha vida até que se seque e termine...
Fui ao mundo inferior, onde não tinha montanha,
só um horizonte reto como esta mesa.

> *Voltei ao meu mundo,*
> *mas estou cheio de sementes do mundo inferior...*
> *a pedra não foi a culpada (não mesmo),*
> *eu é que fui,*
> *obedeci somente a metade de um dos tantos avisos que recebi... Agradeço por todos os avisos...*
> *Perdão, minha Mãe! Misericórdia! Solta-me da jaula,*
> *permite-me começar a subir novamente..."*

Acredite, me incomoda reescrever isso.

Duas semanas se passaram nessa rotina de ajoelhar, rezar e pedir perdão e orientação para onde eu deveria ir. Nesse tempo, eu era o único a saber da situação. Sangrava mental e emocionalmente, mas sozinho. E tinha muito cuidado com tudo que tocava, pois quem sabe poderia transmitir aquilo. Era um segredo triste e uma paranoia que queria me engolir... Após essas duas semanas em que sempre ouvia a "voz" dizendo que estava protegido e que deveria aproveitar a lição, resolvi consultar um médico e foi interessante e tranquilizante, mas **um médico oficial não pode fazer muito antes do período mínimo para teste.** Aliás, a maioria dos médicos de hoje só sabe agir se tiver exames à mão.

Chegou um momento em que a voz me venceu, quebrou minhas barreiras e eu aceitei. Então passou um tempo bem maior que o mínimo, até que marquei uma consulta para que o médico pedisse exames de duas doenças e aproveitei para ver o nível dos tais colesterol e triglicerídeos e não sei o que mais. Antes de fazer os exames, voltei a "ouvir" a voz com a mesma frase.

As horas demoravam a passar quando eu pensava que só no dia seguinte poderia pegar o resultado. Mas enfim, passou e o médico informou que estava tudo nota 10, nada de triglicerídeos, colesterol, nenhuma doença, incluindo aquelas incuráveis, nada de parasitas intestinais...

Quando eu tinha dado alguns passos na calçada, voltei a "ouvir" no meu coração ou sei lá em que parte do corpo: **"Eu não disse que estavas protegido? Por que não confias?".** Com essa pergunta, confesso que me senti envergonhado.

Em outra situação sobre relacionamentos, resolvi investigar o que pensava uma prostituta, e assim fui até um "ponto", saí com a garota que estava ali e conversamos sobre várias coisas. Ela disse que não gostava do que fazia, mas "tinha que fazer" porque sua filha precisava de cuidados. Resumindo, **ela achava que esse era o único meio de sobreviver.** A forma que ela pensava me lembrava pessoas que eu conheço que trabalham em outras profissões, mas que também não gostavam do que faziam. O sentimento entre ela e esses amigos era bem parecido, **no entanto todos se acham muito melhores que a prostituta.** Será que somos mesmo?

De qualquer forma, a gente fica metida em uma situação **por medo do pior, e com isso afastamos também o melhor.** Ficamos medíocres. O medo e o apego mantêm-nos em situações ruins. Quão diferente seria se cada pessoa lutasse para se tornar melhor, para **eliminar suas pontas e se transformar em uma pedra cúbica,** para se superar e contatar as forças dos céus. Nesse caso, **por simples mudança de vibração, seriam atraídas situações melhores,** mas a esmagadora maioria das pessoas prefere fechar os olhos para a forma como age, crendo-se boa, "com os defeitos normais de qualquer pessoa" e atirando a culpa em outras pessoas ou nos pais, no governo, na sociedade, nos animais, no Planeta...

Existe a prostituição do corpo, mas existe igualmente a prostituição de ensinamentos e de coisas sagradas. O próprio fato de colocar o baralho de Tarô por dinheiro pode ser uma prostituição do sagrado e das nossas faculdades internas. O que não quer dizer que nunca deva se fazer, mas é raro.

Falando nisso, encontrei um conhecido quiromante e pedi que ele lesse minha mão. Ele não sabia que eu tinha me separado e quando notou que a cruz do casamento não existia, exclamou: "Ué?!... Ué?!... Ué?!". É de ficar pasmo como a nossa vida pode ser exposta apenas pela palma da mão. Só um detalhe: entre as predições, disse ele: "À pessoa que tem a mão nesse formato falta um pouco de sutileza para entender certas situações". Que será que quer dizer isso? Será que ele me chamou de idiota?

Bem, não importa. Importa o conteúdo, e de tudo o que a leitura da mão indicava, o que estava para acontecer em seguida era a viagem, já que tínhamos organizado uma excursão da escola de idiomas, da qual eu era aluno, para um lugar que vou chamar de "A Ilha".

Antes da excursão, cheguei a pensar em passar uns três meses longe. Era só uma ideia, mas vai saber...

E logo chegou o dia e seguimos de ônibus, avião, espera no aeroporto, outro avião... Finalmente, 25 horas depois, desembarcamos.

Mais um ônibus e chegamos ao hotel que nos abrigaria por oito dias.

> "POR MEDO DO PIOR,
> AFASTAMOS TAMBÉM O MELHOR."
> (O AUTOR)

15

A PAIXÃO

*"Fizeram-me guarda de vinhas e minha vinha,
que era minha, não guardei."*

15

Quando nos apresentam o número 15, seja em sonhos, ou mesmo fisicamente, estão nos mostrando um momento perigoso que pode trazer **fracasso amoroso ou perigos variados.**

Quando nos mostram um relógio, o 15 é representado pelo 6, chamado de sexta hora de Apolônio. Da mesma forma, pode indicar provas por que teremos que passar, como a prova do Guardião do Umbral. É necessário muito valor (reflita sobre esta palavra e não pense em coisas materiais) para vencê-lo.

O 15 é o que esotericamente se chama satã, Lúcifer, ou o Diabo, e por isso essa carta é referida como "a carta do Diabo".

O Arcano promete "controvérsias, paixões, fatalidades, prosperidade via legal e acidental. Afetos nocivos para todos os envolvidos, ânsias veementes e situações violentas".

No plano espiritual, é a manifestação da vontade individual; no plano mental, é a força do desejo, o impulso até o oposto; no plano físico, são processos gerativos e desejos intensos.

É necessário combater o desejo, pois ele nos faz fracassar, como também é necessário "roubar o fogo do Diabo" para que esse fogo nos ilumine e facilite o caminho.

Do hotel seguimos para uma casa de câmbio: era preciso nos acostumarmos, porque a moeda local valia seis vezes a nossa.

Aquele primeiro dia afastou para longe a ideia de ficar uns tempos por lá. Isso porque tinha um vento quase insuportável, uma sensação térmica muito fria, às 16 h da tarde já era noite e o clima tornava obrigatório o uso de touca, manta e luvas, além de ser uma cidade muito úmida.

O frio dava mais fome, então voltamos ao hotel e fizemos um lanche com a perna de salame feito exclusivamente com carne de gado (**você sabia que é possível fazer?**) que eu havia preparado alguns dias antes e levado na mala sem saber que era proibido.

A educação seria normal, mas como não estamos acostumados, salta aos olhos. Vejamos alguns exemplos: em um ônibus, todos cedem lugar para pessoas idosas; em escadas rolantes, sempre se fica de pé na parte direita do degrau, para que alguém com pressa possa passar pela esquerda e, assim, subir mais rapidamente; na rua, ao esbarrar levemente em qualquer pessoa, os dois envolvidos pedem desculpas; em muitas oportunidades vimos as palavras mágicas "por favor", "com licença" e "obrigado" serem pronunciadas; no metrô, primeiro se espera quem vai descer do trem para somente depois embarcar; normalmente, a voz é utilizada em um tom que somente os envolvidos escutam e que não interfere nas atividades de terceiros.

Uma pena que os valores morais e sociais não tenham mantido os níveis da educação, já que, à noite, impressionava ver o quanto as pessoas fumavam e bebiam, independente da classe social e do sexo.

Pelas calçadas, havia possivelmente mais de uma centena, todas caindo de bêbadas. Lembro de uma mulher muito bem arrumada que estava caída na calçada. **Ela não se ajudava nem queria ajuda...** o que fazer? Cada um escolhe seu destino.

Visitamos a galeria de arte onde havia quadros pintados por grandes **Mestres** como Van Gogh, Rafael, Monet, Michelangelo, Leonardo Da Vinci, Rembrandt etc. Também havia **pinturas modernas e futuristas, mas estas não me atraíram, pois era preciso imaginar o que o quadro poderia simbolizar,** opostamente às características **dos gênios da pintura, em cujas obras é necessário observar cada detalhe com atenção, pois o ensinamento está em cada centímetro pelo qual passou o pincel.**

Tínhamos programado para conhecer várias cidades daquele país e assim fomos para uma universidade e cidade ao mesmo tempo, onde tudo tinha algo a ver com ensino e aprendizado.

Para qualquer pessoa que tivesse um sentimento místico, chamaria muito a atenção o prédio de uma das faculdades de Filosofia com seu formato redondo. No grande muro que o circundava, estavam entalhados os semblantes de 12 **Mestres** da filosofia. Como muitos outros prédios, aquela faculdade não podia ser vista com toda a sua beleza quando olhada da rua, de onde apenas se via o alto muro. Porém, quando era ultrapassado o portão, aí sim surgia a visão encantadora formada pelo grande jardim seguido pelos três degraus (três passos necessários na busca da sabedoria) e pela construção do templo com suas quatro colunas (caminhos ou tipos de conhecimento) que inspiravam a sabedoria e sustentavam o grande triângulo (as três forças primárias da Criação). Uma pena que nos dias atuais isso já não toque a maioria das pessoas... **mas era muito semelhante a um templo de um dos mundos invisíveis, com a particularidade de que este último é vivo.**

No outro dia, seguimos de trem até uma outra cidade, e de lá, de táxi para a grande construção de pedra feita por outro grupo de **Mestres**. Curioso local onde se encontram admiradores da beleza, estudiosos e místicos de diversas correntes para ver as pedras que continuam indicando de forma precisa vários eventos, como o solstício e o equinócio. É um tanto misterioso todo aquele local. Como as pedras foram colocadas sobre outras? Por que mostram os movimentos dos planetas? Por que foram colocadas naquela disposição circular? Por que muitas têm o formato de bancos? Por que atrai tanto as pessoas?

Um fenômeno é observado no primeiro dia da primavera de cada ano, quando o Sol e uma das pedras criam um símbolo peculiar, já que é o dia em que a renovação da energia começa a animar toda a natureza. Mesmo os animais que estão hibernando em qualquer parte do Planeta, como os ursos, ao receberem a nova energia solar têm ativada sua parte sexual e deixam de hibernar para buscar o acasalamento. Mas a pergunta é: como os construtores calcularam a disposição das pedras de tal forma que, sempre no início de uma estação, o Sol produz determinado símbolo mágico? Tudo isso vale muitas reflexões.

Quando visitei o local, já não era mais possível tocar nas pedras, pois um cordão de isolamento mantinha os curiosos a uma distância segura – segura para as pedras, pois antes, cada um queria levar um pedaço ou deixar alguma marca. Esse é um grande erro nosso: **querer levar algo pode modificar completamente o local e ele deixar de ter sua energia especial, além de trazer problemas em outros lugares.** Isso me lembra dois casos: o primeiro, de um rapaz que foi para um outro continente e trouxe sementes de um capim que agora ninguém consegue eliminar. Outro caso é o de uma mulher que viu uma planta num lugar que visitou e achou que teria flores. Trouxe sementes dessa planta e agora não há como terminar com aquela erva que está desvalorizando terras. Então **o costume de trazer algo de um lugar para outro deve ser muito estudado, pois pode ser devastador**. Na grande maioria das vezes, as lembranças são o melhor que podemos ter do lugar.

Em todo caso, esse isolamento das pedras é aberto no primeiro dia da primavera, quando vários grupos místicos chegam ao local para fazer seus rituais e danças, como os druidas. Esses têm muito a nos ensinar, pois aprenderam de **Mestres**.

Uma das práticas muito úteis que se ensinam é a Dança dos Dervixes, prática feita em pé, utilizada para acalmar a mente com três movimentos ao mesmo tempo: levantam-se e abaixam-se os pés como se fosse correr, mas sem sair do lugar. Paralelamente, os braços, que estão abertos horizontalmente, são movidos para a frente e para os lados do corpo, como se fossem bater palmas e voltar para as laterais, e o terceiro movimento é feito com a cabeça girando para um lado e para o outro, enquanto os olhos são mantidos abertos. O resultado é que a mente não entende e se aquieta, permitindo que, após isso, se possa fazer o que se quer, seja estudar, se concentrar, trabalhar etc.

Outra dessas danças é feita com os braços abertos na horizontal e as pernas fechadas. Essa é para ativar os chakras e é feita dando-se doze voltas da esquerda para a direita, com os olhos abertos. No começo se tonteia um pouco, então é necessário algum treino.

É claro que, no caso do monumento de pedras, os místicos acrescentam a fé, e dão muita importância para essas práticas e para o lugar onde estão. Já no nosso grupo, poucas pessoas deram o verdadeiro valor àquela construção... A maioria disse que era apenas um monte de pedras. Assim é no universo: **existem símbolos que somente alguns são capazes de entender, vibrações que poucos podem captar e ensinamentos que**

somente os buscadores podem aprender, embora tudo isso esteja à disposição de todos.

Ao sair do local, percorremos o caminho de volta para cidade, a fim de visitar a catedral que levou duzentos anos para ser construída e abrigava as antigas bandeiras utilizadas por aquele país nas batalhas, além de ser uma das igrejas com pessoas enterradas em seu interior.

Não tenho o costume de entrar e orar em templos a que não pertenço; contudo, dessa vez, entrei e alguns de nós puderam verificar que há lugares contraditórios nesse mundo... A vibração que sentíamos dentro da igreja era de curiosidade pela história do local, ou talvez uma admiração pela dedicação dos construtores, mas **não encontrávamos, naquele local "sagrado", a vibração característica da presença de Deus, enquanto, no local anterior, em que havia pedras, natureza, sol, a vibração se fazia clara e manifesta.**

O fato mostrou que Deus está em muitos lugares, especialmente dentro de nós. Sendo assim, **não é de uma construção que se precisa para orar e buscar contato com o Pai ou a Mãe, senão de recolhimento espiritual ou introspecção no local em que estivermos.** Quem sabe no campo, buscando dentro de nós, na natureza ou nos céus. Quem sabe olhando para cima e pedindo que Ele nos ajude a sermos melhores seres humanos ou, simplesmente, que nos dê forças. **Faça isso, é muito valioso!**

E assim seguimos por vários locais. Finalizando o sexto dia da excursão, eu disse: "Vou ficar aqui por um tempo, vamos ver se eu sobrevivo e aprendo algo". Isso se o querer ficar não fosse outra armadilha do 15, que é perito em tentações e já tinha criado algumas. **E ele nos engana fazendo nossa mente achar que algo é bom ou importante.** Mas eu ia pensar nisso e em sobrevivência outra hora, pois ainda existia tempo com o grupo.

No dia seguinte, levamos horas viajando de trem para visitarmos um castelo no topo de uma montanha. Lá se via como era a vida na fortaleza, como eram os guardas, a cerimônia de coroação de reis, o porquê do uso do cetro do poder, da coroa... Logicamente, lá só estava a parte física, mas isso tudo tem a ver com o desenvolvimento interno das pessoas. Chega um momento em que ela se torna o homem do sexto dia (da Bíblia), aquele que é o rei da Criação, então ganha a coroa e o cetro. Hoje nós não somos reis nem de nós mesmos. Essa cerimônia se faz nos mundos invisíveis quando a pessoa atinge determinado grau e, assim, **todos podemos ser reis,** mas não fazendo o que todo mundo faz.

É, os dias passam rápido... Aos poucos, o clima de excursão foi terminando e cada um foi arrumando suas malas e se preparando para voltar. Quando um dos colegas viu que eu não voltaria com eles, telefonou para uma amiga que morava nos arredores, e, como ela viria à cidade e ia pousar na casa que seu marido tinha, eu poderia pousar lá também. Ótimo, eu teria onde pousar essa noite.

Logo chegou o ônibus e foram carregadas as malas... Era a despedida. Quando o veículo dobrou a esquina e desapareceu da minha vista, senti algo difícil de descrever... Talvez tenha sido o momento em que me dei conta de que não tinha amigos ali, falava o mínimo do idioma local, não tinha dinheiro suficiente, não havia nada programado... Senti como um frio passando do final do pescoço até a base da coluna e falei para mim mesmo: **"agora os amigos se foram, sou eu e Deus".**

> "NO UNIVERSO,
> EXISTEM SÍMBOLOS QUE
> SOMENTE ALGUNS SÃO CAPAZES DE ENTENDER,
> VIBRAÇÕES QUE POUCOS PODEM CAPTAR
> E ENSINAMENTOS QUE SOMENTE
> OS BUSCADORES PODEM APRENDER,
> EMBORA TUDO ESTEJA À DISPOSIÇÃO DE TODOS."
> (O AUTOR)

A FRAGILIDADE

*"Luz de amanhecer, luz de meio-dia, luz de anoitecer,
o que importa é que seja luz."*

16

Segundo o Tarô Egípcio, são somados todos os algarismos de um número e o resultado é um arcano igual ou menor do que 22, que é o último dos arcanos chamados maiores. A partir daí vêm os arcanos menores, que têm a função de ajudar a elucidar ou fortalecer o significado já visto pelo arcano maior.

Assim, se tivermos o número 3.463, vamos somar 3 + 4 + 6 + 3 e o resultado será 16, número que, no Tarô, é a carta da torre fulminada e representa algo que vai dar errado, um castigo ou uma queda terrível.

"Promete incidentes imprevistos, tempestades, comoções, mortes, benefícios por conceitos de boas e más circunstâncias. Reciprocidade no amor e no ódio, na indiferença e no ciúme, na traição e na lealdade."

O 16, A Fragilidade, é a força que invade a pessoa originando insegurança, inconstância e indisciplina para, posteriormente, cair na fatalidade. É necessário despertar a consciência.

A organização cósmica invisível, também chamada de Lei Divina utiliza-se de simbologias, inclusive com números para nos prevenir de acontecimentos bons ou ruins que decorrerão dos nossos atos presentes ou simplesmente se apresentarão.

A moça chegou e seguimos na *van* que ela guiava para outro bairro, onde ficava a curiosa casa com um andar térreo e outro, melhor, abaixo do nível do solo. Mas não ficamos muito tempo ali, senão que ela me levou para jantar num restaurante oriental, seu conhecido. Naquele restaurante, assim como em muitos outros, havia um adesivo que dizia que não eram servidos alimentos geneticamente modificados, ou transgênicos. Lá **a questão dos transgênicos era vista com bastante reserva e, segundo eles, ninguém sabe qual será o resultado disso daqui a 15 ou 20 ano**s. Enquanto saboreávamos a refeição, ela passou a explicar sobre a filosofia da cozinha daquele país oriental, em que é dada muita importância para a energia das mãos no alimento. Disse ela que muitos alimentos são preparados mexendo com a mão e muitas pessoas preferem colocar os alimentos na boca, utilizando apenas os dedos. Prática que, a princípio, achei interessante, mas logo pensei que poderia ser anti-higiênica e, além do mais, eu não gosto de engordurar as mãos (opa, essa é uma mania que deve ser eliminada). Contudo, todos os clientes estavam usando talheres e eu não vi a cozinha **(fiquei desejando conhecer e dentro de pouco tempo pude ser atendido pelo universo),** de modo que parecia tudo normal e estava gostoso.

A pimenta da comida até ajudou a trazer calor, mas não o suficiente, pois a casa era grande, sem móveis e camas, e em suas janelas faltavam vidros e cortinas, de forma que, mesmo com o sistema de aquecimento e colocando várias peças de roupa, continuei sentindo um frio que me permitiu dormir muito pouco. Nunca passei tanto frio na vida como quando sob o domínio do arcano 16, mas esse era o menor dos problemas que o arcano poderia trazer e, por isso, era preciso manter bastante atenção. De qualquer forma, nasceu o sol e ofereci ajuda para fazer a reforma necessária na casa, o que pensei que seria bom para todos, pois enquanto era feita a reforma, eu poderia ficar dormindo lá, mas logo chegamos à conclusão de que era melhor ela contratar uma empresa e eu ir para um *hostel* – hospedaria com alojamentos, também chamado albergue ou hotel da juventude – e com isso, morei na casa só por um dia... Melhor assim.

"A CARTA 16 DO TARÔ É A TORRE FULMINADA."

17

A ESPERANÇA

*"Uns homens pedem sinais para crer
e outros pedem sabedoria para obrar, mas
o coração esperançoso tem tudo em suas esperanças."*

17

Com o número 17, A Esperança, é simbolizado o não fazer planos, o esperar e a esperança passivas. Ao ver este símbolo, é necessário confiar no futuro, pois a magia da fé cria tudo. Esse número traz por direito intuição, iluminação, nascimentos, ganhos e pode trazer como revés breves aflições e breves satisfações, privações e abandonos.

O 17 é o símbolo de Vênus, no qual o círculo do espírito deve estar sobre a cruz do sexo. O sexo deve estar sob o comando do espírito.

No plano espiritual, é a abnegação como manancial de vida; no plano mental, a experiência é luz; no plano físico, é otimismo, expectativas e caridade.

Deve-se fortalecer a compreensão, a vontade, a disciplina e a fé, para ganhar a estrela da manhã. Essa estrela tem 8 pontas, representadas pela soma dos dois algarismos do número 17 (1 + 7).

Obviamente, são necessários dias de reflexão e meditação para compreender o que nos estão mostrando com esse número que, como todos os outros, possui uma infinidade de significados.

No *hostel*, recebi a chave do quarto de nove beliches e dirigi-me para guardar os pertences, mas ao abrir a porta observei que o quarto estava repleto de moças e assim parei um segundo e cheguei a pensar que tinha recebido a chave do quarto errado, mas duas moças disseram que era ali mesmo. Eu não estava imaginando um alojamento misto, nem tão divertido. A única restrição era que as colegas de quarto falavam o idioma local tão precariamente quanto eu. E o restante dos trezentos hóspedes, também.

Durante o primeiro desjejum, conversei com alguns funcionários conterrâneos e um deles ofereceu-me trabalho. Como eu precisava de algo para me manter, fui convidado para entregar panfletos junto com ele para um restaurante oriental (como o que eu tinha conhecido em noites anteriores).

Era um trabalho simples e tinha um desafio: ficar parado em uma esquina distribuindo panfletos das 16 às 21 h e, quando completasse esse horário, jantar no restaurante. O pagamento era semanal, metade do mínimo pago no País por hora trabalhada e não havia descanso, senão que eram sete dias por semana. Mas eu queria ver como funcionava tudo isso, não estava querendo fazer a vida lá e sim aprender, conhecer, divertir-me, livrar-me do trauma da mudança de tecnologia da operadora celular e manter-me. Nesse caso, qualquer "bico" que não prejudicasse ninguém seria bem-vindo, até porque o dinheiro que eu tinha dava para pagar apenas uns vinte dias de *hostel* no quarto com 18 camas, que era o mais acessível. Isso sem usar o dinheiro com outras coisas, como comida.

No restaurante, não tinha apresentações nem formalidades, senão que chegamos, recebemos milhares de panfletos e fomos para as esquinas indicadas com a incumbência de trazer novos fregueses.

As horas se passavam tediosas e quase insuportáveis... Não é algo tão fácil ficar parado por cinco horas, tendo como única atividade entregar panfletos aos transeuntes. Para espantar o frio e evitar as dores nas pernas, eu ficava levantando e baixando as pernas, além de pular e me mexer sem sair do meu posto, enquanto, para evitar a monotonia, eu falava algo e fazia brincadeiras, convidando as pessoas a experimentarem os pratos oferecidos. Por fim, eu tinha cinco horas para pedir ajuda para a Mãe para despertar a consciência e assim foi passando o tempo até que finalmente chegou o colega para irmos jantar.

Seguimos diretamente para a cozinha, onde estava o cozinheiro e seu ajudante, que gritavam o tempo todo, em parte devido à correria no atendimento, já que o restaurante estava lotado. Assim, nossa comida demorou e **meu desejo de conhecer a cozinha de um restaurante como aquele se realizou**, e o que posso dizer? Bem, após o preparo, os pratos tinham um aspecto agradável e cheiroso. Os olhos ocidentais diriam que era anti-higiênico, pois o cozinheiro preparava todos os pratos com as mãos, e ainda sem lavá-las, mesmo que passasse no nariz ou em outro lugar. E os utensílios eram lavados sem muito cuidado também, mas os clientes não viam isso e creio que gostavam da comida.

O cozinheiro discutiu com o auxiliar e gritou que ele estava dispensado, fato que fez o auxiliar abandonar o posto, deixando a pia repleta de louças. Em seguida, gritou o de avental sujo que, se eu quisesse comer, era para lavar as louças. O colega interveio e disse que não era nossa função. Porém, com um novo grito, sorri (para mim **era divertido tudo aquilo, porque via como algo temporário**) e disse para me fotografar.

Lavei apenas alguns pratos, pois o gerente fez o auxiliar voltar e o colega disse para providenciar algo para comermos. Com isso, recebemos um prato com arroz, carneiro e frango ao molho, tudo com muita pimenta. E lá fomos nós, mas **o frango do meu prato foi cedido ao colega, pois eu não como esse tipo de frango,** embora ele dissesse que eu tinha que comer.

No dia seguinte, à tarde, saímos novamente eu e o colega para a distribuição de panfletos e antes do jantar o cozinheiro cumpriu o mesmo ritual de gritar com o auxiliar e, em seguida, serviu-nos arroz, carneiro e frango ao molho. O frango foi para o colega novamente, mas ele me alertou que, em alguns dias, não teria carneiro e então ele achava melhor eu desistir da minha filosofia. Será que eu desistiria por causa de um prato de comida? Não creio.

No próximo dia, caminhei sozinho em direção ao restaurante e no caminho acercou-se de mim um senhor que, bem humorado, perguntou-me onde era a estação. Como era difícil explicar e eu passaria por lá, ele foi caminhando comigo e, na nossa conversa de perguntas e respostas, fiquei sabendo que ele tinha comprado um avião de quase cem passageiros e ia encontrar o piloto para voar ao país deles. Ele era gerente de operações de uma companhia aérea, o que me animou a perguntar se ele tinha um emprego para mim, ao que ele respondeu perguntando que função eu queria. Como eu não sabia, ele disse para decidir e que poderia ir já nessa noite junto com eles, mas eu estava tratando como brincadeira.

Nisso, estávamos chegando à estação e eu o acompanhei até o local onde seria o ponto de encontro deles e ele voltou a dizer que, se eu quisesse, poderia voar com eles e em seguida, tirou da carteira um cartão que me entregou, dizendo: "Decida o que você quer fazer e me liga". Como despedida, abraçou-me fortemente e agradeceu pela companhia e indicação do local.

Dificilmente se veria uma situação como essa no meu país de origem, pois, **lamentavelmente, a distância e o orgulho existentes impedem esse tipo de aproximação.**

O clima alterava-se rapidamente lá e, às vezes, as nuvens voavam a tal velocidade que pareciam aviões. Se alguém entrasse numa loja, tendo o céu limpo, ao sair poderia estar chovendo. Assim aconteceu naquele dia em que começamos a panfletar. Fazia um dia claro, mas logo se alterou tanto que quase não dava para acreditar que estávamos vivendo no mesmo dia. Esfriou muito, chegando um painel eletrônico a registrar -8°C! e o vento era a minha fria e terrível companhia. A baixa temperatura fez com que eu aumentasse a dança que fazia, mas **continuei com bom humor, porque com mau humor o tempo parece um bicho-preguiça.**

De repente começou uma chuvinha fina que me fez continuar a tarefa sob a marquise da esquina. Porém meu teto não durou muito porque o gerente do restaurante veio verificar o motivo pelo qual não havia fregueses (será que as pessoas pegam panfletos molhados com chuva e frio?) e, pegando-me pelo braço, disse que eu deveria ficar bem no final da calçada!? Feito isso, foi fiscalizar meu colega.

Graças a Deus eu estava provido de jaqueta com capuz, luvas impermeáveis e touca. O tênis ficaria molhado, mas poderia secar no aquecedor do *hostel* durante a noite e com um pouco de sorte, a chuva pararia logo. Então, não gostei muito, mas tudo bem, **não era insuportável quando visto como parte de um aprendizado ou aventura...** Contudo, os transeuntes que paravam continuavam a não querer os panfletos, não gostavam do papel molhado, davam pouco valor. Alguns até falavam que eu deveria ir embora.

Mais uns minutos e o colega passou por mim dizendo que ia ao restaurante pedir uma xícara de chá para se esquentar, porque estava sentindo dores nos ossos pelo frio. Mas logo voltou dizendo: "Tu acreditas que ele não quis me dar o chá?". Eu fiquei perplexo e respondi: "Hoje é o último dia que eu trabalho aqui. **Algumas coisas eu tolero, mas gente sem coração, não!**".

Meia hora depois, vi que um homem de uns quarenta anos parou a três passos de mim e ficou me observando. **Deveríamos agir**

naturalmente sendo observados ou não, mas a maioria não gosta (opa, algo mais que podemos mudar). Quando aquilo já estava me intrigando, ele me entregou um cartão dizendo que tinha gostado da forma como eu distribuía os panfletos e gostaria que eu "panfletasse" para a academia de artes marciais que ele possuía. Marcamos no dia seguinte na academia, para acertar tudo.

Logo escureceu e as horas foram passando até que terminou o turno e, após o arroz com carneiro, falei para o gerente que gostaria do acerto. Ele disse para vir quase três semanas depois (ridículo esperar todo esse tempo para receber por quatro dias de trabalho). Ele sabia que não havia justificativa para isso, então, após uma pequena discussão, disse para voltar no dia seguinte às 16 h e assim nos despedimos.

No outro dia, fui acertar o "bico" na academia, e agora não mais seriam cinco e sim duas horas por dia de trabalho e cinco dias por semana. Ótimo, mas havia uma desvantagem: apesar de ganhar o dobro por hora trabalhada, eu gastaria um pouco por semana para pagar a alimentação e hospedagem... Mas depois eu pensaria em alguma forma de equilibrar isso, no momento eu estava contente e comecei a trabalhar naquele dia mesmo.

Neste emprego era diferente. Via-se que proprietário tinha coração. Quando chovia, eu ficava embaixo de uma marquise e quando não chovia eu caminhava pela quadra.

Quando eu estava distribuindo panfletos havia uns trinta minutos, passou por lá o chefe. Eu, brincando, perguntei se ele gostava de artes marciais da mesma forma que fazia com o público-alvo. Ele disse que estava muito frio naquele momento e que era para eu ir com ele até uma cafeteria próxima. Eu disse que estava trabalhando, mas ele insistiu dizendo que cinco minutos não iam fazer diferença, então fui e tomamos um café quente e saboroso. Além do café, ele decidiu que eu estava com fome e pagou um sanduíche.

Terminado o horário de panfletar, fui receber do restaurante, mas quando cheguei lá, havia uma confusão porque alguém tinha roubado dinheiro do caixa e, embora o gerente tivesse mais dinheiro, disse para eu voltar às 17 h. Certo, voltei precisamente no horário solicitado e ele me recebeu gritando como de costume e queria que eu voltasse em duas semanas, mas depois disse para voltar às 18 h, e saí para voltar uma hora mais tarde, disposto a sair com meu dinheiro. O que o gerente me disse? Para voltar às 19 h ou depois de dois dias. Eu estava a ponto de pegá-lo pelo pescoço (opa, algo mais a corrigir) e disse que não ia sair sem o pagamento, então ele me mandou a uma quitanda, onde estava o dono do restaurante. Fui até lá, mas o proprietário do restaurante tinha saído repentinamente.

Assim, fiquei parado uns vinte minutos, na esperança de que ele chegasse. Nesse tempo, o atendente começou a puxar uns assuntos esquisitos sobre guerrilha, terrorismo, armas... Mostrou documentos do pai dele, que era militar no seu país, fotos de pistolas, fuzis e metralhadoras, juntamente com recortes de jornais sobre grupos armados e, ainda, uma tabela com os preços das armas. Depois surgiram fotos de pessoas desaparecidas e mortas com tiros.

Quando aquilo já estava além do limite, apontei para a foto de uma arma e olhei nos olhos dele, dizendo: "Quanto custa esta? Tenho que acertar umas contas com gente que não paga o que deve". A reação dele foi surpreendente, já que pegou o telefone e, ao completar a ligação, disse: "Pague ele", desligou e me disse para ir ao restaurante.

Quando cheguei, o gerente já estava com o dinheiro na mão. Eu o peguei e saí me perguntando por que ele não me pagara na noite anterior ou em qualquer dos horários marcados, se ele tinha dinheiro? Por que o proprietário saiu antes que eu chegasse à quitanda? Por que o atendente não ligou logo que cheguei para que o gerente me pagasse? Será que aquelas fotos eram uma ameaça? **Será que alguém seria capaz de toda essa idiotice e perda de tempo por causa de um troco?** Os humanos são surpreendentes.

Somos também adormecidos e mecânicos. Vejamos: naquela noite, entre as pessoas que chegaram ao *hostel* estava um senhor acompanhado da filha, uma linda jovem que fazia os homens se virarem quando ela passava. Deve ser engraçado de ver... **Nós, homens, temos umas manias diferentes, estranhas e idiotas talvez,** que devem ser observadas. De fato, por onde aquela moça passava, ficava uma trilha de rostos masculinos (e às vezes femininos também). Ela sabia disso e se aproveitava (**Ahá! As mulheres têm suas manias também**), pois se sentia bem ao ver outros fascinados com sua beleza. Essas manias são detalhes ruins de ambos os lados, **bobagens que nos mantêm com a consciência adormecida e devem ser combatidas com o auxílio da Mãe, se a pessoa anela chegar ao Despertar.**

Com a indicação do dono da academia, fui conhecer alguns museus e encontrei muitas coisas fantásticas lá. Havia uma exposição sobre o corpo humano e seu funcionamento desde a formação no ventre. Após isso, ficava uma sala que simulava ser o útero materno, onde se podia ouvir o pulsar do coração da mãe, assim como o feto ouve. Estar naquela sala era como a prática de escutar e se concentrar no coração que traz o desdobramento astral ou meditação, porém é melhor fazer sem artifícios como os alto-falantes ou fones de ouvido, para não ficarmos dependentes de algo que está fora de nós. Então é só se deitar ou sentar e ficar ouvindo e imaginando o coração (e o sangue, se quiser) sem deixar que venha qualquer outro pensamento, como orienta o Mestre: "**Somente no coração** e daí vem o sono [...] Se sente uma corrente elétrica que parece que faltam as forças e parece que vem uma preguiça; aí é onde começa o corpo astral a desprender-se do físico [...]

Deve seguir a concentração muito cuidadosamente, observar as mudanças que vai sentindo no corpo físico. Depois se sente um motorzinho no cérebro; depois vem um estremecimento do corpo e **sai o corpo astral, se desprende o corpo astral, deixando o físico sem problema nenhum**" (VM Rabolú em carta de 1997). Isso pode se tornar bem rápido com a prática e, se quiser, você pode explorar o mundo astral ou quando estiver com toda a atenção no coração, quase ordene para si mesmo, mentalmente, assim: "Eu não busco o coração" e o tire do foco. **O resultado é a meditação,** com uma experiência inesquecível que faz descansar mais que o sono e que poderá mudar sua forma de pensar. Com isso, a consciência vai se despertando e se adquire muito aprendizado. Todos podem. Pratique. Vale a pena.

Chamou-me a atenção ainda um salão com cortinas entre a porta e o interior. Quando passei pela última cortina, vi um salão na penumbra e uma fumaça que vinha do chão e deixava o ambiente parecido com o que se supõe que fosse a Pré-História. A meu lado, um dinossauro do tipo Tiranossauro Rex virou a cabeça em minha direção, ficando a sua enorme boca a menos de trinta centímetros do meu rosto enquanto grunhia. Ao ver aquilo, **eu dei um salto e tive que dizer para mim mesmo que aquele bicho não podia existir** nessa época nem o Diplodoco gigantesco que estava à minha frente ou o Pterodátilo do outro lado. Mas tudo lá era tão real que parecia um sonho (gostei do trocadilho). **Tem muitos momentos em que é necessário se perguntar se está sonhando.** E quando atravessei o salão, percebi que eu tinha entrado pela saída e por isso não havia nenhuma indicação daquela demonstração fantástica. Só não sei porque não existiam pessoas lá além de mim... Mistérios.

No *hostel*, minha última diária paga já havia se encerrado e, assim, minhas malas já estavam na sala de bagagem e outra pessoa já havia ocupado meu espaço. Ou seja, o processo que estava terminando comigo estava começando com uma outra pessoa. **Eu morria para o *hostel* e outro nascia, mas em outro momento, eu poderia renascer.** Em outras palavras, eu poderia retornar ao *hostel*.

Tinha passado 21 bons dias naquele lugar, apesar de ter sido um tempo com grande dificuldade de comunicação e não era agradável saber que se devia, parcialmente, **à vergonha de falar errado. Tinha que eliminar isso se quisesse aproveitar melhor o tempo.**

Agora, eu queria saber como viviam os imigrantes que trabalhavam no País e então liguei para um rapaz que alugava camas de várias casas e me acertei com ele. Cada um dos moradores tinha uma chave da casa e uma do quarto onde estava sua cama, apesar de que, no nosso quarto, ninguém trancava nada e quem fazia a segurança era o pequeno boneco de um esqueleto que estava pendurado na porta.

Apesar da mudança, a vibração continuava a mesma, ou seja, eu continuava no arcano 17, A Esperança. Mas na semana seguinte isso poderia mudar, pois telefonei para uma conhecida que morava naquele país e disse que ia visitá-la e talvez ficasse um tempo naquela cidade. Avisei ao chefe que não mais entregaria panfletos. Nesse momento, ele ficou transtornado e disse que não queria que eu deixasse a academia porque depois que eu comecei surgiram muitos alunos, mas creio que também pela amizade que criamos. De qualquer forma, eu não achava que tinha trazido tantos alunos e estava um pouco desmotivado ou achando que ele estava me pagando à toa, então o que ele falou me fez refletir que **a comunicação é muito importante e o melhor é conferir ou repetir, de tempos em tempos, com outras palavras para garantir que a pessoa esteja entendendo**[1].

Naquele caso, eu já tinha me decidido e, assim, era improvável que palavras seriam capazes de alterar o rumo dos fatos. Logo, o chefe disse

---

1 Por isso, você verá algumas coisas repetidas neste livro e, se ficar alguma dúvida, não hesite em contatar o autor pelo e-mail: alexandre.autor33@gmail.com (N. A.)

que por um lado era bom, pois isso lhe daria tempo para organizar tudo por lá e na volta eu entregaria panfletos e traria novos alunos. Após isso, me dirigi à rodoviária e três horas e meia depois eu estava no outro lado do País, onde me esperava o marido de uma amiga e em seguida já estávamos na casa deles.

"ONDE TERMINA O ÂNIMO,
COMEÇA A INVOLUÇÃO E O RETROCESSO."
(O AUTOR)

18

O CREPÚSCULO

*"Seja tua caridade celeiro inesgotável
e tua paciência não menos inesgotável que tua caridade."*

18

O 18, O Crepúsculo, nos **previne da proximidade de inimigos ocultos (dentro ou fora de nós), doenças e não fazer negócios**. A contrariedade e o engano espreitam. Há que se ganhar a vida de uma forma correta.

O número da besta é 666, e 6 + 6 + 6 = 18. Esse número pode indicar maldade, bruxaria contra nós, cerimônias mágicas eróticas, ritos para fazer amar (sem liberdade), desvio do caminho pelo intelecto de outros.

Também representado pela hora 9, o 18 promete "instabilidade, inconstância, ciladas, confusão, mudanças, situações de incerteza, longas deliberações, impedimentos inesperados, resultados tardios, triunfos e fracassos aparentes".

No plano espiritual, é o mistério da vida; no plano mental, o negativo é o expoente do positivo; no plano físico, é a manifestação de poderes ocultos.

Sua hostilidade fomenta inimizades; cuidado com adulações traiçoeiras. No crepúsculo, o ruim se parece com o bom e pode confundir-nos.

Acender fogueira e rogar ajuda ao Deus que está no fogo é uma boa prática sempre.

A casa dos amigos era a nova e temporária morada e logo tínhamos tarefas a cumprir, pois fomos ajudar a preparar um evento festivo organizado por uma amiga deles a pedido de um *pub* que queria o máximo de proximidade com o carnaval.

Eu, mexendo com carnaval? Que armadilha do 18! E pior foi quando me deram a tarefa de cortar *bacon*. Aquela coisa tem um cheiro que revolta o estômago. Dizem que acontece com todos os que não comem porco e derivados, sei lá... Isso não deveria servir de alimento.

Depois da festa, veio o domingo. Na abertura da semana, o anfitrião levou-me para um albergue da juventude, cujos proprietários eram seus amigos e precisavam de alguém para ajudar. Eles foram muito atenciosos e me ofereceram a permuta de acomodação por serviços, porém meu nível no idioma não era suficiente para poder atender na recepção e em especial ao telefone. Dessa forma, não foi possível trabalhar lá.

Mas surgiu outra possibilidade, já que a anfitriã recebeu um telefonema de uma empresa de outra parte do País que pescava e processava peixes numa pequeníssima vila distante de tudo. Ela queria indicação de alguém para trabalhar na empresa, limpando e embalando peixes.

O serviço era um pouco puxado e eu trabalharia em um lugar frio, mas ganharia bem, além de ter acomodações individuais e não ter onde gastar o dinheiro, pois não tinha quase nada na tal vila. Tive alguma curiosidade, mas ao mesmo tempo estava um pouco incomodado quando informei que, segundo o que eu sabia, eu não poderia trabalhar fora do país de origem, pois meu visto era somente para turismo. Do outro lado do telefone, disseram que conheciam pessoas que faziam documentos "quase verdadeiros"... Esse era o arcano 18, O Crepúsculo. Porém, eu não estava naquele país para transgredir leis, de modo que recusei e comprei a passagem de volta à cidade anterior, com saída no dia seguinte.

Nessa noite, fiz algumas ligações para o meu país de origem, o que foi interessante, já que eu tinha ficado quarenta dias sem ligar ou receber ligações. Numa das chamadas, falei com a mãe e ela disse que os meus documentos para requerer a cidadania do país de meus antepassados estavam organizados por uma prima distante que eu não conhecia. Ela era tradutora juramentada e já tinha encaminhado vários processos requerendo a cidadania. Disse que no próprio país seria mais fácil e rápido. Pedi que a mãe me enviasse os documentos para o endereço da academia, pois já que eu estava perto, poderia ir à terra dos antepassados.

No novo dia, despedi-me dos amigos e entrei no ônibus com destino à cidade anterior, sem saber onde ficaria nem o que faria enquanto esperava os documentos.

> "ALGUNS PERGUNTAM POR QUÊ,
> OUTROS, POR QUE NÃO."
> (ANÔNIMO)

19

A INSPIRAÇÃO

"Toma o escudo de tua fé e avança com passo decidido, já sê a favor do vento ou contra todos os ventos."

19

Um casal com o sol radiante é a figura do arcano 19, A Inspiração, que indica **êxitos, boa sorte, a pedra filosofal...**

Chamado de 10ª hora de Apolônio, ou de **A Vitória**, promete vitória total, seja pelo esforço próprio ou de outros, e atinge todos os aspectos da vida (econômico, social, político, moral etc.)

No plano espiritual, a luz divina é o princípio do conhecimento; no plano mental, é a inteligência motora; no plano físico, é a materialização das ideias em atos.

Precedida por este símbolo, chega à claridade no que se deseja e talvez, heranças. Como revés, pode trazer perigo no emprego e algumas disputas. **O amor puro é sua couraça.**

O chefe cedeu uma sala da academia para que eu utilizasse como quarto enquanto esperava os documentos. Para dormir, dobrei um edredom em três partes e ele era meu colchão. Depois de uns dias conseguiram uma cama de massagem e eu passei a dormir nela.

Naquela espera, conheci uma pessoa bastante emocional e que não se importava muito com dinheiro, características recebidas dos seus ancestrais, que eram nômades. Ele mostrou um vídeo da família, com uma vida bem diferente da nossa. Todos tinham vários filhos, quase sempre com parceiros diferentes, brigavam por qualquer motivo e a bebida estava tão presente que muitos sofriam consequências irreversíveis ou mesmo a morte pelo excesso de álcool. **Para nós parecia uma loucura, mas para eles aquela era a vida. Cada ser busca o que quer da vida.** É como uma pessoa que é irada e sempre pensa que a vida tem que ser resolvida com brigas, discussões, pensamentos que tem que buscar seus direitos, que o outro vai enganá-la etc. Ou uma pessoa que faz críticas muito exacerbadas: então, na visão dela, tudo está errado, tudo tem que ser criticado, ainda que não se dê conta disso e a crítica se torne sutil. Em qualquer dos casos, **se a pessoa mesmo não chegar à conclusão de que precisa mudar sua forma de pensar, sentir e agir, ninguém vai colocar isso na cabeça dela** e ainda assim é um ser humano e como tal, deve ser respeitado sem críticas ou intromissões. Deus não se intromete, Ele ajuda se quisermos.

O cidadão que conheci foi preso e a cadeia serviu para que refletisse (esse é o objetivo) e, aos poucos, fosse mudando. Claro que, **quando a gente escolhe um caminho diferente – o que é muito difícil –, antes de receber os resultados do novo caminho, tem que esperar que as consequências do antigo cessem** e com ele não foi diferente.

O bem humorado ex-presidiário namorava uma moça que vinha da classe alta e eu tive a oportunidade de conhecê-la também. **As pessoas daquela classe sofriam seriamente porque tinham materialmente tudo o que queriam, porém emocionalmente eram insatisfeitas** e, por isso, fumavam, bebiam e consumiam bastante droga.

Alguns tentavam uma saída exagerando na quantidade de relações sexuais e, assim, viravam escravos do seu vício. Mas eles **somente se dariam conta disso se refletissem muito**, o que não estavam inclinados a fazer, e para mudar teriam que se dar conta.

Nas festas de que essa moça participava, havia pessoas que ganhavam um valor mensal como se acertassem na loteria todos os meses e ainda um bônus. Será que eram felizes? Com certeza tinham problemas e, **talvez, problemas do tamanho de sua fortuna.** Um deles, por exemplo, foi abandonado por sua esposa e filhos e vivia em função do trabalho e de algum tipo de droga. Como pensava tanto em dinheiro, tinha que pagar tratamentos para a família.

Numa segunda-feira, finalmente chegou a documentação necessária para que eu requeresse a cidadania do país de meus antepassados, juntamente com o telefone da prima distante que era tradutora.

Segundo ela, não precisava se preocupar com o idioma, nem com dinheiro, bastando ir à Polícia Federal e pedir uma autorização para estar no país enquanto esperava a cidadania. Em posse dessa permissão, eu deveria ir à prefeitura e apresentar os documentos e seria reconhecido. Além disso, disse ela, tinha uma parente que morava na capital daquele país e poderia nos auxiliar no processo. Com isso, passei a querer desembarcar na capital.

Para encontrar um voo barato, fui à uma biblioteca pesquisar na internet e já comprei a passagem, com o uso do cartão de crédito. Talvez fosse a última vez que eu usaria o cartão porque logo veio uma mensagem sobre problemas com ele, que me pedia para entrar em contato com o banco. Bem, a passagem estava comprada.

Na volta, encontrei dois jovens, originários do país para o qual eu iria, que me deram um conselho para ser menos arisco porque lá os amigos homens costumavam dar-se **beijos no rosto. Mas que coisa, por que não pode ser um aperto de mão e um tapinha nas costas? Ou, para os mais íntimos, um abraço...** Acho que deveríamos repensar a forma dos cumprimentos. Com isso, lembro de um povo que para saudar alguém diz "namastê" e junta as palmas das mãos, significando que "o Divino em mim saúda o Divino em você", sem qualquer toque, mas com profundo respeito, e está feito o cumprimento.

Na última noite que fiquei na academia, impelido por sentimentos inconscientes ou premonições dos futuros tempos, virei a noite assistindo filmes e documentários que destacavam a coragem e enquanto os assistia, desejei ter a coragem que os personagens tiveram e não me dei conta de que **inconscientemente estava pedindo ao cosmos para dar-me as oportunidades para desenvolver ou manifestar essa coragem...** E um pedido ao cosmos vai ser atendido.

Passei duas horas e meia de voo com um conversador ao lado, que me indicou um *hostel*. Chegamos quando já era tarde da noite. Ele seguiu seu rumo e eu caminhei alguns minutos até o *hostel* indicado.

"QUEM PEDE CORAGEM
GANHA A OPORTUNIDADE PARA DESENVOLVÊ-LA...
OU MANIFESTÁ-LA."
(O AUTOR)

20

O MUNDO

"Flor na macieira, fruto na vinha, semeado em tempo propício."

20

Mostrando o número 20, O Mundo, a Lei está indicando que haverá **mudanças favoráveis** que podem ser aproveitadas. Mostra **viagens** também. Porém, o outro nome da carta é A Ressurreição e ela indica a **necessidade de acabar com as debilidades**, ou seja, de passar por elas.

Com esse número, velhas aspirações postergadas se concretizam; **desperte à realidade; preguiça não ajuda.**

No plano espiritual, é iluminação interior; no plano mental, é revelação da genialidade; no plano físico, é a harmônica correspondência entre o moral e o material.

Esse número promete "eleição harmoniosa, iniciativas afortunadas, trabalhos, ganhos, compensações por bem e por mal, amigos fiéis que anulam a ação de amigos traidores, ciúmes pelo bem que se desfruta, aflições devido à perda".

Esse arcano nos solicita **morrer de momento em momento**, polir-nos, como se fôssemos a lâmpada de Aladim. **Despertar a consciência e atingir a iluminação.**

Quando cheguei ao *hostel* era tarde. Por este motivo, apenas falei o necessário com o recepcionista e fui dormir.

No outro dia, fui verificar nos órgãos competentes e, obviamente, tive dificuldades com o idioma e com a velocidade em que pediam uma série de documentos de nomes estranhos que seriam necessários e eu não imaginava onde nem como fazê-los.

Mas teve um documento que entendi o que era. Era uma carta de alguém daquele país que, segundo informação do órgão responsável, poderia ser assinada por alguém do *hostel*. Assim, a pedi ali, mas o recepcionista disse que não era possível obter essa carta estando num *hostel*, já que as leis não permitiam a estada prolongada ou residência em um albergue da juventude, além de que a carta deveria ser preenchida por um cidadão que me conhecesse, me recebesse em sua casa e se responsabilizasse por mim. Inclusive, subiriam os impostos para o proprietário da casa, por ter uma pessoa a mais residindo ali.

Era melhor buscar uma orientação com a tradutora, e com esse fim liguei para ela, mas ninguém atendeu. Enviei um *e-mail*, pois perseguia-me a sensação de que não seria tão fácil como me falaram, ou pior, não seria nada fácil fazer o reconhecimento da cidadania.

Fui saber mais sobre os documentos e conhecer um pouco da cidade, mas alguns cenários, que diziam que estavam entre **as maiores maravilhas da humanidade, não passavam de locais onde antigamente animais presos e famintos devoravam seres humanos, ou humanos enfrentavam humanos até a morte, enquanto o povo ria e aplaudia.** E essa vibração continuava lá e eu não via nada de maravilhoso nisso. E hoje esses lugares se multiplicaram, embora se disfarcem de jogos, mas o povo adormece sua consciência, gasta muita energia e fica fascinado da mesma forma que na Antiguidade.

De alguns **locais antes sagrados sobravam apenas ruínas,** como o Jardim das Vestais do Templo, onde, nos idos tempos, havia sacerdotisas encarregadas de manter o fogo sagrado sempre aceso – uma maravilha, mas hoje, além de o templo estar em ruínas, nem o que é o fogo sagrado a grande maioria da humanidade sabe, quanto mais mantê-lo aceso. Mas esse fogo é algo muito importante e quem o acende passa a ser regido por outras leis, passa a ter outros ideais e começa a ver que o mundo em que vivemos é uma ilusão. **Há que se buscar o real significado do fogo sagrado e depois há que praticar muito com a outra metade para acendê-lo e, por fim, ascendê-lo em nosso interior.**

Naquela cidade, existia também o templo em homenagem à Deusa Mãe, para a qual os imperadores oravam, mas isso era em épocas remotas, porque nesse momento havia só um amontoado de pedras. Não deveríamos deixar cair tão baixo as representações da Mãe Natureza, e logo, nossa Mãe individual ou **nossa Mãe Natura. Na verdade, devemos levantá-la, porque Ela é quem nos pode abrir as portas para qualquer estado melhor como seres humanos, assim como nos livrar de fazer atos que gerem consequências desagradáveis. Se já o fizemos, é Ela quem, de dentro de nós, pode nos livrar das consequências. Ela tem absoluta relação com o Fogo interior de cada um.**

Uma curiosidade sobre esse país e o país onde eu estava anteriormente: falar alto no país anterior é sinal de nervosismo extremo ou falta de educação; já nesse, significa que você não deve nada, pois não está falando de outras pessoas e não está escondendo nada. É interessante que a gente aprenda a **se manifestar de acordo com a cultura local, pois isso nos livra de vários problemas;** contudo é necessário vigiar o que e como falamos, porque no fundo nós somos energia e a nossa energia se agita, tornando-se difícil acalmá-la, dependendo do tipo de palavras que usamos e do tom que utilizamos. **Nunca devemos usar linguagem baixa, porque modifica inclusive as ondas do sono** e podemos ter sonhos agitados, tornando mais difíceis as experiências místicas enquanto dormimos, e isso nos faz perder tempo que poderíamos aproveitar bem melhor de outra forma. **Além do mais, agitando-se a energia não se acende o fogo, e se já o acendeu, não o faz subir até que se corrija essa característica.**

Ao voltar ao *hostel* eu estava sentindo um cansaço extremo, sentia como se tivesse caminhado por dias. O fato foi notado pelo recepcionista, que, bem-humorado, perguntou o que havia comigo, e, em meio a um belo sorriso, disse para me olhar no espelho. Em seguida, trouxe o espelho e quando me olhei, realmente, levei um bom susto. Eu estava roxo desde a testa até o pescoço.

Deitei-me para descansar, mas começou uma dor no estômago, dores na região dos pulmões e dos rins, pontadas nas costas e um forte calor que passava pela pele do corpo todo, seguido de um frio danado, e o ânimo para fazer qualquer esforço foi reduzido a nada. Tudo isso me fez recusar o convite para sair à noite feito pela bonita turista que conheci no *hostel* e fez uma parte do passeio comigo.

Eu pensava que poderia ser efeito das bolachas estranhas que explodiam na boca, que havia comido no aeroporto no dia anterior. A turista sugeriu que eu tomasse um soro caseiro, e para isso, **bastava ir à cozinha e, num copo de água, colocar uma pequena colher de sal e uma colher de sopa de açúcar, mexer e tomar,** mas não tive ânimo nem para isso.

Durante a noite, todas essas sensações ruins pioraram tanto que eu não tinha forças para mover um braço ou sequer uma mão e começava a pensar que ia morrer ali. A viagem indicada pelo arcano 20 poderia ser para o além. Contudo, aquele pensamento de morrer não me gerava temor e parecia algo tão natural que não me fazia pensar em qualquer solução que me trouxesse de volta à vida, apenas pensava: "vou morrer" e ponto.

Senti se passarem minutos e mais minutos até amanhecer, quando a turista bonita veio ver se eu tinha melhorado e se despedir. E novamente sugeriu que eu tomasse um soro caseiro.

Depois disso, dormi alguns minutos e, no sono, vi uma informação e uma cena. A informação era sobre fricções com toalha molhada que eu tinha lido um tempo antes e a cena era de uma gaivota que caiu no mar e, ferida e desfalecida, gritou: "**eu não nasci para me afogar nesse mar!**"[1] . Abri os olhos, exclamei como a gaivota e, logo, juntei as forças, peguei **a toalha, molhei-a com água fria e passei pelo corpo começando pelo lado direito, deitando e me cobrindo em seguida para que o corpo reagisse.** Isso trouxe um ótimo alívio. Ao passar a umidade, fui à cozinha e preparei um soro caseiro.

As dores continuavam, a cor tinha mudado para rosa, porém **o ânimo estava voltando e isso modificava totalmente a situação.** Tomei outro copo de soro caseiro e este trouxe mais melhoras e permitiu que eu saísse ao ar livre, buscasse alguma comida e, com esforço, fosse novamente até a Polícia Federal, onde as informações estavam bem aquém do que eu precisava. Demorei horas na fila e, ao ser atendido, o policial disse: "Se não assinaram a carta no *hostel*, você tem que buscar alguém que assine, eu não posso fazer nada". Frase esquisita, mas depois ele falou algo bem curioso. Disse que a documentação para a cidadania não era padronizada em todo o País, senão que cada cidade solicitava o que considerava importante. Com isso ficou mais esquisito... Polícia FEDERAL com procedimentos diferentes em cada cidade? A cidade solicita o que quer para conceder a CIDADANIA DE UM PAÍS? Mas o pior era algo que era padronizado: só tinha oito dias para encaminhar a permissão para estar no País. Depois disso, além de a permissão não ser mais aceita, eu seria considerado ilegal.

---

1 *Jonathan Livingston Seagull,* 1973 (Fernão Capelo Gaivota), filme de Hall Bartlett baseado no livro *Fernão Capelo Gaivota*, de Richard Bach.

Para piorar mais, encontrei uma pessoa mais ou menos na metade do processo de cidadania que estava ali há mais de oito meses, com um processo muito custoso e com a ajuda de um advogado.

Nem isso precisava, porque a situação da carta inviabilizou completamente o processo, a menos que eu conseguisse contato com a parente da tradutora. Essa passou a ser minha esperança, motivo pelo qual consultei novamente a internet para ver se havia resposta da tradutora, mas lamentavelmente, não tinha nada.

Toda aquela situação estava me deixando mais confuso. Estava com dores, com a garganta fechada, não conseguia comer, não conseguia encaminhar o processo da cidadania e muitas perguntas não paravam de passar na minha mente. Por exemplo: por que a tradutora disse que era tão fácil? Por que disse que não precisava de dinheiro? Por que não tinha me enviado o telefone e endereço da parente, se desembarquei na capital contando com isso? Por que não respondia meus *e-mails* e não atendia ao telefone? Eram as aflições da carta 20 **e eu não estava me dando conta de que tudo isso faz parte de um processo interno em que a pessoa se vê sozinha e assim é testado seu comportamento (normalmente, a pessoa não se dá conta de que está passando por uma prova).**

Fisicamente, eu estava me sentindo cada vez melhor e até conseguia brincar com a situação. Tomei outro copo de soro caseiro à noite e dormi. Na manhã seguinte, fiz uma nova fricção com a toalha (foi ótimo) e fui tomar café. A fome tinha voltado e isso era maravilhoso, já a cor do meu corpo continuava estranha.

Logicamente, liguei outras vezes sem sucesso, mas quando fui verificar *e-mails*, para minha alegria, a tradutora tinha conseguido o telefone e o *e-mail* da parente, e melhor do que isso, já tinha enviado uma mensagem para ela explicando o caso. Ela tinha respondido que não morava propriamente naquela cidade, então eu deveria pegar um metrô até determinada estação onde viriam me buscar.

Tudo de acordo, conheci amáveis pessoas, porém percebemos que na capital tudo era muito exigente. E como surgiram novos empecilhos, resolvi ir até a cidade de onde partiu meu antepassado materno, onde deveria ser mais fácil, mas, por via das dúvidas, entramos na internet para comprar a minha passagem de volta para A Ilha, pois se a compra fosse feita muito próxima da viagem, a passagem se encareceria. O problema foi que o sistema não aceitou o meu cartão de crédito, que já tinha dado problema depois da compra da passagem de vinda. Ainda bem que eu tinha dois cartões de crédito, então utilizei o outro e a passagem foi o que pude pagar com ele, pois estava vencendo... E eu estava usando dinheiro em espécie, de modo que estava aparecendo a oportunidade para mostrar a coragem que eu pedi antes de embarcar e eu não estava percebendo.

Voltei ao albergue, dormi e no dia seguinte fiz outra fricção com a toalha molhada; me sentia bem quando fui comprar a passagem de trem para uma cidade próxima de onde partiu meu bisavô materno. Como somente havia passagem para as 23 h, impelido pelo recepcionista, fui conhecer a cidade-sede de uma religião tradicional.

Os arredores eram imponentes, mas era tudo de pedra e parecia não ter vida, diferentemente da faculdade de filosofia que tinha visto numa cidade do país anterior, que materializava o templo da Fraternidade Oculta e que tinha grama, flores e pedras, claro. Quando me aproximei, senti que havia no local um outro tipo de vida, parecia que eu estava levando uma surra do exército invisível... Voltei a sentir dores (por que será?) e tive que me esforçar para poder admirar a enorme praça com seus adornos. "Melhor sair daqui", pensei. E ao me afastar, a dor diminuiu muito. Melhor sair até da capital, talvez este lugar tenha relação com isso tudo que estou sentindo. Quem sabe tem um exército invisível me atacando...

À noite, fui para a estação e chegou o grande trem, enorme, aliás: tinha uns trinta vagões ou mais, só não se achava assento. Poderia sentar em qualquer um, porém fui atravessando vagão por vagão, procurando por uma vaga que não apareceu. Assim, quando cheguei ao primeiro vagão atrás da locomotiva, parei para pensar um pouco. Eles não poderiam vender uma passagem de trem para uma viagem que duraria a noite inteira sem ter lugar para sentar... Ou poderiam?

Sim, eles poderiam. Sem assentos, havia mais de uma centena de pessoas ao longo de todo o trem. Somente naquele vagão estavam cinco pessoas, além de mim, que foram encontrando uma solução para minimizar o problema. Eu coloquei a mala no chão, sentei nela e, vendo que um rapaz que estava ao meu lado não tinha mala, convidei-o para se sentar também. Assim, conheci um companheiro de risadas e brincadeiras, já que dormir era difícil.

Depois das 4h da manhã, o trem parou na estação e eu queria descer apenas para comprar algo para comer, mas em vez disso surgiu algo muito melhor... O rapaz trazia uma torta de maçã feita pela sua mãe... **E, assim como compartilhamos a mala para nos sentar, compartilhamos a torta que saciou nossa fome... Essa é a lei de ação e consequência.** "Ao leão da lei se combate com balança, faze boas obras para com elas pagar suas dívidas", diz o ditado esotérico (SAMAEL AUN WEOR, 1996, cap. 37).

No início da manhã, eu desci e embarquei em outro trem, numa viagem que durou cerca de uma hora. Desci sem euforia, especialmente porque tinha passado a noite **sem dormir, e quando isso acontece, parece que nada tem um valor especial.**

Pedi informações sobre algum *hostel* naquela cidade e eles só diziam que era longe... **Mas certamente uma hora ficaria perto,** e lá fui eu puxando a mala, até que cheguei. Deixei os pertences e fui até a Polícia Federal, que estava absolutamente lotada com pessoas que buscavam uma permissão para estar no País, a maioria para trabalho.

Quando consegui pedir informação e o rapaz entendeu que era para requisitar a cidadania, passou a se comportar como se fosse um grande amigo. Mas ali também tinha a questão da carta do proprietário do lugar onde eu estava morando. E eu já tinha falado sobre isso no *hostel,* mas o dono não podia assiná-la.

Então fui para a cidade de onde partiram meus antepassados maternos, a mais ou menos uma hora e meia no pequeno trem com locomotiva e vagão – o menor trem possível. Curioso que o maior trem me trouxe no dia anterior e o menor me levava agora, ou seja, **os extremos se tocam**, e quando estamos em um logo estaremos no outro.

Eu estava pensando em como era que eles fiscalizavam quem tinha passagem e quem não tinha, porque o bilhete não era apresentado, senão que se chegava diretamente à plataforma escolhida e, ao chegar o trem, se entrava em um vagão (na minha cidade de origem não existe trem). Mas ainda quando eu refletia sobre isso, a porta que dava acesso à locomotiva foi aberta por um senhor com uniforme. Ele furava o bilhete conferido para que o viajante não o utilizasse novamente, porque a passagem não tinha data nem hora. À minha vez, mostrei-lhe o bilhete, mas ele perguntou, nervoso: "Onde está a *marca*?".

Ele insistiu naquilo e gritava... E eu já estava vermelho pela situação. Peguei o passaporte e mostrei que estava há poucos dias no País e perguntei onde se fazia aquilo. Ele fez com as mãos o gesto de indignação e respondeu: "na estação!" e na mesma hora tirou um bloco de multas e disse que poderia ser quatro vezes maior que o valor se ele não fosse camarada. *Mui amigo...* eu paguei na hora e ele me deu o recibo, mas a essa altura já tinha gente com pena de mim, até eu mesmo (opa, mais algo a corrigir)...

Assim que chegamos, desci do trem e peguei um guia telefônico na estação, onde busquei o sobrenome materno. Para minha alegria, apareceram alguns contatos, dos quais escolhi um para o qual liguei de um telefone público, atendendo uma idosa que não me compreendeu, já que eu falei precariamente no pouco que sabia naquele idioma. Ela então passou o telefone para um senhor um pouco mais novo que ela, que disse que viria de carro me pegar.

Ele levou-me para conhecer a cidade, alguns outros parentes distantes e a casa onde morava meu bisavô que emigrou. Na Polícia Federal, novamente eu precisava da carta... Era diferente, mas no final dava no mesmo e o novo amigo não a assinaria. Assim, depois de um agradável dia em que almoçamos, rimos e passeamos, ele levou-me para a estação e, afetuosamente, deu-me um abraço e um beijo no rosto.

Comprei a passagem e fui conferir o carimbo. Um fiscal que estava na estação viu e perguntou para onde eu ia. Quando lhe mostrei a passagem, ele disse para não pegar o primeiro trem que chegasse porque era mais veloz, mais confortável e mais caro, mas se entrasse com aquela passagem naquele trem teria que pagar uma multa.

A última das opções era ir para a cidade de onde partiu meu bisavô paterno; fui no dia seguinte. Como não havia trens que fossem para a cidade que eu queria, fui à estação rodoviária.

Antes de partir, apareceu o fiscal. Ele passou por cerca de vinte passageiros pedindo a passagem e quando chegou ao meu lado parecia que eu estava assistindo a uma repetição do que havia se passado no dia anterior. Apresentei o bilhete e ele exclamou: "Onde está a *marca*?!".

Como eu respondi em outro idioma, ele caminhou até os últimos assentos com passos pesados e carimbou a passagem na máquina que lá estava, devolvendo-me em seguida, sem falar qualquer palavra. Carimbar para que se a passagem tinha data e horário? "Bem, em ônibus tem que carimbar também e não é na estação", pensei.

Quando chegamos, fiz como no dia anterior, procurando no guia telefônico, agora pelo sobrenome paterno, e telefonando para um dos contatos escolhidos. Deu certo e a senhora passou o telefone para o marido, que reagiu da mesma forma que o parente no dia anterior, dizendo inclusive as mesmas frases. Aliás, muito daquele dia me lembrava o anterior, **era o próprio retorno do dia anterior. Lembre-se que tudo retorna**, mas ainda poderia modificar resultados, como foi com a multa.

Minutos depois, um senhor legal estava na estação para me levar para conhecer a cidade, outros com o mesmo sobrenome e dois castelos. Dessa vez não fomos à polícia e sim ao local de registro de cidadãos, e aí surgiu a necessidade da carta novamente... Ele disse que poderia assinar, mas ligou para a esposa, que era a que tinha o meu sobrenome paterno, e ela não o autorizou. "Sinto muito", disse ele. **Curioso que às vezes é melhor ter um amigo do que um parente.**

Restava-me voltar ao país anterior sem atingir meu objetivo, pois os oito dias estavam terminando e, depois disso, esse objetivo seria inviável. Além disso, minha passagem de avião era para o dia seguinte e o voo era de outra cidade, de forma que fui para lá.

Cheguei quando já estava escuro e, graças a Deus, resolvi seguir o conselho de um mochileiro que encontrei. Dizia ele para ir direto para o aeroporto e dormir no salão de espera. A sugestão pareceu-me ainda melhor, porque já estaria perto do local de embarque. Assim, esperei o ônibus com a inscrição "aeroporto". Quando ele apareceu, mostrei para o motorista a passagem aérea e perguntei se aquele era o ônibus correto. Ao ouvir o sim, embarquei.

No aeroporto, procurei o guichê da empresa aérea, embora o embarque fosse apenas no dia seguinte. Grande foi minha surpresa ao ser informado de que aquela empresa aérea não operava naquele aeroporto e sim no aeroporto de outra cidade, que usava o nome emprestado da cidade em que eu estava porque era maior e mais conhecida!... Eu estava no aeroporto errado e na cidade errada.

Voltei à estação, mas a ideia de dormir no aeroporto ficou completamente inviável, porque só teria um ônibus para o outro aeroporto e este sairia na manhã seguinte. Nisso, já passava um pouco das 23 h, de forma que resolvi ficar ali mesmo.

Havia bancos, pena que eram feitos totalmente de metal (frios) e eu estava sentado com os olhos fechados, querendo "dar uma carga rápida na minha bateria" como já tinha feito tantas vezes. Nisso, abri os olhos, passando a ver a porta principal e, ao lado dela, um cadeado e uma corrente. Pensei: "Será que eles fecham a estação em algum momento da noite?". Se isso acontecesse, o que eu faria naquele frio?

O meu temor era verdadeiro e em dez minutos solicitaram que eu e as dez pessoas que também estavam lá nos movêssemos para um corredor que ficou aberto para que quem chegasse pudesse sair da estação. Como naquele corredor não havia bancos ou qualquer forma elevada do chão, me sentei na mala, da mesma forma que fiz no primeiro trem em que viajei nesse país. Mas dessa vez não tinha ninguém para conversar, pois apesar de ver pessoas sentadas no piso frio, eles estavam em grupo e eu não me ofereci para compartilharmos a mala. Grande erro.

Não era possível ficar somente com o blusão que eu vestia, senão que tive que abrir a mala e pegar outro, além da jaqueta pesada. Mesmo assim, o vento gelado que embocava nas plataformas chegava aos ossos. Somente na frente do elevador não teria tanto vento. Mas por que ninguém tinha ido para aquele lugar ainda?

Refletindo sobre a resposta e talvez querendo fugir do frio, dirigi-me ao abrigo e logo veio para o mesmo lugar um sujeito bastante estranho. Ele abriu um enorme guarda-chuva no lado oposto ao que eu estava, de tal forma que o objeto impedia que as pessoas do outro lado vissem o que acontecia entre ele e eu. Na mesma hora, entendi por que ninguém tinha ido para aquele local... Eu ia ser assaltado.

Para minha sorte (ou dele!), naquele exato momento, a polícia entrou na estação e passou a pedir documentos e passagens de todos os que estavam ali, pois somente era permitido ficar dentro da estação se estivesse aguardando a hora de embarque. O elemento que estava ao meu lado não tinha nem passagem nem documentos e passou por uma revista que retirou objetos pontiagudos e cortantes dos bolsos. Com isso, ele foi levado para fora da estação. Às vezes achamos que estamos sozinhos, entregues à própria sorte, mas não é verdade. Apesar de você não ver ninguém, **você não está sozinho.**

Minutos depois, o mesmo elemento voltou pelos trilhos do trem, pois veio da plataforma. Ele estava com o enorme guarda-chuva novamente, mas dessa vez coloquei a mala perto das outras pessoas que iam diminuindo em quantidade ao longo da noite, deixando os demais mais vulneráveis. Também era certo que eu estava ficando sem paciência com o elemento. Melhor que ele ficou "na dele" até amanhecer, quando ficamos somente eu e ele na estação, mas então a estação foi aberta e ele saiu.

Obviamente, naquela noite não dormi, mas o corpo funciona sem algumas horas de sono. Passou, como tudo, a fria noite. Veio o dia. O dia em que **recebi dezenas de avisos da Lei para não embarcar no avião.** Recebi tantos avisos que cheguei a pensar que a aeronave ia cair, explodir ou algo assim e fiquei indeciso. Por um lado, os avisos, por outro, tinha pagado a passagem e não poderia ficar ali, até porque não tinha mais dinheiro. Eu deveria ter examinado o que poderia estar errado, já que **seguir após os avisos da Lei não é sensato. E quando a gente diz algo como "agora já paguei, então vou", além da desobediência, há outra coisa a corrigir.**

Ainda com os avisos, embarquei no ônibus correto e no mesmo clima despachei a mala; chegou a hora do embarque. Embarquei e, aos poucos, **a minha mente se sentia mais e mais triunfante, dizendo para minha consciência que os tais avisos eram tolices. Temos um inimigo dentro de nós e é a própria mente, que nos engana e nos faz cometer erros.**

Tudo tranquilo na decolagem, durante a viagem e no pouso também; porém, quando olhei para os oficiais da imigração, recebi mais um aviso, mas ainda não o entendi, pois **a Lei não diz o motivo, apenas avisa para não fazer (ou fazer) algo, sempre utilizando símbolos ou números, mas de uma forma que vibre em nós. De qualquer uma das formas, desenvolvendo a intuição, saberemos melhor sobre o que é o aviso.** E já falamos antes sobre como desenvolver a intuição.

No meu caso, em relação à imigração, não haveria por que temer... Ou haveria? Quando a oficiala me pediu para apresentar várias coisas, eu falei que tinha um visto por mais três meses, mas ela disse a frase que me fez entender os avisos: "Com visto de turista, se você sai do País e quer entrar novamente, deve provar que tem condições".

Na nossa conversa, eu via uma pessoa com duas por dentro: uma estava inclinada a me deixar entrar, a outra dizia que precisava de uma passagem de saída do País. Ela estava brigando com ela mesma. Então, enquanto olhava meu passaporte, pediu-me pela terceira vez, dizendo: "Olha bem aí na tua pochete, se não tem uma passagem de saída". Eu deveria ter olhado e até hoje me arrependo de não ter feito, **eu não acreditei no poder do universo**. Poderia ter uma passagem que eu não tinha comprado? Sim, **faltou-me fé,** porque eu apenas sinalizei com a cabeça que não tinha (devo dizer que, em outro tempo, aconteceu algo muito parecido com um conhecido, mas ele olhou e estava lá o que era necessário).

Ela pensou um pouco e me pediu para mostrar mais coisas, entre elas, o dinheiro que tinha e lá fui eu... Mas somando tudo, não dava para comprar um lanche. Ainda titubeante, ela chamou uma senhora e esta me acompanhou para uma sala, a qual dava acesso a três outras salas. Na frente da primeira sala, estavam quatro guardas com armas voltadas para dentro dela (coisa mais estranha). Depois deles havia um telefone público e, na parede, uma máquina de bebidas. Nas cadeiras, estavam três homens sentados distantes um do outro, todos mudos.

De tempos em tempos vinha um oficial ou policial, levava um de nós para uma das salas e fazia uma entrevista ou revista. E, como as horas iam passando, comecei a ficar com fome e perguntei se algum dos "carcereiros" poderia comprar algo. Um deles abriu um armário, me deixou escolher o recheio do lanche e entregou-me um bonito sanduíche. Simultaneamente, um outro guarda apontou à máquina de bebidas e disse para pegar o que eu quisesse.

Enquanto eu comia o sanduíche, analisava os "prisioneiros". Eles não poderiam comer devido ao nervosismo. **Aquilo me fazia refletir, pois a prisão era obrigatória, já a fome, a preocupação e o nervosismo eram opcionais, mas se o nervosismo tomasse conta, tudo se tornaria obrigatório.**

Comigo, foram cinco entrevistas e duas revistas. Íamos para a metade da tarde sem que soubéssemos o que estava acontecendo ou por acontecer. Isso até que chegou um policial, que chamou um dos homens, colocou o fone do telefone público no ouvido dele e ao mesmo tempo lhe entregou uma carta. Em instantes, o homem começou a gritar e chorar desesperadamente. Com isso, a minha tranquilidade foi embora, pois ficar nervoso diante da situação até se entende, mas daí para chorar daquela forma tem uma diferença grande.

No momento em que abri espaço para a tensão, ela foi puxando outros pensamentos e sentimentos, como o nervosismo e preocupações sem lógica, como: "Será que alguém colocou drogas na bagagem dele? Será que ele vai ser preso? E o que vai acontecer comigo?" **Não devemos abrir a guarda, é necessário eliminar a tensão no início, porque depois é muito difícil tirar todas as muitas faces que tomam conta de nós.**

Ele passou um bom tempo chorando e continuava sem controle até que um dos policiais recebeu ordem para "acompanhá-lo" para algum lugar e de lá ele não voltou.

Meia hora muito tensa se passou até que chegou um oficial com uma carta na mão. Chamou-me e repetiu o mesmo gesto do policial ao homem. A voz feminina no telefone falava minha língua-mãe e disse que eu não estava sendo aceito no País e seria posto num voo para o país de onde vim naquela manhã.

Pedi para o oficial que me trouxe a carta se não poderia me enviar para o país de origem. Ele pediu desculpas e disse que teria que me devolver para o lugar de onde vim e, com isso, desejou-me boa sorte, apertou a mão e chamou uma policial que me acompanhou até outra sala, onde disse: "Segura essa placa com o número" (Bah! Me senti esquisito... não era de criminosos que se tirava foto com número em parede com medidas?). Logo, um forte *flash* me tirou a visão e fiquei sem conseguir enxergar por alguns segundos, enquanto voltávamos à sala principal.

No final da tarde, um policial acompanhou-me até o avião, onde entregou ao comandante um envelope lacrado. Após isso, voamos e aterrissamos tranquilamente. Quando fui desembarcar, a comissária anunciou pelo rádio que existia um recusado a bordo.

Com isso, vieram dois policiais, pegaram o envelope, me conduziram para uma sala do aeroporto, analisaram o conteúdo e fizeram uma entrevista. Ao final, perguntaram como poderiam me ajudar e eu **surpreendi a mim mesmo** dizendo que precisava de um carimbo de entrada no país com data atual para que eu tivesse mais oito dias para entrar com o processo de reconhecimento da cidadania. Eles ficaram me olhando, imóveis, mudos por algum tempo... Pensando bem, até eu ficaria, se tivesse no lugar deles.

Um deles carimbou o passaporte e disse que se fosse ele no meu lugar, iria ao consulado de meu país de origem e ganharia uma passagem para a casa.

Nisso, tinham se passado mais duas horas e o pequeno aeroporto estava vazio. Eu me dei conta de que não tinha o valor necessário para o ônibus, então perguntei se poderia dormir no saguão, ao que um dos policiais respondeu: "Eu vou dormir no meu leito macio, em casa. Você, se quiser, pode dormir aqui". Rimos e eu agradeci. Eles saíram e apagaram quase todas as luzes. Eu juntei as três poltronas estofadas que estavam por ali, me deitei e dormi profundamente.

"CABEÇA FRIA VALE UMA PEÇA."
(DICA DO JOGO DE XADREZ)

21

O LOUCO

*"Em seu segredo, não entra minha alma,
nem em seu porto meu navio."*

21

O Louco, número 21, também chamado de A Transmutação ou A Insensatez, é como algo desgovernado ou alguém bêbado que vai para a frente, volta, vai para um lado, depois para o outro... Nada é confiável com este simbólico número do Tarô Egípcio em que surge a desmoralização total para o mal, que deve ser transmutada.

No plano espiritual, é incompreensibilidade das leis divinas; no plano mental, credulidade, ousadia e temeridade são causa de ignorância, erro e perigo; no plano físico, é imprudência, extravagância, delírio, vaidade.

Esse número promete "privação de algo que se desfruta, ofuscação ao procurar conseguir o que se pretende, ruína naquilo que mais nos envaidece, perigo de isolamento, pérfidas ofertas, promessas enganosas, desilusões, fim de algumas coisas e início de outras".

Indica que deve ser eliminado o desejo. O Mestre nos ensina que somente se consegue isso compreendendo as sensações nos cinco sentidos, sem condená-las ou justificá-las. Quando se elimina um desejo, ganha-se um mantra, uma senha, uma iniciação... que torna a pessoa muito privilegiada.

Não é se isolando dos demais que avançamos. Ajude ao próximo e desenvolva a força de vontade, a obediência e a disciplina em convivência com os semelhantes.

Às 5h30, o guarda acendeu as luzes e abriu as portas. Se eu olhasse para o passado, veria uma noite no aeroporto, recusa por um país e devolução para outro, e uma noite passada na fria rodoviária, na qual quase fui assaltado. Se olhasse para o futuro não teria dinheiro suficiente para uma passagem de ônibus até a cidade, não teria amigos, veria um país estranho e teria o desafio do idioma. Porém, **eu só deveria olhar para aquele momento, e naquele momento eu estava tranquilo e não me faltava nada: então, calma.**

Em minutos se aproximou um rapaz e me perguntou se eu poderia tirar uma foto dele juntamente com seu amigo que estava prestes a embarcar. Dispus-me com prazer e ele me deu uma carona até perto do hotel da juventude, na cidade. Excelente, estava resolvido o primeiro problema. Cabe ressaltar que **primeiro eu ajudei e depois fui ajudado,** se eu pensasse primeiro em resolver o meu problema, não o teria resolvido.

Eu não tinha o suficiente em dinheiro para pagar a diária, que é adiantada nesse tipo de hospedagem, e o cartão de crédito estava bloqueado. Mas por fé ou talvez por não ter opção, apresentei-o ao recepcionista, que falou: "Nós não aceitamos cartão de crédito", e com isso eu fiquei paralisado por um breve intervalo (que para mim durou muito tempo). Ainda bem que o rapaz disse que poderia reter meu documento e eu o retiraria no momento em que pagasse a conta.

Ótimo! Fui para o quarto e tomei um revigorante banho. É incrível como **atividades simples são capazes de nos reanimar.** Uma pena que não havia tempo para dormir, pois o quarto ia ser fechado para limpeza (não se pode ficar durante o dia no *hostel*). Meu almoço foi um chocolate que tinha a espessura e tamanho do meu dedo indicador.

À tarde, conheci alguns cidadãos. Um deles, me disse para furtar uma bicicleta (?!). Segundo ele, havia muitas pessoas que deixavam a bicicleta encostada em um muro ou grade e não colocavam qualquer forma de prevenção antifurto. Os que colocavam, gostavam quando alguém levava a "magrela", já que eles poderiam comprar outra quando quisessem (?!). Ainda disse que sempre fazia isso e que, dessa forma, eu encontraria um emprego pedalando em uma estrada do interior. Ele estava tentando me ajudar, mas não gostei daquilo. Quanto mais ele falava, mais incomodado eu ia ficando, até que eu disse que não ia fazer aquilo e acabei ouvindo o que não precisava, pois, segundo ele, eu estava nessa situação porque queria estar e que nunca ganharia dinheiro agindo assim e blá-blá-blá. **Mesmo diante de coisas que não concordamos, temos que aprender a não reagir. Isso é muito importante e pode salvar nossa vida.**

Outro cidadão que conheci naquele momento disse que uma instituição de caridade servia o lanche da tarde. Anotei o endereço, mas confesso que não estava inclinado a conhecer o tal lugar. A ideia que eu tinha sobre isso era de lugares que serviam alimentos aos pobres e esmoleiros, e eu não estava me dando conta de **que aquela era minha situação naquele momento.** No fundo, era meu ridículo orgulho que não queria aceitar a situação.

No retorno ao *hostel*, tomei vários copos de água gaseificada que havia à disposição dos hóspedes e esse foi o meu jantar. Mas a noite foi maravilhosa. Acordei pela manhã revigorado em um dia amanhecendo ensolarado, o que não se via há algum tempo e, pela janela do quarto, via-se uma enorme cruz rodeada de luzes, que não queria dizer nada (será?), mas, para mim, tudo aquilo me animou.

Como é diferente quando estamos animados, pois mesmo as situações desagradáveis parecem menores e tudo tende a se encaminhar corretamente. Com justa razão, **disse o Mestre, para levar ânimo às pessoas, para que suportem os tempos que virão.**

Um único sentimento ruim me incomodava e era ridículo. Tratava-se da vingança. **Eu tinha vontade de buscar a cidadania e mostrar para eles... era um sentimento absurdo que deveria ser eliminado,** como um intruso que queria tomar conta dos meus pensamentos, sentimentos e vontades. Na mesma hora, dei-me conta de que esse é um dos sentimentos que fazem o mal do mundo e que **este mal não estava fora, mas sim dentro** de muitas pessoas e, naquele momento, estava dentro de mim. Com isso, senti-me envergonhado de mim mesmo, refleti um pouco e **pedi à minha Mãe que o retirasse de mim e o desintegrasse.**

Depois do café da manhã, saí para conhecer o imenso jardim do *hostel* e as antigas catacumbas que existiam dentro de uma gruta na encosta da montanha, pois o recepcionista tinha dito que era cheia de mistérios e que os antigos cristãos se escondiam ali, muitos morrendo durante as perseguições.

A gruta era uma abertura oval na rocha, mais alta que eu e de uns seis metros de largura, tomada de teias de aranha a tal ponto que tive que pegar uma vara e balançar na frente para poder entrar. Quase imediatamente, a luz começou a desaparecer até os olhos se acostumarem com a penumbra, e então foi possível ver vários objetos utilizados por quem morou ali num passado remoto. Também se viam inscrições nas paredes e o início das cavernas que partiam da gruta para dentro da montanha.

Aos poucos, um sentimento estranho foi tomando conta de mim... Parecia que eu não estava sozinho e algo em mim queria correr dali para fora. Aquela sensação foi aumentando e logo passei a ouvir vozes confusas e estranhas que, às vezes, eram gritos de pavor, mas não dava para saber de onde vinham. O mais extraordinário foi quando comecei a, além de ouvir, ver crianças e adultos que surgiam gritando e correndo para logo sumirem ao meu redor. **Era como se eu tivesse acessado a memória da natureza.** "Fantástico" talvez seja a melhor palavra.

Uma pena que a mente, impulsionada pelo medo das armas, gritos e violência que surgiram, colocou-me temor e aquilo foi tomando conta de mim, de tal forma que tive que sair de lá.

Já fora, eu queria e também não queria voltar para dentro (não tinha coragem). Havia uma briga no meu interior. A mente me dizia que eu saí da gruta porque havia uma boa quantidade de teias de aranhas e uma picada de aranha poderia complicar mais minha situação, mas na verdade **foi o medo bandido que roubou minha experiência.** O resto era só justificativa.

Fui para a cidade para trocar o que pudesse por dinheiro, incluindo o pouco valor que tinha de outros países. Foi uma longa caminhada de mais de uma hora até chegar ao local de troca, mas saí com um valor que dava para pagar uma diária num hotel normal. Ou, no meu caso, pagar quase dez diárias do *hostel* sem fazer lanches.

Almocei novamente um chocolate que era igual em tamanho e espessura do meu dedo indicador, mas era estranho, eu não estava desesperado de fome. Na verdade, quase não fazia diferença se comia ou não. Mas, durante a tarde, por curiosidade e por preocupação, troquei meu pensamento em relação à instituição de caridade que servia o lanche da tarde e, assim, fui para lá.

Era uma grande fila. Quando fui atendido, uma religiosa trouxe um saco de papel contendo um sanduíche com queijo, um pedaço de panetone, um pote de iogurte, uma barra de chocolate e um copo de suco.

Eu fiquei emocionado com tudo aquilo, pois **via amor na forma como eles agiam** e várias pessoas tinham se esforçado para que outros pudessem ter o que comer. **Naquele momento, aprendi que, às vezes, é necessário dar primeiro o peixe e depois ensinar a pescar.**

À noite, fui tomar um pouco da água gaseificada que eu pretendia que fosse o jantar e nisso conheci a "Cabelos de Cereja", uma mulher que tinha feito grande parte do processo que eu intencionava fazer. Ela ficou de me apresentar, no dia seguinte, alguém que resolveria o meu problema. Assim, fomos dormir lembrando da música:

Mas é claro que o sol / Vai voltar amanhã / Mais uma vez, eu sei
Escuridão já vi pior / De endoidecer gente sã
Espera que o sol já vem.[1]

De manhã, chegamos à Polícia Federal, que era o ponto de encontro da Cabelos de Cereja com a outra que a "ajudava". Vimos que, nessa cidade, marcava-se um dia para a apresentação dos documentos e, assim, solicitei agendamento, que ficou para 24 dias depois.

A pessoa que "ajudava" viu minhas certidões e, dizendo que meu caso era fácil, marcou para conversarmos sobre o assunto à tarde e disse que ela mesma forneceria a carta, que já estava tudo certo.

Finalizada a questão, ficamos eu, a Cabelos de Cereja e uma loira conversando. A loira convidou-nos para passar uns dias em seu apartamento, já que a Cabelos de Cereja tinha certo tempo disponível antes de voltar para o país onde morava e eu pouparia o valor de hospedagem e poderia dar o curso rápido de computação de que ela precisava. Ótimo, nós aceitamos o convite, mas elas iriam naquele horário e eu somente poderia ir à tardinha, depois que falasse com a que "ajudava". Com tudo combinado, enquanto caminhávamos, a loira disse: "Só

---

[1] "Mais Uma Vez" – Renato Russo e Flávio Venturini.

tem um detalhe... No quarto de hóspedes só tem uma cama de casal... Não tem problema, não é?".

Situação inusitada... Eu deixei que a Cabelos de Cereja se manifestasse e ela, depois de um silêncio disse: "Acho que não tem...".

Almoço? Uma barra de chocolate de dez gramas.

Cheguei ao local na hora marcada e esperei por mais de duas horas, mas quem eu esperava não apareceu. Bem, já que ela tinha dito que o processo estava tão fácil e que forneceria a carta, eu poderia conversar por telefone depois e, assim, fui para a instituição de caridade buscar o lanche e fui ao albergue para pegar a mala. Depois, caminhei mais uma hora até a estação, pois a loira morava num outro município a umas três ou quatro horas de trem.

Vi que havia um trem partindo nos próximos minutos e isso, somado ao fato de a minha carteira não estar muito abastecida e ter previsão de gastos pela frente, fez-me correr e entrar sem passagem. A economia não valia a pena. Além de ser ilegal, **o preço pago pela angústia era muito maior.** Claro que a **mente tinha e sempre terá justificativas** do tipo: não dava tempo de comprar porque o trem já estava partindo; os próximos trens tinham valores maiores; teria que esperar muito tempo na estação etc. Sim, existem exceções, muito raras por sinal, mas **a consequência de entrar sem pagar e não receber punição na hora pode ser a multa num momento em que se tem razão e, aparentemente, ela seria injusta,** como ao ser multado por parar um minuto num local de embarque e desembarque, por exemplo. E, novamente, a mente terá muitos motivos para protestar.

Dessa cidade, enviei *e-mails* a alguns amigos que conheci no país em que eu estava anteriormente, contando um pouco da situação – não tudo, porque **não gosto de falar de dificuldades antes que elas**

passem, pois as pessoas ficam com pena ou preocupadas – ou ainda dizem "bem feito!" ou "viu, eu te disse!", enquanto outros não dizem, mas pensam "tomara que se dane", enfim, vários sentimentos e pensamentos horríveis que não ajudam em nada.

Os que são amigos de verdade me ofereceram alguma forma de ajuda, ainda que moral e, entre esses, recebi esta mensagem: "Financeiramente eu não tenho como ajudá-lo, vou tentar conseguir emprestado, mas tenta pensar que isso é uma grande aventura que **você vai nos contar depois**". Pensei: "Contar depois? Eu nunca falo das minhas vivências". Como **"nunca" e "sempre" são palavras que só Deus pode usar**, eu estava enganado: aqui estou eu contando mais do que gostaria e passando por situações que preferiria não passar.

Mas digo com certeza que em todas as horas realmente difíceis apareceu ajuda, porque **o buscador não fica desacompanhado** desde que não se desespere. O desespero rompe conexões que permitem ajuda do universo e a pessoa fica sozinha, ou a ajuda que recebe é somente para sair do desespero. O buscador tem que saber que **tudo nesta vida é temporário**: um carro, um emprego, uma casa... E a própria vida. Não há que ter medo da morte, porque todos vamos morrer um dia e também se tem de saber que, se está buscando melhorar intimamente e corrigir imperfeições suas, "pode meter-se onde quiser que nada lhe acontece, está protegido pela Grande Lei. Podem ter segurança do que estou falando" (VM RABOLÚ, s.d.), porque assim aprendi com o Mestre. Ele me disse, eu confiei e aqui estou, querendo aperfeiçoar-me para voltar ao Pai com mais sabedoria.

Os anfitriões passavam vários dias fora e, num desses, a Cabelos de Cereja me convenceu a ir visitar uma cidade muito próxima. Lá, quando vi uma simples placa com o nome da rua **Caminho da Sabedoria, senti algo muito estranho, como se isso fizesse parte de mim. Tive um *flash* deste**

livro que, naquele momento, eu não tinha ordem nem pensamento de escrever, mas estava prestes a perceber esta missão... Ou, para que não pareça uma exigência, vamos dizer assim: resolvi que as vivências não poderiam ficar somente comigo e deveriam ser compartilhadas.

Depois deste passeio, a Cabelos de Cereja embarcou de volta ao país onde morava e nas noites e dias seguintes nenhum dos anfitriões apareceu no apartamento. Estando só, dediquei-me bastante às práticas místicas, especialmente à meditação, mantralização e desdobramento astral. Foi como um retiro espiritual, no qual percebi a ordem de começar a escrever o que você está lendo agora. Nós não somos nada nem servimos de exemplo para alguém, não ensinamos, mas aprendemos. **Ninguém consegue ensinar (nem pode), pode-se sinalizar o caminho para que os buscadores aprendam por eles próprios.** Aprender é algo que vem de dentro. Não tem como ensinar (externo) porque são vivências (interno).

Além disso, o universo não nos dá as coisas prontas, nem nos dá ordens, ele dá charadas que o buscador tem que decifrar. Por exemplo: quando as inquietudes de uma pessoa fazem com que ela queira sair da mecânica da natureza, essa mesma natureza mostra a ela o arcano 10 com o seguinte enigma: "decifra-me ou te devoro". Se ela não o decifrar, deverá sucumbir da mesma forma que qualquer ser humano que não teve inquietudes espirituais.

Assim, temos que andar no caminho espiritual sem ter a certeza de que estamos certos. **Um mestre não é moldado por outros, ele se faz!**

Às vezes, é necessária uma palavra diferente de alguém comum para que se acenda a chama da inquietude e que muitos percebam que quem hoje é um mestre, um guru ou um guia da humanidade, um dia foi uma pessoa comum, igual a tantas outras, que **revolucionou o seu interior,**

exatamente como você e eu podemos fazer, aumentando a luz para os companheiros de jornada.

Então... Escrever um livro? Como se escreve um livro? Eu nem tenho sido um bom leitor! Até as leituras necessárias na escola eu não fazia completamente. Tenho coisas tão pequenas para serem contadas que qualquer um pode aprender isso sem sinalização. Bem, mas "no caminho, a gente vai arrumando as malas" (VM RABOLÚ, s.d.).

Paradoxalmente, eu, que não gosto de falar de mim nem dos meus sentimentos e pensamentos, deveria escrever um livro contando parte da minha vida, incluindo algo que eu não tinha vivido ainda. E lá fui eu para o computador portátil da anfitriã iniciar este trabalho... Mas escrever era novo para mim, então o que mais fiz foi refletir. Através da retrospecção, revivi as cenas com os respectivos sentimentos para poder relatá-los. **Essa prática é muito interessante para compreender situações passadas e é bem simples de ser feita: numa posição confortável, feche os olhos, relaxe e volte seu dia, daquele momento até o início. Continue voltando ao dia anterior e siga dessa forma até o momento que você quiser. As pessoas que se dedicam diariamente a esta prática conseguem voltar às existências anteriores. Pratique. Vale a pena.**

À parte disso, telefonei para a que "ajudava", mas na verdade **não era coração, era carteira,** já que ela cobrava muito para levar as pessoas aos lugares e falar por elas. O único aspecto dela que parecia um pouco humano era o empréstimo do dinheiro a ser depositado, dinheiro esse que o governo exigia para provar que eu tinha condições de me manter no País na primeira parte do processo (isso era feito três vezes). Mas ela depositava o dinheiro na conta de quem precisasse, tirava um extrato para mostrar para o governo, sacava o dinheiro e o levava de volta – então, não tinha nada de extraordinário nisso.

Esse depósito era de um valor que daria para comprar um carro usado no meu país de origem e, dependendo da cidade onde fosse encaminhar os documentos, poderia ser o valor de um carro novo, mas como ela ia me emprestar, isso estaria resolvido. A loira disse que, se ela não emprestasse, seu namorado emprestaria, e com isso eu poderia ficar tranquilo.

Naqueles dias, terminou meu trauma de celular e passei a utilizar o aparelho que ganhei ainda no país anterior, tendo recebido a primeira ligação da loira, que solicitou um auxílio técnico porque o computador da casa dos pais do namorado não estava ligando. E assim viajei para a cidade deles e a única ação necessária foi conferir o cabo de força, que não estava bem conectado. Eu não quis receber pelo serviço, mas a loira quase me obrigou a aceitar o pagamento... Eis aí a ajuda invisível, desta vez, financeira.

Antes que eu saísse da casa, falamos um pouco sobre as dificuldades por que cada um tinha passado. Assim eu falei que, quando encontrei a Cabelos de Cereja, estava prestes a voltar para meu país de origem e como resposta a loira fez duas perguntas que me fizeram refletir naquele e em muitos momentos depois: **"Você suportaria a sensação de ter sido um covarde? Como você se sentiria ao se olhar no espelho e saber que não fez o esforço que poderia ter feito?"**.

Os anfitriões iam desocupar o apartamento e, consequentemente, eu também, mas antes disso a loira quis ligar para a que "ajudava" e esta mudou bastante. Já não havia a possibilidade de me emprestar o valor de que precisava e os outros documentos já deveriam estar em mãos, pois ela só me acompanharia na polícia e não em outras instituições. Só a carta que ela continuou dizendo que forneceria. Mas deveríamos conversar dois dias antes da apresentação dos documentos para ela relembrar o caso. Eu estava no arcano 21, O Louco, que ia e voltava, então poderia mudar novamente, mas não dava para ficar tranquilo, **embora justamente daí devesse ser tirada a serenidade.** E quem disse para não me preocupar foi a loira, porque o namorado dela me emprestaria o dinheiro.

Após isso, despedi-me dos anfitriões e embarquei até uma estação onde trocaria de trem para a cidade em que seria feita a entrega dos documentos. Naquele primeiro trem, conheci uma moça e na conversa surgiu algo inusitado: ela convidou-me para passar os dias que me restavam em uma quitinete onde morava ela, a irmã, uma amiga e, no último mês, um rapaz que estava com dificuldades financeiras com o qual elas se compadeceram, cedendo um pedaço da sala para ele colocar um colchão durante a noite. Já elas três juntavam duas camas de solteiro e lá dormiam.

Quanto a mim, o combinado era que íamos pedir emprestado um colchão, porém, não conseguimos e acabei dormindo na cama com elas. Coração era o que não faltava para aquelas moças.

Depois desses dois dias, parti em um vagão em que só estavam eu, uma mulher e um adolescente, filho dela. A mulher era oriental e quis saber de mim, já que havia sido mochileira e aprendido muito. Mas, no momento atual, ela era uma empresária numa cidade da fronteira do país onde estávamos.

Eu falei um pouco, mais para responder às perguntas do que por vontade própria: falei do objetivo e das dificuldades, entre as quais a de precisar de um valor para fazer um depósito.

Falamos mais sobre as experiências de cada um e outros assuntos e depois disso fui surpreendido com uma oferta de dinheiro emprestado e um convite para ficar na casa dela nos dois dias restantes.

Inusitado (!?). Iríamos à casa dela, onde eu pegaria o dinheiro, levaria para a cidade onde seriam entregues os documentos, depositaria, e, depois de uns dias, sacaria e depositaria na conta da proprietária do dinheiro, tudo sem ela querer qualquer garantia nem papel assinado. Porém... Ah não, tem um porém... O adolescente ficou muito irritado e, no início, ela sorriu e tentou acalmá-lo, mas ele começou a gritar na língua original deles. Eu fiz sinal para ela esquecer meu problema e ela contou que tinha prometido levá-lo a uma cidade distante, e para entregar o dinheiro teriam que voltar à sua cidade. No fim, um pouco sem jeito, ela pegou a chave da casa dela e disse: "Pega o...", quando eu a interrompi, dizendo para deixar para lá. Mas fiquei curioso para saber se ela terminaria a frase com a palavra dinheiro. Será?

De qualquer forma, falei que não poderia passar os dois dias lá, devido à reunião agendada com a mulher que "ajudava", e ela tinha dito que conseguiria o dinheiro emprestado e o que fosse necessário (depois desdisse tudo, mas não falei isso nesse momento). Ela se silenciou, depois falou com a voz da experiência: "Cuidado que as pessoas costumam se aproveitar quando a gente tem pouco dinheiro. Procure não dar como garantia de pagamento seu passaporte e não confie no que as pessoas te prometem, porque elas mudam de ideia. **Cuidado com quem diz que já está tudo certo...** é bom ter um segundo plano. Mas **vai dar certo, se você for um pouco esperto e tiver paciência**".

Sim, era verdade, eu já tinha visto um pouco daquilo. Contudo, com o tempo, vi que ela estava me prevenindo bem mais do que eu compreendi naquele momento e, muitas vezes, lembrei da sua expressão e dos seus negros olhos de quem sabia o que estava dizendo.

Ao desembarcar, me deram o telefone de uma pensão mais barata que o hotel da juventude. Lá, fui recebido pelos proprietários em um ambiente familiar e usei das notas, que pareciam estar em extinção, para pagar a diária.

Conversando com o proprietário, surgiu outra situação inusitada. Disse ele: "Tu vais precisar de uma carta que te apresente ao país e eu posso fornecer isso". A carta que foi meu impedimento e **que tanto busquei longe** e até com familiares de sangue **veio até mim** quando eu estava sentado, sem pedir e de um quase desconhecido.

Era o mesmo que tinha acontecido quando eu queria trocar de carro, vários anos antes, e **as duas situações boas ocorreram dias depois de fazer a vocalização** do IIIIIII, EEEEEEE, OOOOOOO, UUUUUUU, AAAAAAA e ouvir a glândula pineal. Só me dei conta disso na hora em que estava escrevendo este livro, mas se tivesse percebido antes não faria nada buscando apenas o material, faria para ativar os chakras, depois eles e o Pai é que decidem o que vão nos trazer, seja espiritual ou materialmente.

No dia seguinte, fui buscar o modelo da carta e ter a reunião com a pessoa que "ajudava", mas ela não apareceu. Contudo a ida não foi em vão, pois me preveniram que, se ela fornecesse a carta, eu teria que pagar meio salário-mínimo e ela cobrava para fazer qualquer coisa. Era comércio – e ruim ainda, pois não se importava com os possíveis clientes, como eu.

Eu tinha conseguido quase tudo, mesmo os documentos mais difíceis. Faltava preencher um formulário da própria Polícia Federal e conseguir o dinheiro, que era um valor alto, mas só por um dia. Como o ser humano muda quando fala em dinheiro... Deveria ser a mesma coisa emprestar uma roupa ou um valor em dinheiro, mas não é, porque uns pedem emprestado e não pagam e outros têm medo de emprestar, e assim cada um fica isolado. **O dinheiro corrompeu o coração humano.**

Telefonei para a loira e ela disse que não precisava falar com mais ninguém, porque "está tudo certo" (com essa frase, lembrei do aviso da mulher de olhos negros no trem), o dinheiro chegaria às 10 h, em uma rede de transferência.

Na hora marcada, esperei pelo dinheiro, mas ele não veio. Liguei para a loira, e, segundo ela, a agência estava sem comunicação e não havia o que fazer, mas eu não precisava me preocupar (há?!... Eu seria removido do País se não apresentasse o dinheiro!!). **Eu deveria ter buscado no meu interior, com um pouco de serenidade e concentração teria se resolvido a questão, mas não me dei conta disso. O problema vibrou mais do que a solução.**

Duas pessoas tinham falhado e restavam 24 horas... fui para um local de acesso à internet e enviei dois *e-mails*. Um foi para um amigo de um país vizinho. Outro foi para o meu sócio, em meu país de origem, pois, apesar de eu pensar que não havia forma de enviar dinheiro de lá para onde eu estava, algo me dizia para falar com ele.

Um ficou de pedir o dinheiro emprestado para a namorada. O outro falou com o banco e disse que sim, era possível enviar, mas no dia seguinte, porque neste já tinham encerrado o expediente, porém, devido ao fuso horário, eu não teria como receber a tempo de apresentar à polícia. De qualquer forma, três pessoas tinham ficado de me enviar o dinheiro, cada uma de um país diferente, dois valores deveriam chegar de manhã e um à tarde.

Chegou o dia "D" e, na agência, nada do dinheiro. O amigo do país vizinho não tinha conseguido com a namorada e estava com vergonha de me dizer. Já a loira disse que não tinha conseguido, pois era o namorado que não queria emprestar (a falha na comunicação não era da agência, mas entre eles), mas que, na segunda-feira, era certo que conseguiria. Porém, exatamente no primeiro horário possível, chegou o dinheiro do meu sócio. Nele eu podia confiar e era uma pena que eu não o tivesse contatado anteriormente.

Agora eu estava com dinheiro e documentos, porém meu prazo tinha se encerrado e estava chegando o fim de semana, de forma que eu somente poderia apresentar minha solicitação na segunda-feira, três dias depois da data estipulada! E isso me deixava com possibilidades de ser removido do país.

Passou o fim de semana e chegou a hora de definir a situação. Na minha frente, na fila, havia uma moça que também estava fora da data do agendamento. Eu a vi ser atendida e... "acompanhada" para o segundo andar, onde ficava a sala de remoção. Aquilo me baixou o ânimo, mas não podia ficar "pra baixo", pois, dessa forma, com certeza me removeriam. **Precisava de ânimo e de alegria.**

Chegou a minha vez e a atendente conferiu os documentos, perguntou o motivo, conversou, fez um suspense e... Carimbou! Oba! Oba! Oba! Ufa! Tinha terminado a primeira parte, ou melhor, eu tinha autorização para estar no país temporariamente e poderia iniciar outra fase.

Subi até ao topo de uma montanha, onde havia um castelo, e de lá **fiquei contemplando o pôr do sol. Talvez fosse uma forma de agradecer, relaxar, ficarmos eu e Deus...**

Para a próxima fase, era necessário fazer tudo novamente, além de acrescentar novos documentos, como a certidão original de batismo do meu bisavô (?!). E não era só chegar e carimbar, senão que conferiam os documentos e agendavam a entrega. No meu caso, agendaram para 37 dias depois (?!). 37 dias pagando diárias e outras despesas, aguardando para entregar documentos. A única despesa que poderia ser reduzida era a alimentação – aliás, nesse dia, combinei com um rapaz para ir à instituição religiosa que dava lanches, mas combinamos de chegar mais cedo para ver como era a refeição que eles serviam para quem chegasse até as 16 h.

No começo, eu estava um pouco envergonhado de ir jantar lá, mas como dizia meu novo amigo enquanto caminhávamos: **"Vergonha? Mas tu não estás com fome e eles não estão dando? Vergonha seria roubar, e nem isso traz vergonha para alguns".**

Entramos na fila e uns vinte minutos depois se abriram as portas. O religioso-chefe conversou com alguns em especial, que pareciam ser velhos conhecidos, e chamou a todos para fazer uma oração. Logo que foi encerrada, os auxiliares começaram a trazer garrafas de suco, talheres e bandejas individuais descartáveis contendo porções variadas, como se fosse um prato servido em um restaurante *self-service,* tudo com direito a repetição. Havia pães incluídos e muitos desses foram para as mochilas de alguns, e isso estava bem. Só quem pedia pão e não comia tudo é que levava uma bronca. Para finalizar, cada um recebeu um bolo inglês do tamanho da palma da mão.

Eu imaginava uma sopa na qual teria que procurar algum vegetal e o pão, se existisse, teria que ser molhado no caldo... Porém, era o contrário disso, estava muito bom e era **comida feita e servida com amor.** Por isso, na saída, o amigo disse: "Viu? E tu estavas com vergonha de vir aqui...". **É, também por vergonha deixamos de ter o melhor.**

Os proprietários da pensão me perguntaram se eu poderia ajudar em algumas atividades. Então atuei como garçom do restaurante anexo e foi agradável. **Estamos no mundo para servir.** Além disso, precisava fazer divisórias e, ajudando nisso, tive uma lição muito importante: o proprietário se pôs a contar um filme e descreveu tanto as cenas que ficou uma hora contando o que, com intervalos comerciais, tinha levado menos de uma hora e vinte minutos na televisão. **Não podemos ser tão detalhistas.** Por isso resumi muito neste livro.

Também quiseram minha ajuda para a mudança deles, e após isso eu estava com três novos companheiros de pensão quando nos convidaram para um trabalho muito bem remunerado: pegar galinhas em um aviário. Parecia bom, mas tinha algo que não estava me agradando e eu estava cansado, então não fui, mas os conhecidos logo saíram, voltando no dia seguinte com os olhos inchados e vermelhos, as roupas imundas. Eles foram para o interior de outra cidade às suas próprias custas, onde passaram a noite pegando galinhas. E assim foi na noite seguinte também. E no final o homem que os tinha chamado para o trabalho ficou com o dinheiro deles.

Eu escapei dessa, mas fui traído de muitas formas naqueles tempos, e não exagero em dizer que não dava para confiar nem nos amigos, nem nas moças. **No começo, a traição machuca muito quem é traído, é um sentimento indizível em que se sente internamente "arrebentado". Mais adiante, quando se faz um trabalho sério sobre si, a traição dói para quem a comete.**

O mestre do meu mestre diz que temos que aprender a **"receber com agrado as manifestações desagradáveis de nossos semelhantes"** e **"nem mentalmente reagir ao que nos pareça ofensivo"** (SAMAEL AUN WEOR, 1998, cap. 9). Isso é muito interessante de compreender e praticar, porque tiramos um fardo pesado de cima de nós e a vida fica mais alegre e leve.

A escola para aprendermos isso é a vida. Contudo, é difícil aprender. **No início, falhamos muito,** como eu nesta história, **mas insistindo conseguimos.**

Foi passando o tempo até que chegou o dia da entrega dos documentos e fui cedo para a fila, que se desorganizou e teve várias invasões, mas tive tempo de ser atendido e entregar os papéis, ou seja, meu pedido de cidadania ia ser estudado. Esse estudo demoraria algo em torno de 15 a 65 dias, sendo o resultado publicado uma vez por semana em um jornal local e na internet. Quando isso acontecesse, eu deveria entrar novamente em uma fila como aquela para retirar os documentos e poder seguir para outra etapa.

De volta à pensão, havia se hospedado um caminhoneiro e sua companheira que transportavam carros e eu quis saber como era essa vida deles. Ele disse que eu poderia experimentar, pois um colega de profissão estava em uma cidade a três horas de trem dali. Parecia interessante, e como eu tinha que esperar o estudo dos documentos, além de deixar de usar dinheiro com hospedagem, ainda poderia conhecer alguns países e a vida no caminhão. Então combinamos com o amigo dele, mas já eram mais de 23 h.

No outro dia, saí cedo, mas devido ao atraso de trens cheguei muito depois do previsto e ninguém sabia onde eram os pontos de referência que eu tinha. Dessa forma, caminhei uns 8 ou 10 km pedindo informações até chegar a lugar nenhum. Por força do destino, o motorista também estava muito atrasado e, nas palavras dele: "Eu vou lhe buscar, pois se veio pegar carona com alguém que não conhece é porque você não é muito certo da cabeça, e como eu também não sou, é capaz de nos entendermos".

Mais um tempo e estávamos no confortável caminhão com duas camas, geladeira e bancos com amortecedores inflados à vontade... Enfim, cheio de botões e equipamentos que deixaram as horas mais leves até uma grande fábrica que estava fechando, então o motorista foi me dando instruções enquanto corria: "Chaves na ignição e aqui não tem regras de trânsito, tem que levar o carro o mais rápido possível e voltar para buscar outro".

Arrumada a carga, partimos para um destino que atravessaria três países. Mas quando era noite, passamos por uma cidade onde o motorista tinha um amigo que morava com a família. Ele ligou para esse amigo e fomos convidados para um jantar que viria bem a calhar, já que o mais comum era ter que preparar a comida no próprio caminhão.

As filhas dos novos amigos queriam assistir a um filme de terror. Aliás, não sei por que **muitas crianças gostam de filmes de terror, que criam pesadelos e traumas psicológicos até nos adultos.** Por essas e por outras é que eu digo que a gente mesmo cria os monstros que vão nos assustar depois.

Voltamos a rodar até que chegamos ao porto onde os carros foram descarregados, emplacados e carregados novamente. A entrega verdadeira seria num porto de um país bem ao norte, e indo por esse caminho diminuíam-se as vogais das palavras e aumentavam as consoantes. Em dado momento, fomos recepcionados pelos moinhos adversários de Dom Quixote. **Essa história é simbólica e esconde a mesma filosofia descrita neste livro,** mas ali vi que os inimigos dele eram impossíveis de se contar e tinham várias formas, cores, tamanhos e idades, com a mesma diversidade dos pensamentos humanos...

Finalmente, chegamos ao ponto de descarga, um porto gigantesco onde estavam navios com "bocas" abertas, por onde eram carregados carros e mais carros, enquanto outros tantos aguardavam sua vez.

Cada veículo descarregado e deixado para conferência simbolizava o fim da história dele conosco, mas quantas histórias ainda teria até chegar ao seu destino final? Não seriam infinitas, é claro, mas também não seria uma só. Refletindo um pouco, seria interessante trocar a palavra "veículo" por "ser humano"... Vamos experimentar? **Sua reflexão pode estar bem perto da verdade.**

Enquanto aguardávamos a conferência final, ficamos observando os outros caminhões que carregavam ou descarregavam. Eram dezenas, mas um passou a ser o centro da nossa conversa, não exatamente pelo caminhão, mas pela pessoa que o conduzia e fazia todas as operações, já que não era comum ver uma mulher sozinha dirigindo uma cegonha nem amarrando e desamarrando os cabos de aço que seguravam os pneus dos carros. Era tão incomum que ela era a única que eles conheciam nessas condições. Alta, quase loira, com uma aparência feminina e muita prática, ela trabalhava muito bem. **As mulheres podem fazer quase tudo o que querem, os homens também, mas isso não é muito sábio, é como tomar veneno.** Não que esse fosse o caso dessa mulher, pois a meu ver, essa profissão é *unissex*.

Ao lado do caminhão dela havia outro, e nesse quem carregava era um homem, mas ele não parecia agir de forma normal e, segundo o meu colega, era a isso que ele se referia quando disse que eu não era muito certo da cabeça por pegar carona com um caminhoneiro que eu não conhecia, porque poderia ser alguém que usasse drogas e bebidas alcoólicas durante a viagem, como esse que estávamos vendo – e ele conhecia vários assim. Quando saímos, esse caminhoneiro nos alcançou, dirigindo com velocidade superior à permitida, e quando nos ultrapassou estava com a cabine cheia de fumaça; ainda nos ofereceu um cigarro de maconha.

Mas, com o motorista, a motorista e o sem-noção em mente, vamos refletir novamente... **Se o veículo é o ser humano, quem dirige cada caminhão?**

Nós somos levados pelos "amigos" externos ou internos para termos o mesmo destino de outros com aquele tipo de sentimento ou ação. Raras ou raríssimas vezes um grupo é levado por alguém tão especial como **A Motorista.**

Somente ao fim de muitas histórias um carro deixa de ser levado em grupo e ainda assim é conduzido.

Eu sentia que precisava voltar para onde estava solicitando a cidadania, e assim o motorista ligou para alguns colegas. Um deles estava indo passar o fim de semana na casa onde moravam oito caminhoneiros, um dos quais deveria sair com destino próximo à cidade que eu precisava.

Uma logística impressionante. Com tudo certo, já em outro país, troquei de caminhão e fiquei com a tarefa de manter o motorista acordado para dirigir a noite inteira.

Dias depois, estávamos num grande grupo na casa deles. Quando estavam em casa, faziam tudo que fosse possível para compensar o tempo viajando. Era como **um elástico que espicha, e, se não se arrebenta, quando encolhe, encolhe mais ainda.** Então, estavam todos com a "corda toda" e foi assim noite adentro. Eu não tomava energético com *whisky* e estava muito cansado, mas eles não me deixavam deitar e diziam: **"Não pode dormir,** tem que conhecer as danceterias", de modo que tive que sair de fininho e me jogar numa cama, onde dormi instantaneamente e fui acordado da mesma forma com o balde de água que me jogaram. Levei um susto e saltei da cama. Olhei para o colchão, para o chão, para as roupas... estava tudo ensopado, então eu disse: "Ok, vamos para a danceteria".

Havia ali dezenas de locais para dançar e às vezes se formavam grupos dançando na calçada mesmo. Tudo regado com muita bebida. Um lugar pitoresco, nem parecia ser no mundo em que vivemos; aliás, será que era? Parece que sonhei tudo aquilo.

O único que não ficou bêbado fui eu, e lá pelas 5h da manhã estava dançando com uma moça quando fui arrancado da pista pelo pescoço, pelos últimos dois deles que estavam por ali, e que queriam ir para o "clube". Eu me recusei, tirei a chave de um deles e fui para a casa, guiado pelo instinto de localização.

Como o colchão estava molhado, me deitei num sofá e dormi, mas logo começou a barulheira e folia de novo. Pouco depois, alguém teve a ideia de chamar as garotas de outro "clube", que eram suas amigas, para almoçar junto, pois elas eram boas companhias e cozinhavam bem.

Como resultado, em meia hora havia mais presença feminina no ambiente e elas conversavam sobre diversos assuntos de forma plausível, eram educadas e sabiam diferenciar muito bem o que era trabalho do que era um almoço com amigos.

Algumas delas contaram sobre suas vidas, seus valores e por que estavam ali: **parecia que tinham mais valor do que muita gente que se acha boa.** Minha conversa era descontraída e sobre assuntos variados, com duas e às vezes três delas. Os outros estavam em outra sala, mas de repente uma moça começou a chorar muito e os caminhoneiros vieram, irados e nervosos para saber o que eu tinha feito com ela. Ainda bem que outra moça disse: "Ela é que viu algo nele e vai saber o que aconteceu, porque se pôs a falar de coisas íntimas e sagradas e começou a chorar desse jeito".

Acho que algo em seu interior gritava que queria mudar a vida, na qual levava a pesada carga de ter praticado cinco abortos, entre outros crimes contra a natureza, mas **nós não somos juízes de ninguém.** Para mim ela era legal, assim como a esposa de um motorista que estava ali.

Depois do meio-dia, apareceram os dois que me fizeram deixar a moça plantada na pista de dança, na madrugada. Eles trouxeram duas mulheres, mas aquelas eram de um outro tipo: queriam se agarrar a qualquer um que passasse e não tinham qualquer assunto que prestasse. Porém a estada delas não durou muito, já que as garotas as expulsaram e ainda deram lição de moral, dizendo para os dois olharem o tipo de mulher que eles traziam para a casa deles, sem nem conhecer. Eles tentaram dizer qualquer coisa, mas as garotas e os outros rapazes os expulsaram também.

Durante a tarde, fomos a uma piscina pública, mas ficamos na grama e ao redor das mesas. Era curioso porque havia muitas mulheres tomando banho de sol sem *top*, enquanto as que estavam conosco o usavam. No entanto, aquelas olhavam com desprezo e certo nojo ou raiva para estas. Parecia que os papéis estavam trocados, porque **é muito mais fácil ver algo no outro do que em si mesmo.**

Ao clarear da segunda-feira, vários caminhões começaram a rodar. O nosso rodou por milhares de quilômetros, findo os quais encerrei a temporada de viagens em caminhões depois de mais de duas semanas em que foi percorrida a distância de um terço da circunferência da Terra.

Quando cheguei à pensão, fui recebido com a frieza da indignação pelo pessoal, já que, quando saí, eu estava devendo algumas diárias e tinha pedido que um "amigo" dissesse aos proprietários que eu acertaria na volta. Ele disse que não deviam me dar crédito, que eu não pagaria mais etc. **Traições disfarçadas de brincadeiras.** Contudo, os proprietários eram amigos e logo pude contar da viagem. Rimos um pouco de forma sadia.

Quanto ao "amigo" que deu informação falsa aos proprietários da pensão, no fundo ele tinha ciúmes ou inveja e, naquele momento, havia muitos agindo daquela forma, além de que ele tinha me ajudado bastante durante alguns dias e **eu poderia pensar que uma atitude dele compensava a outra – ou simplesmente poderia compreender e aceitar.**

Era sexta-feira, dia da publicação na internet do número das permissões que estavam prontas e deveriam ser retiradas na segunda-feira seguinte. Meu número estava lá. Ótimo, **um "acaso" tinha feito eu chegar bem a tempo.**

Era uma fila geral aonde iam todos os estrangeiros que buscavam algo da polícia. Eu cheguei às 5h30 da manhã e já havia um bom número de pessoas. Aos poucos foram chegando mais e mais pessoas e o zigue-zague demarcado por barras de ferro foi sendo preenchido de tal forma que bloqueou a calçada por quase uma quadra. Perto do momento da abertura, mais de trinta pessoas começaram a furar a fila de forma um pouco violenta. Um desses "furões" pulou a barra e, no esforço de fazer espaço, acertou uma cotovelada que jogou a moça que estava à minha frente contra a cerca que nos separava do pátio. Na mesma hora, eu dei um soco no invasor e ele foi jogado para o outro lado do cano novamente. Se tentasse voltar seria pior, mas então olhei para a câmera que nos filmava e fiquei pensando no que estava acontecendo comigo.

Às 9 h do dia 9 veio um policial e abriu a porta, passando a atender ali mesmo. Alguns eram solicitados a voltar um tempo depois e com a maioria o policial retinha o comprovante que a pessoa portava e entregava um papel para retirar algum tipo de processo concluído. No meu caso, ele disse que o documento correspondente não estava pronto e que era para voltar três meses depois. Mas ele não olhou em nenhum lugar e não sei que base tinha para dizer aquilo, então eu disse que estava pronto, pois eu tinha visto o número na internet. Ele, por sua vez, insistiu que não estava pronto, aumentando o volume da fala, como se estivéssemos discutindo. Eu voltei a dizer que tinha certeza de que estava pronto e também falei mais alto. Gritou ele: "Mas, [palavrão]!, se estou dizendo que não está pronto, você vai para casa".

Chegar de madrugada à fila, ter visto as invasões (e agredir um invasor), a desorganização, o descaso com as pessoas e o policial simplesmente me mandar para casa quando eu sabia que o documento estava pronto fizeram com que eu me comportasse completamente diferente do meu estado normal: estufei o peito, cheguei a um palmo da face dele, fechei a mão direita enquanto a esquerda quis pegar sua farda e falei: "E S T Á   P R O N T O!". Em centésimos de segundos, pensei: "Que é isso? Vou bater no policial na frente da Polícia Federal, com uma câmera acima de nós? Será que estou maluco?". Ao mesmo tempo, outro eu pensava: "Acaba com ele!".

Contudo, no segundo em que eu decidia em qual dos que falavam dentro de mim eu acreditava, o policial disse para entrar para verificarmos e, assim que eu entrei, ele chaveou a porta. Já dentro do prédio, ele me pediu para sentar e aguardar e se foi... Voltando minutos depois como se fosse meu amigo, disse que o documento estava pronto, mas não estava assinado e, assim, que eu deveria voltar alguns dias depois.

Ele voltou a atender a fila e eu fui comprar o jornal no qual eram publicados os números das permissões que estavam prontas, porque não estava com a mínima vontade de perder alguns dias nem enfrentar a fila novamente por algo ridículo e sem sentido. Assim, comprei o jornal, circulei o meu número e entrei na fila novamente. Quando ele perguntou o que eu queria, apresentei o jornal e o comprovante com os números coincidentes, então ele me entregou um papel para retirar a permissão durante a tarde. E à tarde estava pronto e assinado. Finalmente, eu tinha a permissão para o aguardo da cidadania.

Ótimo, mais uma etapa concluída!!! A próxima era comprovar residência e isso não era tão fácil, pois poucos permitiam que fosse registrado alguém no seu endereço, e quando aceitavam, cobravam por isso. Então eu tinha combinado com a loira, isso lá no começo da história, que esse valor seria pago por ela em troca do curso rápido de computação que eu tinha dado, mas ela colocou condições inviáveis para fazer o pagamento.

Fui para a segunda combinação, essa com um "amigo", porém ele mudou de ideia e não permitiu. **Assim é a traição.** Era como me prevenira a mulher de negros olhos no trem: "Não confie... Mudam de ideia. Cuidado com quem diz que está tudo certo...". As próprias regras para a cidadania mudavam: numa semana era uma, na outra poderia haver algo que atrasasse três meses e na próxima algo poderia facilitar ou impedir temporariamente (ou definitivamente!)... Tudo isso testava profundamente os nervos e mostrava a força do vaivém do 21.

Quando surgiam essas situações, o mais fácil era me encontrar no topo da montanha, tendo ido primeiramente jantar na instituição de caridade, pois ao ver o carinho que os atendentes tinham com os que lá chegavam, via que ainda existia amor na humanidade e, às vezes, ficava até levemente emocionado.

Certa vez, um amigo me levou para almoçar num ramo religioso que usa hábito marrom e um cordão na cintura. Além do almoço muito gostoso, não posso deixar de dizer que era realmente impressionante o carinho que o religioso tinha com os frequentadores. Ele era a serenidade em pessoa, tinha olhos que viam longe e seu "restaurante" tinha um atendimento muito melhor do que várias empresas que lucram vendendo refeições. Sem dúvida, saí de lá muito mais humano e, logicamente, voltei outras vezes, ainda mais porque havia momentos frequentemente tensos durante o processo.

Vivi várias tristezas, baixas no ânimo e nervosismo, e numa dessas fumei dois cigarros, coisa que nunca havia feito. Vi muitas crises de nervos de outros também. Vi uma garota roer as unhas até sangrar enquanto batia os pés incontrolavelmente no chão; um calmo rapaz falar palavrões por mais de dois minutos sem parar, querendo matar outra pessoa; uma mulher chorar compulsivamente e assim por diante.

Aconteceram outros fatos desagradáveis também, e com tudo aquilo na cabeça eu estava sentado em um lugar sozinho, refletindo, quando se aproximou um senhor que não sorria, mas era sereno e tinha olhos penetrantes como a mulher do trem e o Mestre. Se fosse contar bem a verdade, quase diria que ele (ou eles) não era(m) deste mundo. O estranho olhou-me e disse: "Você tem que aprender muito com as traições e com tudo ainda. Por ora, busque sua casa. Lá encontrará apoio".

Quem era o estranho? De onde veio? Para onde foi? Não sei responder a nenhuma dessas perguntas, mas essa última frase antes que ele se afastasse me criou terríveis conflitos, já que fiquei a pensar onde era a minha casa. Seria na pensão? Não, não era lá. Seria em outro país? Não, também não. No sítio, no apartamento ou na casa no meu país de origem? Tudo aquilo estava tão distante da minha realidade que não parecia ser minha casa. Então, onde seria? Será que eu não tinha casa? Ou **será que minha casa estava dentro de mim mesmo?** Assim, teria outro sentido, pois de Jesus se diz que até os trinta anos ficou em "sua casa ajudando seu pai", e isso poderia significar que ficou reservado a seu interior, ajudando na obra do Pai Interno.

Também teria sentido a frase de Confúcio que diz: **"Seja você mesmo seu próprio sustento e o seu próprio refúgio"** e a frase do músico John Lennon: **"Eu estive em todos os lugares, mas só me encontrei em mim mesmo".**

Mais alguns dias e me veio a sorte ao encontro, ainda que eu pense que, **muitas vezes, a sorte serve à Lei Divina.** Eu estava na casa de um conhecido quando chegou um amigo dele e acabamos falando sobre a residência, e o novo amigo ofereceu para que eu me registrasse no apartamento onde ele morava com a esposa.

Ótimo! No dia 13 dei entrada na residência e agora era torcer para que o fiscal verificasse logo, para que eu pudesse seguir com o processo, mas a previsão era de até 25 dias.

"Precisa de uma comemoração" – me diziam "amigos" que queriam me ver bêbado e me levaram a um *pub*. Eles pediram um barril pequeno de chope e eu continuava na minha atitude normal, ou seja, provei, gostei e foi o suficiente. Era natural, não precisava de esforço para que eu agisse assim. Desde quando desmaiei na adolescência e decidi que não queria aquilo, a minha Mãe eliminou essa característica e o álcool deixou de ser uma atração. Isso não quer dizer que eu seja melhor ou pior que alguém. Mas eles não aceitavam a situação e tentaram usar de pressão social, depois com brincadeiras, me ridicularizando, pagando bebidas e fazendo pressão agressiva. Não resolveu, **mas temos que cuidar porque existem inúmeras formas de a sociedade querer nos deixar no nível baixo. Não se deve passar de senhor a escravo da situação. Outras vezes, "a ocasião faz o ladrão". Também tem que cuidar para não haver fanatismo.**

Eles não estavam pensando nisso... "trançavam as pernas" e estavam com medo de que um raio os atingisse na cabeça. Ficamos eu e uma garota que me convenceu a dormir na casa dela, e isso abriu um precedente: jogar cartas até a madrugada e depois dormir por lá mesmo. Mas o pessoal ficava nervoso com o jogo, que atrai cigarro e bebida; parecia uma perda de tempo; a pessoa que fazia dupla comigo dizia que ia me bater se eu fizesse qualquer bobagem; parecíamos idiotas e, enfim, ocorreram muitas situações de que eu não gosto e, de qualquer forma, jogo de baralho também não me atrai. Mas acabei me envolvendo com a garota e fizemos várias atividades, como ir a um balneário onde várias vezes eu queria viajar de graça (sem comprar passagem) e tive que ser segurado por outros. Outras vezes, eu os segurava.

Eu estava "ficando" com a garota e estava apaixonado – não enamorado ou amando, mas apaixonado: tem uma diferença grande de significado nessas palavras. Pensava que nós estávamos namorando... e foi assim até a hora em que eu passei uns dias longe e descobri que ela tinha "ficado" com outro, e com isso fiquei "destruído" por alguns dias. Quando nos falamos, ela disse que nós estávamos apenas "ficando" e que eu nunca a tinha pedido em namoro (o que ela gostaria muito). Foi bem dolorida a situação. **Mas a gente sempre pode tirar o que nos serve e sempre temos aprendizados.**

Subimos uma montanha até o castelo, eu, a garota e um homem *gay* que morava na mesma casa que ela. Tínhamos combinado um piquenique noturno e ficar para ver o sol nascer, mas no início da madrugada desistiram da ideia e, quando o dia clareou, o sol não apareceu. Porém, quando estávamos entre ruas e calçadas, surgiu a grande bola dourada no céu, trazendo ao mesmo tempo alegria e uma decepção por não termos esperado. Decidi voltar lá outra noite e ver. Sozinho dessa vez, para que ninguém tentasse me convencer a descer, apesar de os momentos românticos serem interessantes.

Tinha aquele conhecido *gay* e o pessoal dizia que eu era muito arisco, então chegou um momento em que achei que aquilo não estava certo e resolvi investigar meus sentimentos em relação a essas pessoas. Quem diria que um dia eu estaria caminhando pela cidade, conversando com um homem *gay* por longo tempo. Bem, ele ficava (ou ficou) com mulheres também, mas gostava mais de ficar com homens, de preferência que se depilassem e usassem um bom perfume e roupas de marcas famosas.

Não sei se é assim mesmo, porque não falei com outros dessa forma mais tranquila, mas conforme ele, no topo de quase todas as marcas "boas" e companhias de moda, há um homossexual que diz como fazer porque eles sabem do que a "comunidade" gosta. Assim eles vão definindo como serão as coisas no mundo e os que não são "da comunidade" vão se acostumando (inclusive com as gírias) e se tornando parte dela...

Da forma como ele comentou, fiquei com a impressão de que nem todos os homossexuais o são de nascença, senão que alguns podem ser "fabricados" no caminho por algum tipo de pressão ou educação. Curioso isso, já que para mim deveria ser conforme cada um é de fato: se é *gay* é *gay*, se é heterossexual, então é heterossexual e está tudo bem. Cada um é o que é por decisão dele ou da natureza. Mas por decisão de outros é estranho. Na minha opinião, não se deve ter pressão para ser *gay* nem para ser heterossexual, mas enfim... Levou um bom tempo, mas o sentimento "arisco" estava diminuindo e seria eliminado. Porém às vezes era reacendido em situações como quando ele me apresentava algum amigo homossexual. Dá um grande trabalho eliminar todas essas reações, mas isso deve ser feito, pois todos somos seres humanos e merecemos respeito, independentemente da orientação ou preferência sexual. Para tirarmos essa rejeição, precisamos enfrentá-la, assim como qualquer outra característica que queremos deixar de ter. E isso requer um esforço, uma boa força de vontade e coragem, aí somos ajudados.

Então a garota conheceu um grupo de travestis... Hesitei um pouco em seguir nas investigações, mas acabei enfrentando essa hesitação. Vi que as conversas que aqueles que conheci mantinham eram do tipo feminina, embora as gírias e expressões fossem diferentes das mulheres e também diferentes das utilizadas pelos *gays* – geralmente se expressavam com palavrões e malícia. Gostavam muito de animais de estimação e os tratavam com extremo cuidado – como se fossem pessoas –, e às vezes, tinham um relacionamento diferenciado com seu *pet*.

Na verdade, não gostei muito da experiência e acabei me afastando, porque, se dependesse deles, todos trocariam de sexo, independentemente de genes. Por isso, é importante que os pais acompanhem o desenvolvimento dos filhos e deem suporte e carinho, para que cada um possa seguir o caminho da natureza e não o caminho que alguém lhe impõe. De todas as formas, me interessava tirar e eliminar o sentimento "arisco", e para me aprofundar nisso teria que conhecer outros travestis ou transexuais, porque aqueles não eram muito legais.

Quando chegavam pessoas que precisavam de ajuda, eu ia ajudá-las, pois sabia que sozinho tudo ficava muito difícil, mas eu nunca cobrava nada por isso e havia outros que ajudavam e não cobravam também. Às vezes, eu fazia qualquer "bico" e com isso ganhava algum dinheiro, como fazer divisórias na pensão, limpar o piso de um condomínio... Sim, a este fui levado por um recém-conhecido e levamos uma hora de carro para chegar ao local. Por lá, ficamos oito horas com vassoura e esfregão contra o piso, e nossa única parada foi de uns minutos para comer um sanduíche... E depois mais uma hora para voltar, então foram dez horas de trabalho.

Com esse mesmo rapaz, fui limpar a garagem que ocupava dois andares de um prédio. E, em outra oportunidade, fomos tirar o pó de escritórios. Também me pediram para buscar a certidão de nascimento de uma pessoa, e essa vale a pena contar.

Fui de trem até parte do caminho, depois tinha que o completar de ônibus e para comprar a passagem, na rodoviária, mantive uma conversa, digamos que "interessante" com o funcionário que atendia o público, já que ele, antes de emitir o bilhete, me perguntou: "Eu te vendo o bilhete à cidade que você quer, mas não sei o horário do ônibus, você sabe?" (?!). Falei que não sabia. Ele foi ao pátio da estação, onde gritou para os motoristas, que lá estavam, para ver se alguém sabia o horário. Como resposta, alguém disse, sem muita segurança, que era às 11 h, então ele voltou com a segurança que o outro não tinha e afirmou categoricamente que era às 11 h, e emitiu a passagem.

Nesse horário, chegou o ônibus. Eu entrei nele e perguntei ao motorista se estava correto. "Não, para lá é só o ônibus das 12h15", foi a resposta dele. Então voltei ao guichê e repeti ao rapaz o que o motorista tinha me dito. O atendente falou: "Se ele disse, é porque é, eu só tenho a planilha, mas não guio o ônibus" (?!). Era o arcano 21...

Embarquei no ônibus certo e chegamos quando o serviço estava fechado, mas por sorte encontrei um pedreiro que disse que a secretária ficou de terminar um trabalho e, então, voltaria em dez minutos. E, nesse tempo, ela chegou e imprimiu o documento de que eu precisava.

Somente um ônibus saía da cidade e ia até parte do caminho, mas o horário ninguém sabia. Por sorte, depois de falar com várias pessoas (desde os óbvios), encontrei o pedreiro novamente e ele disse que o ônibus passava às 17 h e não era no local da parada, apontando para onde tinham mudado. Foi sorte mesmo, porque não havia hotéis e pensões na pequeníssima cidade, e não sei como seria se tivesse que pousar lá.

Parece o nosso mundo: os que devem saber não sabem e os que não têm essa responsabilidade sabem tudo. **Aquela era a pessoa que fazia toda a diferença. "Os outros são os outros e só..."**[2].

Detalhe: mesmo num lugar pequeníssimo, onde quase toda a população pertence a uma religião que prega contra o uso de métodos anticoncepcionais, havia uma máquina na rua que vendia preservativos. Isso prova que muitas pessoas, simplesmente, não seguem o ensinamento de sua religião, são religiosos só no nome. E alguns ainda têm duas religiões... Por isso, **um mestre diz que todas as religiões têm o ensinamento para que a pessoa possa se encontrar com o Pai, basta que o pratique.**

Voltando à cidade-base, uma amiga precisava diminuir suas despesas e me convidou para ajudá-la, passando um tempo no apartamento de dois dormitórios em que ela morava com os dois filhos. O outro dormitório estava alugado temporariamente, então ela me ofereceu um colchão para estender na cozinha.

A filha da amiga contou uma história muito sábia: o ovo de uma águia foi colocado com os ovos de uma galinha, e assim a águia nasceu e foi criada pela galinha, aprendendo a ciscar e correr pelo solo. Porém, um dia, por força vinda do seu interior, ela correu e voou: então descobriu que era uma águia e não uma galinha. Assim somos nós: **nos pomos limites imaginários que nos impedem de ser o que realmente somos...** As crianças nos trazem ensinamentos.

---

2 "Os outros" – Kid Abelha, 1985.

Na verdade, essa minha mudança tinha também outros objetivos, e um deles era conhecer o comportamento e psicologia de lésbicas. Claro que não dá para generalizar, mas dá para aprender um pouco e aquele era o local para isso, porque no outro quarto morava um casal de mulheres.

Eu e a mulher "masculinizada" desse relacionamento pintamos mais de um apartamento juntos, de forma que pude conhecê-la um pouco melhor. Quando tinha algo de mais peso para carregar, ela dizia que era mulher, porém geralmente agia, pensava e falava como um homem em um corpo feminino. Estava sempre olhando as "gatinhas" na rua e, se houvesse oportunidade, ainda mexia com elas.

Ela já tinha ficado com homens, mas ainda na adolescência sentiu que gostava de mulheres, porém somente contava isso depois de ficar com elas, para evitar preconceito. Contudo, o preconceito não toma parte quando elas estão trocando carinhos, então ela aproveitava esse começo que a sociedade promove. Assim, ela iniciou várias moças e mulheres no caminho que ela seguia, embora aparentemente quase nenhuma dessas tivesse genes ou tendências homossexuais. Curioso, mas eu não vi nada disso, ela é que contou.

Com essas investigações, o tempo passou e um belo dia o fiscal passou no apartamento em que eu estava registrado e naquela semana a regra era boa, pois ele deixou uma intimação para eu me apresentar no dia seguinte ao posto dos fiscais. Como compareci, ele assumiu como verdadeira a residência.

Ótimo, faltava esperar uma semana para que o meu endereço fosse lançado no sistema e depois apresentar os documentos originais para o município, solicitando o reconhecimento da cidadania. Precisaria de mais alguns papéis, mas estava quase resolvida a questão. Restava pouco mais de um mês.

Eu ia à biblioteca municipal para acessar a internet, com fila, mas sem custo, e numa dessas idas, recebi um *e-mail* de uma pessoa muito querida, a Ana, antigo amor da infância e adolescência que tinha passado por várias situações com fundo muito parecido com as minhas, cada um num lugar diferente. Agradável ter contato com ela; trocamos vários *e-mails*, mas poderíamos conversar de perto, pois assim que terminasse o processo da cidadania eu precisaria voltar ao meu país de origem para resolver pendências. E isso não demoraria muito, porque recebi uma carta dizendo que eu tinha sido reconhecido como cidadão, devendo esperar quatro dias úteis para que o reconhecimento fosse lançado no sistema para eu poder fazer a identidade... Nem esperei os dias, peguei duas fotos e fui à prefeitura e já estava no sistema.

Identidade pronta! Faltava registrar a minha certidão de nascimento, e a responsável pediu trinta dias para isso (raios! Mais trinta dias). Ainda bem que ela foi solícita e disse que a registraria em cinco dias. Mas se ela quisesse mesmo, não levaria dois minutos de trabalho. Após registrada, encaminhei o pedido para o passaporte e foram 15 dias para ficar pronto.

Enquanto isso, comprei uma passagem para minha terra natal, afinal tinham sido mais de cinco meses de vivências boas e ruins neste país. Agora, precisava voltar para ajustar muitas partes da minha vida, ver como estavam as lojas, refazer-me e receber a força do "meu mundo".

Durante essa jornada, a coragem que achei que eu não tinha surgiu e me permitiu levar até a conclusão aquela tarefa de voltar ao local de onde meus antepassados tinham saído há mais de um século. Agora fechava um ciclo envolvendo quatro gerações e abria para um novo começo... Uma nova volta na roda... Era como diz o 21, o fim de algumas coisas e o início de outras.

Fazendo um balanço, eu diria que aconteceram nesta fase as situações mais malucas (o arcano do Louco), provas fortes. Surgiram em mim coisas que eu desconhecia e com isso tudo **poderia ter aprendido muito mais, pois quando nossa vida está mais turbulenta é quando mais podemos nos conhecer e mudar.** Um pouco aprendi, mas às vezes penso que se eu não tivesse o mundo espiritual tão presente, teria enlouquecido. No final, só posso agradecer pelas experiências que me fizeram crescer e me trouxeram tantas coisas que não é possível contar. Se tivesse aproveitado tudo sem me identificar, teria expandido tanto minha consciência que ela se chamaria alma.

Na véspera do embarque, fui me despedir dos amigos da pensão, das instituições religiosas, da garota, de tantas pessoas e lugares... Parecia que eu estava ali há uma existência inteira... No apartamento, o menino que levei tantas vezes à escola dizia: "Você é meu amigo e não pode ir" e me impedia com o corpo, depois escondendo a chave da porta... Até que, por fim, chorando, me deu o último abraço.

Na estação, peguei o trem até outra cidade, um ônibus até o aeroporto, outro ônibus até o outro terminal, um avião até a grande cidade, outro avião até a capital do estado, um táxi até a estação rodoviária, mais um ônibus até minha cidade natal e meu irmão me buscou na rodoviária, aonde chegara após 32 horas totais de viagem.

> "NINGUÉM CONSEGUE ENSINAR,
> MAS OS BUSCADORES APRENDEM."
> (O AUTOR)

22

O REGRESSO

"Sai o sol e põe-se o sol, e outra vez volta a seu lugar, onde torna a nascer."

22

O arcano 22, O Regresso, o último dos arcanos maiores, é a representação de que foi encerrado um trabalho e volta-se para o lugar de onde se saiu com mais sabedoria. Isso poderia significar, de forma muito profunda, o regresso do homem às estrelas ou, de forma superficial, qualquer regresso que porventura deva ser feito antes de uma nova etapa.

É também chamado de A Coroa da Vida ou 13ª hora de Apolônio e indica triunfo, quando tudo sai bem, vitória, verdade e boa sorte.

Promete como direito "longa vida, heranças, aptidão para vencer obstáculos, distinções, desfrute de deleites honestos, amigos que vigiam por nós" e como revés "rivais que disputam os afetos, situações incertas, tirano familiar dominante".

No plano espiritual, é a potestade que manifesta a vida em infinitas formas; no plano mental, o conhecimento supremo é bem-aventurança; no plano físico, é inspiração, trabalho e recompensa convenientes.

Use a imaginação, não se submeta a ela. Na amizade está seu maior apoio.

O arcano 22 é o regresso, e com isso vou falar do regresso à terra natal, onde tinha três tarefas a cumprir resolvendo situações passadas. A primeira era a separação conjugal oficial ou formal, e para isso era necessário assinar papéis e decidir questões deste mundo palpável.

No momento em que há um casamento, ninguém pensa em se separar um dia, a não ser que seja **um casamento por interesses, forçado ou sem amor. Nenhum desses se admite nos tempos atuais e jamais devemos permitir isso, pois é uma violência contra o universo e contra nós mesmos.**

Há o caso em que cada um tem fortes crenças espiritualmente diferentes. Esse tipo de "casamento" também é visto somente no mundo tridimensional, pois nos mundos invisíveis gera atritos e "nuvens negras" destrutivas para ambos os membros do casal. Eles estão juntos somente neste mundo material, e quando estão fora dele, cada um vai para um lado diferente. O casal não se complementa. O ser humano que acha que isso não tem importância é um ignorante.

Há situações em que os objetivos de vida são completamente diferentes e também nesse caso não há como existir um enlace.

Se houver algum dos problemas já citados, é detectado durante as etapas. Tudo ocorre em etapas na vida. Existe o conhecer-se, a amizade, o namoro e o casamento. Se pulamos etapas, o resultado é problemático e pode ser destrutivo. É como uma fruta que colhemos muito verde: ela não tem força para amadurecer com o mesmo sabor do que se estivesse na árvore. Nesse caso, a fruta será ruim até o final de sua vida ou apodrecerá precocemente.

Não havendo os comportamentos citados, o casamento ocorre porque há amor ou paixão. Paixão é um sentimento baixo e traz sofrimento, muito diferente do amor.

Havendo amor, são poucas as situações em que deve haver uma separação, pois esta deve ser executada somente como última opção ou por ordem superior do universo. Se realmente não tiver como manter a união, é preciso acertar os detalhes da separação sem olhar para trás, pois **quem olha para trás vira pedra de sal**, assim é contado na história bíblica da mulher de Ló. **A vida funciona para a frente** e se subimos em uma escada e olhamos para baixo podemos ficar tontos, e já vem o medo que nos detém; então o melhor é olhar para cima. Da mesma forma, se estamos em um veículo com velocidade e olhamos para o lado, ficamos tontos, então temos que olhar para a frente, resolvendo tudo sempre com equilíbrio entre justiça e misericórdia. Pena e apego devem ser eliminados.

Logicamente, a separação não é algo agradável de se lidar e motivos para discórdia já existem muitos, mas temos que lembrar que um dia havia motivos para alegria. Se deve ser feita, temos que buscar a forma que dê o menor transtorno possível para ambos. Deve ser preservado, pelo menos, o respeito por outro ser humano que pode ter errado como nós. Se o respeito não se mostra, é porque estamos feridos e nossa psicologia, com as várias pessoas que moram dentro de nós, está ocultando esse respeito, mas certamente ele existe e deve ser buscado.

Sobre isso, existe uma prática de imaginar uma luz azul-clara e brilhante no nosso coração que vai até a pessoa que quisermos, seja ela alguém que nos quer o mal, que nos magoou, ou alguém que nos quer bem. Imagine essa luz chegando à pessoa até vê-la (mentalmente) sorrindo. Também podemos utilizar o mantra AOM. Esse mantra se faz alongando cada som ao exalar o ar, depois se inspira novamente e segue-se pelo tempo que quiser.

Querer prejudicar porque foi prejudicado só gera mais conflitos e faz a situação repetir-se nesta ou em outra existência, ou noutras, até que seja aprendida a lição. Então o melhor é aprender logo e evitar repetições dolorosas. Encerrar com respeito é a atitude inteligente.

O amor, o Cupido, Eros não permite que as coisas fiquem à deriva: o amor tem que ser cuidado, lubrificado e alimentado, do contrário ele se desgasta e, dependendo do erro, some ou se quebra. O desgaste, até certo ponto, tem como ser revertido, porém se a pessoa não se dá conta – ou quando quebra –, se o casal continuar unido vai atrair desastres cada vez maiores.

Com isso, digo apenas que precisávamos nos separar.

Na audiência, o juiz fez umas três perguntas, nós as respondemos e, como não tínhamos imóveis, em cinco minutos estava terminado, sendo entregue um documento de separação judicial.

A segunda tarefa era resolver a situação das lojas e inicialmente visualizava-se que "quebrariam" rapidamente, então fui falar com o gerente de negócios da operadora de celular. Ele deu um pulo da cadeira de contentamento ao me ver e depois mostrou uma mensagem que ia enviar para a central, segundo a qual todos os setores da operadora deveriam nos ignorar e atrasar completamente entrega de pedidos, resolução de problemas dos nossos clientes, repasse de relatórios, pagamento de comissões e tudo mais. Eu nem imaginava que um gerente poderia fazer isso, pois simplesmente quebraria as lojas e não havia qualquer chance de defesa.

Por sorte, eu cheguei antes que ele enviasse a mensagem, pois **com as experiências por que tinha passado, resolver muito daquilo parecia brincadeira de criança.** Só então percebi como tinha mudado minha visão. As dificuldades e experiências nos tornam mais fortes e nos fazem buscar e ver outros caminhos. **O que não mata, fortalece,** diz o ditado – e talvez até o que mate fortaleça.

O ânimo da equipe voltou imediatamente e foi impressionante observar como a figura do proprietário faz a diferença. Como eu estava longe, talvez para muitos deles fosse como se as lojas não me importassem mais e então eles também não se importavam. **No fundo, o emprego não é somente o lugar de onde a gente tira o salário, mas é a bandeira que defendemos, e o chefe ou proprietário é a representação viva dessa bandeira.** Então, se não o vemos ou se está sempre mal humorado, ou se é um ditador, perdemos o amor à bandeira e tudo vira um lixo. Por isso, o chefe, o proprietário ou o presidente tem que estar presente, ou pelo menos atento a isso. Além de traçar estratégias, ele tem as importantes funções de conduzir a equipe e levantar o ânimo. E o mesmo vale para um país. **O chefe tem, também, um valor invisível.**

O poder de comandar é indispensável e a História tem nos provado que um grande comandante vence batalhas contra inimigos poderosos por saber comandar sem ser ditador, mas com a voz de comando que, mesmo com suavidade, faz vibrar no coração de cada soldado a vontade de lutar com ânimo e determinação.

Um mês depois, as lojas já estavam sem perigo de quebrar e voltando a dar lucro. Assim, fui chamado por dois gerentes da operadora de celular para uma reunião. Eles fizeram um bom discurso, elogiando-me pela capacidade de gerenciar pessoas e empresas. Eu não acreditava muito no que eles falavam, porque pensava que qualquer um faria o mesmo e demorou até que eu percebesse que eles estavam sendo sinceros e queriam aumentar a parceria da operadora conosco. **Sempre vem uma tentação para querer nos desviar do caminho.** Porém, me senti frágil ante a operadora, porque num mês iam nos bloquear e no outro queriam aumentar a parceria. Será que mudariam novamente? Os gerentes poderiam ser substituídos ou a própria operadora poderia mudar de posicionamento... não era estável a situação, e de qualquer forma eu deveria voltar para os países onde estava anteriormente e foi isso que eu lhes disse.

Eles se olharam, ficaram mudos por um momento e depois, talvez pelo resto de amizade que não tinha sido corrompido pelo sistema, disseram-me que era melhor que eu vendesse as lojas então.

Meu sócio também achou que era melhor vendermos e com isso comecei a pensar em quem poderia comprá-las. Não me dei conta, mas esse não era o melhor raciocínio, pois com essa forma de buscar, surgiu alguém interessado. Pode soar até engraçado, mas o negócio dele era o valor e a forma com que ele queria pagar. Ele tinha acesso a números e dados restritos a funcionários da operadora sobre a nossa empresa e da mesma forma sabia que eu "precisava" vender, bem como das conversações que mantive com os gerentes, então achou que poderia fazer daquele jeito. Mas ele se enganou de duas formas: uma, que o valor que ele definiu pelas empresas era baixo e outra (a principal), que **negócios jamais podem ser feitos de forma ditatorial.** Assim como o trabalho não é só um lugar de onde tiramos o dinheiro para viver, **um negócio vai além do valor, é levar o que um precisa e outro tem, e isso é revestido de uma energia invisível, mas seguramente perceptível.** Se essa energia se fere, impossibilita a transação ou cria uma "maldição" em torno da situação e, com isso, sempre se sentirá uma energia ruim vinda do lugar ou mesmo dos papéis emitidos por aquele lugar.

Ele não servia para fazer negócios, não era desse raio. Cada um tem a sua função e isso vem de cima para baixo (isto é, de outras dimensões para esse mundo). **Cada um tem seu raio de criação,** por exemplo: alguém que é do raio das descobertas deverá ser médico, cientista ou engenheiro, mas não vai conseguir ser um ótimo político, nem corretor, nem comerciante, nem filósofo. Alguém que vem do raio místico será um ótimo religioso, mas não vai ser tão amoroso como quem vem do raio do amor nem vai gostar tanto de lidar com a terra, com a evolução das almas e mesmo com a morte, como quem vem com essa afinidade; quem é do raio da arte vai ser dançarino, maquiador ou quem sabe, arquiteto, mas não policial, nem investigador, nem guerreiro. Enfim, são sete raios. **Você tem o seu raio, pode e deve saber qual é,** e espero que esteja de acordo com ele, porque quando a gente ocupa uma função que não é nossa ocorrem desastres e nos sentimos infelizes. E atualmente isso é bem comum. É tudo um pouco mais complexo do que estou falando, mas o que nos interessa é que ele não servia como negociante.

Se ele tivesse colocado alguém do raio regido pelo sol para intermediar o negócio, era possível que tivesse conseguido concretizá-lo e ainda pelo valor baixo que tinha oferecido. Por isso, às vezes, é necessário um corretor entre o vendedor e o comprador.

Bem, nas palavras do meu sócio e grande amigo, quando me viu meio chateado com aquilo: "Deixa isso pra lá, não estava como você queria... vamos dar um pulo até a lanchonete? Por minha conta hoje". Ele chegava sempre em momentos assim para me descontrair. **Fomos, mas a lanchonete tinha mudado de nome para algo que evocava a gula e ainda a chamava de bonita, de forma que aquilo nos agrediu e fomos para outro lugar.** No caminho, verificamos que vários nomes de lojas elogiam ou evocam características ruins que deveriam ser eliminadas do ser humano, o que **valoriza o que é ruim e afronta nossa consciência,** e se utilizarmos a linguagem espiritual diríamos que nosso Pai não tolera isso e que gera um péssimo efeito que retorna para nós.

Das lojas, a parte que fazia serviços empresariais pretendíamos manter conosco, mas os gerentes da operadora me chamaram para outra reunião, na qual disseram que tinham um comprador que já tinha lojas em outra cidade e estava vindo para abrir uma concorrente nossa nos serviços para empresas. Não havia alternativa: ou vendia ou eles "tomavam" de nós, então eu disse o valor e logo chegou o comprador. Fizemos o contrato, ele assinou o cheque e acabou.

Durante a própria reunião pensei: "Quem eu gostaria que comprasse as lojas?". Mais tarde, com a reflexão sobre a resposta, ficou fácil fazer o negócio. Consultei a equipe e os que aceitaram, ficaram sócios, alguns em cada loja, inclusive a ex-esposa. Entrou um sócio novo, mas era amigo do técnico que consertava celulares, logo, amigo nosso também. Sobre o valor, poderíamos falar com calma, "em um dia de chuva calma", como diz o pai.

Enfim, quis o destino que eu não fosse mais empresário e outros ocupassem o meu lugar. Quis também que alguns companheiros da equipe fossem trabalhar em outros estabelecimentos comerciais, passassem um tempo em casa ou abrissem seu próprio negócio.

Algum tempo depois, recebi uma ligação de um dos gerentes da operadora de celular. Agradeceu por eu ter voltado e vendido as lojas, citou dados dos meses anteriores a minha chegada, comparando-os aos de depois. Disse que admirava minha capacidade gerencial, que eu não estava dando o valor que deveria dar para mim mesmo e então falou uma frase muito marcante. Falou se referindo a mim, mas a frase serve para todos e talvez seja um dos maiores ensinamentos que temos que aprender: **"Tu não te apaixonas pelos problemas"**, ou seja, resolve e logo o esquece, enquanto a maioria das pessoas passa muito tempo lamentando-se ou de alguma forma "curtindo" o problema.

Eu tenho muito a praticar nesse ponto. Algo já aprendi, claro, mas ainda "me apaixono" e nós temos que praticar para nunca nos apaixonarmos por alguém, menos ainda pelos problemas. Os problemas passam e nos tornam mais fortes. Uma coisa é não ter dinheiro momentaneamente, outra coisa é estar totalmente preocupado por não ter dinheiro. Uma coisa é ser assaltado, outra coisa é estar medroso diante do assalto. Uma coisa é fazer um negócio, outra é começar a roer as unhas diante do negócio que está por ser feito. Então, achei fantástico isso de não se apaixonar pelos problemas. Anote aí. Sou capaz de colocar essa frase em algum lugar aqui em casa...

Minha terceira e última tarefa era relacionada a um passado um pouco mais distante, do tempo da infância e adolescência. Já havíamos conversado por mensagem quando eu estava no outro país, mas era hora de falar de mais perto...face a face, olho no olho...

O ser humano não foi feito para viver sozinho. Todos necessitam um complemento, do contrário, **viramos ranzinzas, mal-humorados e criamos envolvimentos em sonhos,** que são os mesmos mundos internos. Esses envolvimentos são difíceis de serem desfeitos e podem estragar nossa vida.

Marcamos um encontro, eu e a Ana, e vimos que continuávamos com muitas afinidades desde o tempo em que nos amávamos sem nunca termos "ficado" juntos. Voltaram muitos sentimentos que tinham sido fechados num cantinho do coração há mais de 17 anos. **O amor não deixa de existir, muda de forma pela situação, mas continua iluminando uma sala do coração.**

No capítulo anterior deste livro havia traição, violência, morte de valores humanos. Nesse, vinha a outra face: amor, união, vida. **Primeiro vem a morte, depois a vida,** como diz o ditado esotérico: "A senda da vida é feita pelas pegadas dos cascos do cavalo da morte" (SAMAEL AUN WEOR, 1979).

Vimo-nos no hospital, ao nascer, depois ficamos nove anos distantes, voltando a nos encontrar como escoteiros até parte da adolescência, quando **algumas frases ditas, somadas a buscas e crenças diferentes, nos afastaram fisicamente.** Porém, vendo a história de cada um, foram sendo ressaltadas coincidências e até o idioma que ela estava estudando era o mesmo do lugar onde eu estava.

Mas ela mantinha muito daquela menina que dormia a meu lado no tempo dos escoteiros, que falava de todos os assuntos e que queria que eu jogasse Cinco Marias...

Tínhamos todas as possibilidades para ter "ficado", ou mais do que isso: mas então, por que não o fizemos? Talvez o maior motivo tenha sido **a "pressão" que os amigos faziam que acabou por dar o efeito contrário.** Outro motivo era que havia uma "barreira" entre nós – ou pelo menos eu sentia assim – e a forma mais fácil de descrever é que, quando chegávamos perto um do outro com um "clima", eu sentia um frio na espinha e me paralisava. Eu era tímido.

Agora, tínhamos uma nova oportunidade, mas deveríamos dar um pouco de atenção ao que nos impediu antes. Claro que surgiram novas barreiras que teriam que ser avaliadas, por exemplo: ela queria seguir a carreira, trabalhando mais de 12 horas por dia a quase 200 km da nossa cidade e eu deveria voltar ao país onde tantos panfletos entreguei. Certamente, muitas de nossas reações deveriam ser modificadas, porque se um tem defeitos e outro também não tem como haver algo perfeito.

Mas **"não temos que ver toda a escada para começar a subir o primeiro degrau"** (Martin Luther King): dessa vez foi diferente e começamos a namorar. Então, eu vou pedir licença para a criação que presenciei, em que se vive em um mundo completamente material onde alguns parentes nunca pegaram um filho no colo, e outros tantos dizem que nunca ganharam um abraço de sua mãe. Um mundo em que parece que se perde a masculinidade se falamos ou demonstramos o sentimento mais poderoso do universo a um animal de estimação, um filho ou mesmo à namorada. E, curiosamente, nem as mulheres o demonstram para não saírem do seu mundo, para não ficarem frágeis ou perderem algo.

Então, quero pedir licença a tudo isso para falar de amor. O amor traz vida. Todas as pessoas devem amar, essa deveria ser a base para o ser humano... Ou será que é e nunca percebemos?

"Ainda que eu falasse / a língua dos homens
E falasse a língua dos anjos, / sem amor eu nada seria
É só o amor, é só o amor / Que conhece o que é verdade
O amor é bom, não quer o mal / Não sente inveja ou se envaidece
O amor é o fogo *que arde sem se ver..."* [1]

"O amor não busca os seus próprios interesses,
não se irrita, não guarda rancor." [2]

"O cérebro fabrica a luz, / o coração, o amor [...] / O homem é a águia que voa; a mulher o rouxinol que canta. / Voar é dominar o espaço; / cantar é conquistar a alma." [3]

"Dou-te o amor, no qual está contido todo o summum da sabedoria." [4]

O amor está em músicas, livros sagrados, poemas, livros de alquimia e em todos os lugares. Sim, o amor é. Nós é que nunca percebemos.

---

1 "Monte Castelo" – Renato Russo, 1989.

2 1Cor 13:5.

3 "Homem e mulher" – poema de Victor Hugo.

4 "Tábua de Esmeraldas" – Hermes Trismegisto. Livro que deu origem à alquimia.

A Ana conquistou minha alma, ou nós nos conquistamos, sei lá, mas ela sabia que eu não falava disso, e não deve ser falado a não ser que sinta profundamente, porque do contrário perde a magia. Então, quando eu pronunciei a expressão sagrada **"Eu te amo"** pela primeira vez, ela ficou muda por um tempo. Quanta coisa ela pensou nesse tempo ou não pensou nada e apenas sentiu?

Para o amor não existe tempo, é um eterno agora. Amor se alimenta com o mesmo amor... No amor não pode entrar algo feito ou pronunciado sem sentir, pronunciar **não pode ser um hábito, porque se mecaniza.**

Quem pensa em dinheiro e esquece o amor, não sabe o que é vida. **O amor transforma toda a nossa "coisa" em vida.** O amor não mede esforços, não mede sacrifícios... O amor é inexplicável.

O amor move o universo e faz uma pessoa viajar 200 km de moto com chuva e frio, sem se importar com câimbras ou qualquer outra coisa, só para ficar algumas horas ao lado da pessoa que ama. Logo, eu comecei a viajar para visitá-la e numa dessas quis alegrar seu dia depois do trabalho e escondi nove bilhetes com mensagens pela cabana onde ela morava. O resultado daquilo foi muito interessante, pois ela parecia uma menina procurando por um tesouro...

O amor é como o fogo. Se acendemos dois palitos de fósforo e os aproximamos, veremos uma chama maior do que se somássemos as duas chamas separadas.

Outra vez liguei para ela e cantei, alterando ao mínimo a letra da música:

"Eu hoje me vou pra fronteira, pois queira ou não queira,
vou ver meu amor,
Esperei toda a semana só pra ver a [Ana], minha linda flor...

*No sul do meu coração quero o tempo bom que só você me traz.
Larga tudo e vem comigo, vamos encarar o perigo!"* [5]

Isso também alimentava o amor, mas a frase "larga tudo e vem comigo" foi entendida por ela como pressão para que ela largasse o emprego e fosse comigo para outro país. Eu não estava pensando nisso, mas ela lá no seu inconsciente (ou já seria consciente?) sim, estava pensando. Talvez fosse melhor cantar outra música na próxima vez, mas logo voltou o "fogo que arde sem se ver", como diz a música.

O amor deve ser alimentado sempre. Mesmo depois de anos de casamento. Mas como que estou falando de casamento se nós estávamos ainda namorando? E teríamos um namoro a distância por um bom período, pois essa era a terceira tarefa que, cumprida, me faria embarcar no avião.

Algo não estava calmo em mim... Teria que partir e não estava gostando de deixar minha querida, embora soubesse que a Grande Mãe, o destino, talvez ambos tivessem a intenção de nos unir, mas não entendia como. Nada pôde me deter até então; no entanto, dessa vez estava vacilando... **Sempre existe algo que pode nos deter.**

A saudade nunca foi barreira para mim. Na verdade, quando estava num lugar, admirava aquele lugar e suas pessoas; quando estava em outro lugar, admirava aquele outro lugar e aquelas outras pessoas – e assim a saudade praticamente não existia, mas agora estava vacilando por causa de uma pessoa especial... Até isso é usado para ver se a pessoa segue ou interrompe seu caminho. Restava-me pedir aos céus: **"Dê-me forças, me oriente, me guie e me leve de acordo com a Sua vontade"**.

Quando fui fazer a reserva da passagem, encontrei duas amigas. As

---
5 "Castelhana" – Elton Saldanha, 1998.

duas queriam fazer uma viagem assim, mas não tinham muitas condições no momento. Como eu estava da mesma maneira, acabamos combinando para ir juntos, de uma forma mais econômica e que nos permitisse conhecer vários lugares.

Eram duas pessoas bem diferentes e parecia interessante fazê-las trocar algumas experiências.

Enquanto eu brigava comigo mesmo porque uma pessoa em mim queria ficar e outra sabia que tinha que partir, pensei em fazer algo que queria desde quando era criança... Uma tatuagem. Desenhei alguns símbolos, uma sobrinha viu e levou o papel com os desenhos para a minha mãe. Essa parte foi engraçada, porque a mãe fez uma cara feia e disse: "Eu não gosto dessas coisas que ficam para a vida toda, mas não tem quem faça você mudar de ideia depois que decide. Além disso, você sempre acaba conseguindo o que quer, nunca vi coisa igual, se decidir que vai comprar o supermercado da esquina, acaba comprando, é impressionante! Ainda bem que essa está até bonita".

Essa não era a imagem que eu tinha de mim. Curioso que **a imagem que os outros têm de nós é diferente da imagem que nós temos e talvez nenhuma seja a realidade.**

Fui a um estúdio de tatuagens para ver como funcionava tudo aquilo. Sentindo confiança, o tatuador abriu a agenda e sorrindo perguntou: "No dia 9 às 9 h, fazemos os 9 símbolos?".

Sim, era hora de sentir e entender o número 9.

O arcano 9 indica tempo de solidão, necessidade de ir ao mais profundo de si mesmo e trabalhar com os instintos primários que geram criação ou destruição total. Curioso é que somando 9 (dia) + 9 (hora) + 9 (símbolos) é igual a 27. O número 27 indica amor, magia sexual, chances de êxito e um presente da Lei Divina. Esse dia é utilizado por muitos casais místicos como data de casamento.

Era o recado da Lei para mim.

Novamente, as pessoas criticaram, reagiram, censuraram e exclamaram, como em outros tempos: "Se separou?!", "Vendeu as lojas?!", "Fez uma tatuagem?!". **Mas não importa o que os outros pensam.**

É difícil para as pessoas ver alguém que faz pequenas mudanças como essas e é muito mais difícil aceitar pessoas querendo quebrar suas próprias barreiras para realmente serem livres. Quase invariavelmente, a humanidade chama essas pessoas de malucos, loucos etc., pois para muitos as pessoas são como robôs que obedecem aos comandos "do sistema" (esse padrão que a sociedade criou e que faz todos pensarem "dentro de uma caixa"), ou são como pedras, imutáveis. Mas nós nascemos e crescemos regidos pela lei do amor, que nos diz que podemos fazer o que e onde quisermos, sempre de acordo com a vontade do Pai, **porque o Pai nos fez livres. Fomos nós que criamos a prisão em que estamos e insistimos em não sair dela.**

Uma pessoa que busca libertar-se de si mesmo, liberar-se da prisão que ela mesma criou, converte-se em uma pessoa muito diferente das demais, tornando-se uma pessoa alegre e sem medos. Como diz o ditado: **"Quem foi livre, jamais aceitará a prisão".**

Normalmente, nós fazemos o que "temos que fazer" e não o que queremos e, assim, **já estamos nos impondo uma obrigação.** Se, por exemplo, estamos viajando ou morando longe da família e dizemos que "temos que" ligar para a mãe, pai, namorada, namorado ou seja quem for, nós não estamos fazendo por gosto e sim por obrigação. **Estamos mecanizando o amor.** Já, se em vez disso, sentimos que "queremos" ligar, é completamente diferente.

Falando nisso, eu queria era ligar para a minha querida e cantar algo assim:

> *"Minha meiga senhorita eu nunca pude lhe dizer*
> *Você jamais me perguntou*
> *De onde eu venho e pra onde vou*
> *De onde eu venho não importa, pois já passou*
> *O que importa é saber pra onde vou*
> *Minha meiga senhorita*
> *O que eu tenho é quase nada*
> *Mas tenho o sol como amigo*
> *Traz o que é seu e vem morar comigo..."* [6]
> (Opa!!, essa frase só no futuro.)

Algumas pessoas vão a vários lugares, buscando sabedoria e liberdade, outras encontram a mesma coisa sem sair da sua cidade. **Devemos buscar sermos livres de nossas barreiras e não de lugares.** A "prisão" não existe além do nosso condicionamento.

Às vezes as pessoas não vão morar em outra cidade porque na sua cidade têm os amigos, e isso, na verdade, não passa de apego ou medo de se sentir só ou de perder quem pensam que é amigo, já que o verdadeiro amigo está além do tempo e da distância. Outros dizem que sua família os ama e ia sentir muito a sua falta, mas, na verdade, se os pais amam os filhos, vão querer que estejam bem onde estiverem. Tudo que for diferente disso é apego, medo ou outro sentimento negativo que deve ser eliminado da nossa personalidade porque não é amor. **Quem ama deixa livre, porque o amor é liberdade. Não são papéis que unem as pessoas, nem anéis nas mãos, nem contas bancárias, nem ainda o estar junto, mas o amor.** É possível estar distante e ainda assim amar familiares, amigos e a namorada.

---

[6] "Meiga senhorita" – Zé Geraldo, 1969).

A Ana acreditava, mas achava que não acreditava, então foi comigo até o aeroporto com a intenção de terminar o nosso namoro, especialmente porque carregava "feridas" do passado. Mas ela não terminou e, emocionada, ficou vendo o avião pelos vidros do aeroporto até que ele desapareceu no ar, e eu fiquei olhando pelo vidro do avião enquanto cantava mentalmente a canção de despedida dos Escoteiros: "Não é mais que um até logo, não é mais que um breve adeus, bem cedo **junto ao fogo** tornaremos a nos ver...". **O amor e o fogo são amigos íntimos.**

Assim eu sentia, da mesma forma, que sentia que aquilo era necessário.

> "O AMOR TRANSFORMA TODA
> A NOSSA 'COISA' EM VIDA."
> (O AUTOR)

O LAVRADOR

"Moa, meu moinho, farinha para mim e farinha para o vizinho."

23

O 23, O Lavrador, é o primeiro dos arcanos menores, que vão até 78 e ajudam a esclarecer o significado de um número que recebemos de uma forma marcante em sonho ou no dia a dia.

Este é o capítulo 23 e vamos aproveitar para entender o arcano com esse número. Inicialmente, como ele está acima de 22, vamos somar os dois algarismos 2 + 3 e o resultado será o 5. Para ajudar a esclarecer o 5 utilizamos o 23.

Em geral, esse arcano ensina: **"concentre-se em seu labor (o demais vem pela Lei);** fadigar-se pelo justo é virtude; não desperdice sua experiência"[1]. Como direito, o número traz elevação por obra de um amigo poderoso ou da própria vontade. Como revés, traz breve contrariedade.

Em síntese, significa **trabalho, constância, atividade, tenacidade.** Há que encontrar o profundo significado de tantas criaturas nascerem, crescerem, evoluírem sempre com o cuidado da Mãe Natureza.

5 é a Lei Divina, ou a Mãe Divina em seus 5 aspectos, 23 é o que cultiva a terra. O que cultiva a terra prepara, planta, rega, tira as ervas daninhas e

---

[1] A partir deste arcano (ou seja, para os arcanos 23, 24, 25, 26 e 27), as explicações são da carta correspondente do Tarô e incluem outros livros de Samael Aun Weor, que não El sendero iniciático nos *arcanos del tarot y cábala*.

espera as sementes nascerem e, para isso, tem que ficar um tempo sem mexer onde foi semeado. É como uma mistura na qual é necessário esperar o tempo de decantação para ver o que nos serve. **Esse tempo de decantação é muito importante** e também angustiante, porque se a semente nascer antes da hora ou estiver sem base, se estraga.

Quem havia semeado agora devia esperar a Grande Lei ou a Grande Mãe agir e, em outro ponto, era hora de entregar ensinamentos, que também são uma forma de semear.

Normalmente, queremos olhar os lugares e o mundo exterior, mas essa é uma viagem diferente, e neste capítulo continuaremos destacando sentimentos e aprendizados. Curiosamente, naqueles dias recebi uma mensagem que dizia o seguinte: "Segundo a tradição budista, 'a viagem [a vida] é um veículo de transformação ao longo de uma expedição na busca de compreender a própria viagem e a natureza de nosso Ser'. A vida é como um caminho de acesso e exploração de um universo misterioso presente, ao mesmo tempo, dentro e fora de todos nós. É uma viagem não apenas externa, mas também – e principalmente – interna. Muitas vezes secreta. Você pode fazer esse caminho da sua cabeça ao seu coração, desde que decida se conhecer, sair da zona de conforto e olhar para dentro de si mesmo. Boa Viagem!" (KADAMOTO, 2017).

Então vamos pensar nessa viagem como uma viagem interior, embora tenhamos andado por vários países e cidades do exterior.

Desembarquei na Ilha e fui para o serviço de imigração, porém quando o passaporte do país em que tirei a cidadania no ano anterior foi passado no leitor, apareceram meus dados do país de origem e a indicação de que eu tinha sido recusado e devolvido. Curioso, porque o passaporte não era o mesmo e até o nome era registrado sem um dos sobrenomes. Mas isso não gerou nenhuma tensão em mim, só no atendente, que literalmente, "torceu os bigodes" e me questionou, já afirmando que eu fui devolvido. Quis saber o motivo. Fez uma porção de perguntas, pediu minha carteira de identidade e foi para uma sala, voltando dez minutos depois com um sorriso. "Bem-vindo!", disse ele, fazendo sinal para entrar.

Inicialmente, fomos à academia falar com o amigo que me esperava e de lá para o *hostel* também conhecido. Era uma repetição, e logo a máquina não aceitou o cartão de crédito de uma das amigas e ela ficou um pouco nervosa. Eu já tinha visto isso e não é tão assustador na segunda vez. "Relaxa que isso se resolve logo, pago eu", falei.

No caminho, conversamos sobre a lição de vida que elas teriam com a viagem, tanto na parte positiva (que seria o acréscimo cultural), quanto na parte negativa (problemas não previstos, não gostar de alguns locais, dificuldade de se comunicar). Elas já estavam sentindo tudo isso, pois não gostaram do *hostel*, já que estavam acostumadas com um padrão social e de conforto bem mais alto. A economia fez-nos pensar em hotéis mais baratos, mas foi importante porque **devemos aprender a viver em todas as classes sociais.** Algumas pessoas só sabem viver com muito dinheiro e outras só sabem viver com pouco; algumas só com luxo e outras sem saber o que é luxo. Seria um grande aprendizado para elas. Então **até a parte negativa é positiva** e parece que aprendemos mais com a negativa, então vou enfatizar esta última, começando no próximo país porque logo voamos pra lá.

Já no país onde fui reconhecido como cidadão, pegamos um trem tão antigo que acho que nem se chamava assim quando foi construído, o que contrastou com o modelo ultramoderno em que entramos depois da conexão. Mas, para nós, não fazia diferença a idade nem tipo de trem, porque tínhamos comprado, ainda no país de origem, um passe que nos dava acesso a qualquer trem e destino dentro dos países que tínhamos escolhido. Pelo menos assim entendíamos nós e os fiscais que conferiram o bilhete até esse momento. Porém pegamos outro trem ultramoderno e dessa vez o fiscal pegou o bilhete e, em seguida, tirou o bloco de multas e nos multou. Perguntamos por que teríamos que pagar, mas ele gritou que o bilhete não estava correto para aquele trem e não adiantou nada a gente falar que a moça que fiscalizava o trem anterior aceitara, pois ele disse que ela errou e fim.

Pagamos, mas ficamos pensativos, porque não estávamos esperando ter problemas com aquele passe de trem. E eu estava vendo a repetição e, agora, pensava que era setorizado: em cada país voltava a acontecer o tipo de fatos relativo àquele país.

Bem, paramos em um *hostel* bem interessante, com *camping*, casas, quartos e uma boa organização. Escolhemos um contêiner transformado em quarto, muito limpo e bonito, para nos abrigar por uns dias, iniciando na **quinta-feira santa, dia de recolhimento espiritual e respeito em sentido de luto, assim como o dia seguinte.** O Mestre nos diz que deveria haver muita observação, silêncio, reflexão e quietude nesses dias.

Dias muito especiais, mas lamentavelmente a cada ano as pessoas esquecem mais do significado e se dedicam às festas, bebidas e músicas, quando não se deveria nem falar alto. É uma lástima que os valores religiosos se perderam nas últimas décadas e, de uma forma geral, a humanidade converteu-se em pessoas que dizem ser de tal religião, mas na verdade não seguem a fundo qualquer princípio religioso e ignoram que esses grandes processos ocorrem nos mundos invisíveis. **Toda a religião verdadeira tem princípios que levam ao desenvolvimento do ser humano, se praticados.**

Havia uma encenação do drama do Cristo e paramos junto a uma multidão para assisti-la, mas logo desistimos porque tinha gente demais e praticamente não se conseguia ver o que estava acontecendo. **Encenação muitos gostam de ver, fazer um trabalho dentro de si mesmo é mais difícil.** Parece que tudo que é externo atrai mais; isso porque ficamos passivos, não exigindo um trabalho da consciência. Por exemplo: é mais atraente assistir a um filme com o drama do Cristo do que meditar para sentir esse drama no profundo de cada um de nós; não exige esforço ver televisão, já fazer uma concentração, sim.

Passados os dias sagrados e renascido em nós o ânimo, pegamos o primeiro trem para a capital e lá visitamos uma antiga e famosa fonte na qual ficamos até o anoitecer e tínhamos vontade de ficar mais tempo. Ela parecia viva e mágica, tanto que muitos lançavam moedas enquanto faziam pedidos. **"Como é dentro é fora, como é acima é abaixo": nós sempre buscamos fora, mas tudo está dentro de nós. Essa fonte capaz de atender pedidos também está dentro de nós.** "A água viva ainda está na fonte..." diz a música[2]. Os alquimistas medievais nos ensinaram sobre ela, mas as pessoas riem disso.

No dia seguinte, fomos à sede da Igreja, não da Igreja de que participo porque esta existe somente em mundos invisíveis, então eu fui para acompanhar minhas amigas. Mas perto da grande praça onde começam os domínios da igreja, eu comecei a sentir tontura e dor no estômago sem causa aparente. Essas sensações aumentaram e me impediram... era a segunda vez que tentava entrar na praça e não conseguia por me sentir mal, por que será?

Nós tínhamos planos de dormir no trem em trânsito, e assim, na estação, perguntamos para os fiscais se poderíamos embarcar com o passe que tínha-

---

[2] "Água viva" – Raul Seixas, 1975.

mos e eles nos sinalizaram em quais vagões. Embarcamos num dos indicados e estava indo tudo bem até que chegou o fiscal, que nem olhou muito, já tirou o bloco de multas da cintura e falou o valor que teríamos que pagar. Perguntamos o porquê daquele enorme valor extra, já que fiscais e atendentes daquele mesmo trem tinham indicado em qual vagão poderíamos entrar. Ele não queria falar muito e apenas dizia que tinha que ser pago. Bem, ficamos um bom tempo falando e discutindo com o fiscal e dissemos que não íamos pagar, então ele disse que ia enviar outra pessoa para falar conosco, porque não queria nos ver mais. Em cinco minutos chegou outro fiscal, esse completamente diferente: falava alto como a maioria dos habitantes daquele país, mas explicou que o valor se devia por termos escolhido um trem-hotel e o passe não cobria a parte do hotel. Com o valor extra, daria para pagar três diárias para nós três em um bom hotel. Como alternativa, ele poderia nos deixar ficar até a próxima estação e de lá, sim, poderíamos pegar um trem sem taxa adicional. De modo que aceitamos a proposta e ele se foi.

Nossa ideia de visitar pontos turísticos de dia e viajar de noite foi sacrificada naquele momento. Ainda estávamos falando sobre isso quando o trem parou no meio do nada. Depois de alguns minutos, o fiscal simpático passou pelo nosso vagão e se sentou para conversar e contar que tinha quebrado a máquina e que precisávamos esperar a assistência técnica. E que, nesse momento, mesmo que quiséssemos pagar a multa, não seria mais possível, porque os nossos assentos já tinham sido vendidos e as pessoas subiriam na próxima estação.

Começamos a pensar **o que estávamos fazendo de errado para ter aqueles resultados** e achamos uma porção de fatos. Resolvemos corrigir nossas atitudes para ver se isso modificava nossa sorte.

O trem ficou parado por duas horas e durante a noite chegamos à falada estação. O trem que o fiscal tinha sugerido já havia partido e no serviço de atendimento ao cliente a atendente sabia menos que nós sobre o passe que tínhamos. Nas palavras das meninas, parecia o fim do mundo. Mas não era, pois tudo passa e vira história, e essa noite não seria diferente. Como estamos falando de uma viagem interior, perguntei a uma delas: **"Como você se sente em relação a isso?"** (repeti uma cena engraçada em que uma moça atende no lugar da profissional e essa moça sempre faz o paciente refletir assim). Isso é o melhor a fazer: **pensar que a situação externa não importa, só queremos saber como nos sentimos ante aquele caos.** Obviamente, vamos descobrir nervosismo, ira, preocupação etc. E vale lembrar que **somente poderemos modificar o que sentimos se soubermos o que sentimos,** então esse conhecer-se é de extrema importância. Sempre. Mas por que faríamos todo esse esforço de nos conhecer? Porque quando eliminamos algo, seja nervosismo, luxúria ou o que for, sentimos uma indescritível sensação de leveza. Liberdade é a palavra, pois ainda que a luxúria traga algum prazer, ela é um peso que carregamos e é muito melhor sem ela.

Resolvemos aguardar até a madrugada na sala de atendimento ao cliente para pegar um trem para outra cidade, de onde teria trens mais frequentes para o outro país, porém a sala de atendimento ao cliente foi fechada e nós procuramos um hotel. Só que os hotéis estavam lotados, pela época do ano. A solução era ficar na estação e esperar as horas passarem. Se dormíssemos um pouco, ótimo, se não, dormiríamos no trem.

Era uma noite muito fria e os bancos da estação também – **repetição do ano anterior. A vida do ser humano é pouca, o que mais acontece são retornos mecânicos.** Porém, também não pudemos ficar por muito tempo, porque a estação, que era de uma das principais cidades do País, foi completamente fechada e os policiais solicitaram que todos saíssem.

Fomos para a frente do escritório da polícia, onde estava frio, mas pelo menos teríamos proteção, porque estávamos num ambiente inóspito e várias pessoas estavam bebendo, fazendo confusão, pedindo dinheiro. Mas os policiais saíram e nós ficamos a sós com sujeitos não confiáveis, sendo necessário pedir ajuda invisível para que nada acontecesse. Porém, em contrapartida, foi interessante observar o nível de ser daquelas pessoas: seu comportamento, suas palavras etc. Elas tinham afinidade com aquela situação toda... Se buscassem o esforço de se conhecer e eliminassem algumas características (bebida, roubo), passariam a ter afinidade com outras pessoas e deixariam de estar naquela situação. Veja como vale a pena o esforço.

Passou a madrugada em que eu e as duas amigas ficamos sentados na sarjeta da calçada até às 4 h da manhã, quando foi aberta a estação e chegou o "nosso" trem, trazendo a alegria e o conforto até a cidade que queríamos. Lá pousamos num hotel e, assim que possível, pegamos um trem para a cidade que endeusa a comida e o perfume.

Normalmente, **as pessoas que têm ideias mais avançadas são criticadas no presente e louvadas no futuro** e a grande torre na cidade era a prova disso, o que nos traz a mensagem de que não devemos dar tanta atenção para o que falam de nós, porque existe a possibilidade de ser diferente mais adiante.

Cada país tem os seus costumes, e naquele não nos deixaram embarcar no trem que nos levaria ao próximo destino sem confirmar o assento. Então não haveria problemas com o passe de trem, mas ali apenas em um guichê se falava uma língua geralmente aceita no mundo todo, nos outros 23 falava-se apenas o idioma local – isso na parte internacional da maior estação do país.

Embarcamos e, horas depois, descemos num lugar abaixo do nível do mar, conhecido pelo comércio ligado ao sexo e por um menino que tapou um furo num dique e com isso salvou aquele país. Os dois casos se referem a uma fonte viva, mágica e poderosa que pode realizar pedidos. **Pena que o ser humano sempre pensa que tudo está fora dele.**

Não teríamos tempo de ver o local onde **o menino não deixou a água escapar**[3] e, com isso, salvou o país. Então, uma das amigas foi dormir e outra saiu comigo. Vimos um parque de diversões com brinquedos malucos que giravam e derrubavam as pessoas de todas as formas possíveis, gerando uma emoção baixa, que rouba a energia dos participantes e com muita liberação de adrenalina, o que pode levar a problemas no coração. Existem formas de lazer mais saudáveis, mas cada um decide o que buscar, pois tudo está à disposição de todos, basta que cada um faça sua escolha.

Entramos em um *sex shop*, que era o lugar mais hilariante. O ser humano vai criando coisas e mais coisas para se satisfazer, sem nunca se dar conta de que **o melhor do sexo é quando é feito com amor e sem fascinação.** Valeria estudar mais o assunto, juntando a ciência com a mística, lembrando que a mística é conexão com o espiritual, fé, magia, amor...

Já num país próximo daquele, desembarcamos do trem numa bonita cidade com um nome que lembra bruxas. Popularmente, se diz que seu nome veio do tempo da inquisição (não merece inicial maiúscula), quando mulheres beguinas que pregavam a ajuda aos outros, especialmente doentes e pobres, foram tidas como hereges ou bruxas e levadas a torturas inacreditáveis e até à fogueira por uma "religião" tradicional.

Religião vem do latim *religare*, que quer dizer "voltar a ligar", neste caso, o Homem (o verdadeiro, com H maiúsculo mesmo) com Deus. Mas, por nunca termos pensado no termo, não sabermos seu significado ou por hábito, chamamos a essa *separentur*, seita, *totalis segregationem* por religião. Mas já faz uns 1.600 anos que ela perdeu esse nome. O esote-

---

[3] Isto está em negrito porque faz referência a algo interno muito importante, pesquise e reflita... (N. A.).

rismo, que é o conhecimento verdadeiro, experimentado dentro de cada um, às vezes surge como uma religião ou parte dela, outras vezes, como uma escola ou um grupo de estudos e práticas ou como uma faculdade (Música, Filosofia ou Psicologia, por exemplo) e, através da forma escolhida, é ensinado o caminho para a autorrealização. O real conhecimento experimentado (esotérico – interno) é transmitido ao público, aberto a todos (exotérico – externo). Mas o esoterismo só está presente enquanto existe um Mestre em corpo físico mantendo os ensinamentos puros. A partir do momento em que pessoas sem a maestria passam a transmitir, modificar, atualizar ou criar conhecimentos, deixamos de ter uma religião ou escola verdadeira e passamos a ter uma seita ou o que é chamado de pseudoesotérico, que é falso ou incompleto. Nesse caso se torna cada vez mais difícil achar o caminho para a autorrealização e mais arriscado de essas modificações conduzirem para a sombra do Pai e não para a Luz. Por isso é necessário muito cuidado ao buscar o caminho em livros sagrados que foram atualizados ou revisados.

O esoterismo, que é vivenciado e leva à autorrealização, exige cuidar do corpo físico, pois este presente que ganhamos de nosso Pai Interno, moldado pela nossa Mãe Divina, não deve estar atrofiado. **Com o simples caminhar de meia hora diária a passo um pouco acelerado já o ativamos, inclusive a digestão e o hormônio da felicidade,** podendo ser feito depois da refeição, se quisermos. Também **devemos cuidar do mundo exterior, pois o tributo para se viver é ter uma utilidade para o mundo e os semelhantes.** E por fim, **é necessário cuidar do interior, onde deve ser feita essa conexão (o *religare*) com Deus.** Nesse ponto está a meditação, a oração, a fé, a constante revolução contra nós mesmos para sermos melhores. Dessa forma, o esoterismo fica completo e verdadeiro.

Voltando ao caso da inquisição: a fraternidade universal dos mestres que conduzem o universo jamais aceitará que um ser humano seja torturado ou morto pelo motivo de estar em desacordo com a luz. Cada ser humano tem o direito de escolher que tipo de ensinamentos deseja adquirir, seja ensinamentos que levem ao Pai (à luz) ou à sua sombra. Claro que, se escolher o caminho da sombra, mais adiante vai ter que pagar por isso, mas quem vai cobrar é a Lei Divina e não os seres humanos.

Se alguém tortura, fere ou manda ferir outro pelo fato de que esse outro está em desacordo com o seu ensinamento, aquele que torturou ou mandou torturar já está na sombra, mesmo que tenha o mais alto cargo religioso ou atue como babá de criança. Com isso quero enfatizar que **quem tortura uma bruxa está no lado escuro, assim como ela.** Mas não esqueça que bruxas podem ser profissionais em cantar e entreter seu filho e, assim, levar os pequenos (e grandes) para o mundo delas. E os altos cargos religiosos podem, também, se converter em seres perigosos (houve vários casos).

Defender-se de um ataque é diferente. Quando somos atacados, temos o dever de nos defender e talvez defender outros, ainda que seja com espada ou outras armas e se fira ou mate o adversário.

No caso das beguinas, não quer dizer que todos que ajudam os doentes, pregam o bem ou que se mostrem solícitos, sejam pertencentes à fraternidade brilhante. Nem que todos que parecem maus sejam do caminho das trevas. **O mau se disfarça de bom para enganar-nos. E o bom às vezes parece mau.**

Vejamos um exemplo: uma bruxa pode dar uma maçã envenenada, parecendo, inicialmente, querer ajudar alguém. Uma Iniciada pode fazer um chá para ajudar, mas inicialmente esse chá pode dar dor de barriga.

Somente com intuição podemos ter certeza se alguns ensinamentos levam ao Pai ou à sua sombra.

Partimos para um país que gosta de usar de trema sobre a vogal "u" para pronunciá-la quase como "i" e, quando chegamos, vimos bandeiras a meio mastro e fotos nos jornais indicando a morte do mais alto cargo do que chamam de uma religião tradicional. Para nós parecia bonzinho o tal chefe. Espero que tenha despertado, porque **quem se autoconhece e desperta, quando morre, continua vivo. Quem não desperta enquanto está vivo, quando morre continua sonhando.**

Vimos o que restou da *separentur* (separação) que dividia a cidade em duas. Eu imaginava que seria larga a ponto de guardas poderem caminhar sobre ela, mas não tinha mais do que um palmo de largura. Bem, não precisava mais do que isso, porque em seguida tinha o rio e, ao fundo, havia torres de vigia com armas.

De todas as formas, eu falei que "pensava que era mais...", mas antes de completar com a palavra "largo", o homem que tinha uma banca ao lado, arregalando os olhos, exclamou: "Você quer mais?! Isso não é suficiente para você?!". Ele tinha sido separado de sua família por aquela construção, que, sem dúvida, era mais que suficiente, era demais.

Nós, seres humanos, deveríamos ter vergonha de nós mesmos. Uns matam e torturam por motivos religiosos, outros matam por motivos raciais ou econômicos, quando todos precisam de todos. **Um se sente feliz se os vizinhos estão felizes, como é que vai se sentir feliz se vê os outros sofrendo?**

De lá, seguimos para a capital da música clássica, onde estivemos em um *hostel* muito agradável com pessoas de várias partes do mundo, todas alegres e trocando conhecimentos que nos deixaram com vontade de ficar conversando. Era um outro nível de pessoas. Tocavam violão, cantavam e contavam suas histórias, unindo pessoas e influenciando em seus espíritos. **Vê como precisamos da ciência, da arte, da filosofia e da mística juntas?**

Não é à toa que aquela cidade foi sede de uma grande escola da Fraternidade Oculta, liderada por Mestres da música que transmitiram seus ensinamentos através de vibrações de voz e de instrumentos.

Cada quadra trazia novas surpresas, sempre ligadas à arte, seja no formato das calçadas, nos arranjos das flores, nas esculturas, nas músicas, não essas músicas que ouvimos hoje por todos os lugares, **músicas clássicas que fazem vibrar a alma de qualquer buscador** e talvez do que não busque nada também. Músicas que, às vezes, traduzem em sons uma iniciação esotérica e **jamais deveriam faltar em nossas casas.**

Ouvimos uma música vinda do interior de uma construção. No topo dela vimos uma bonita escultura de uma mulher em um barco com o qual ia derrubando monstros e, no outro lado, um homem com uma espada em um barco e sobre ele uma águia. Os quatro lados da construção eram abertos em forma de arco e, por um desses, entramos. Dentro havia uma escultura com a soma das duas partes que estavam fora. Impressionantemente lindo e instrutivo. E a música? Seria uma orquestra? Não, era um rapaz cantando a *Ave-Maria* e seu único instrumento era um gravador que fazia o fundo musical.

Depositamos algumas moedas no chapéu que estava no chão e ele viu, mas não pareceu se importar. Também não era um grande valor e, lamentavelmente, nesta época, a arte não está em alta e às vezes esse tipo de artista não ganha nem para pagar a hospedagem, segundo nos disse um violonista no *hostel*.

Na cidade, a escultura de um pequeno elefante ensinava ao buscador que a arte é importante, mas sem o despertar da consciência, ela se torna incompleta e limitada. **Quando sonhamos com elefante, a Lei está nos indicando que é necessário o despertar da consciência.**

Essa era a última cidade da nossa diferenciada viagem, onde perdemos muitos medos e três pessoas aprenderam umas com as outras. Seguiríamos caminhos diferentes, mas seria inesquecível.

Vimos um religioso que, em seu horário, se dirigiu a um canto menos movimentado, tirou os calçados, voltou-se para sua cidade sagrada e rezou silenciosamente, num sinal de respeito, reverência e culto aos seus valores espirituais.

Não precisamos de líderes religiosos, muitas vezes adormecidos como nós; **precisamos de valores e pessoas religiosas, capazes de aprender todos os dias e praticar.** Da mesma forma, não devemos nem precisamos seguir ninguém, porque **é mais fácil ensinar do que aprender e isso facilita para a maioria ensinar o que não aprendeu** e então ensina errado e cria seguidores fanáticos. Não podemos confiar a ponto de seguir alguém. **Vamos em frente por nós mesmos!**

Vimos nosso interior.

Vimos situações não planejadas, sempre haverá.

Enquanto estávamos passando os momentos finais juntos do que, fisicamente, foram seis mil quilômetros em trens, conhecendo dezessete cidades em sete países, percebemos que o "fisicamente" não importa. **O interior é que importa.** Talvez os dois importem, pois um conto oriental diz que o segredo da felicidade é **"ver todas as maravilhas da terra sem nunca derramar as duas gotas de óleo"** (CASTILHO, 2000). Diante de uma sociedade que só vê o externo, devemos frisar o interno.

Nisso, recebi uma mensagem no celular... Era o proprietário da academia perguntando a que horas iria me apresentar para trabalhar. Era o que eu precisava, pois, para ser bem sincero, minha vontade era embarcar junto com elas.... **Uma mensagem simples e curta é o que precisa uma pessoa para se animar.** Outros precisam de uma mensagem sua.

A Ana estava longe e eu gostaria de estar com ela e continuar remando no nosso barquinho branco. Mas esse é o arcano 23, O Lavrador, e era necessário decantar. Além do mais, eu devia olhar para o presente e, assim, despedimo-nos e eu peguei o metrô. Logo que pude, liguei para um rapaz que alugava vagas em casas e ele me encaminhou para o novo endereço.

"ATÉ A LIBERDADE TEM SUA RESPONSABILIDADE."
(O AUTOR)

24

A TECELÃ

*"Malha após malha tece meu tear,
telas para minha honra e telas para honrar."*

24

No Tarô Egípcio, o arcano menor de número 24 explica determinados aspectos do número 6. Seu nome é A Tecelã e essa carta é descrita assim: "É coroada uma jornada onde a tenacidade, a constância e a dedicação fazem de uma pessoa seu próprio dono, dando-lhe o máximo de compreensão, de fé e esperança. É uma amostra do que se pode conseguir mediante as disciplinas que traçamos".

"Indica que **devemos trabalhar diariamente com alegria, dinamismo e retirar da mente os complexos e tristezas.**"

"Neste Arcano todos nós encontramos a razão e a alegria de viver. É necessário pedir, diariamente, ao Arcanjo Michael que derrame em nós suas bênçãos, a alegria de viver, a alegria de servir e, sobretudo, compreensão para viver."

"Quando a sabedoria e o saber se fundem, podemos ajudar uma pessoa e uma sociedade."

Mulher, sua inteligência tem prêmio; honra e lar são uma só coisa; seja inteligente em prodigar esforços."

Esse arcano refere-se também a uma parte de cada ser que é feminina, chamada Buddhi, que é recompensada por seu bom trabalho.

Minha nova morada psicológica era na Tecelã, e na casa física havia mais 9 pessoas, cada uma delas em um momento de sua vida; ou seja, no capítulo da Tecelã, havia apenas um morador.

Meu novo emprego na academia era um pouco mais abrangente, pois deveria manter os computadores funcionando bem e fazer a limpeza geral, além da tradicional entrega de panfletos, que agora era também nas caixas postais das casas. Eventualmente, teria pinturas e reformas nas salas, coisas que eu não dominava, mas também não eram um "bicho de sete cabeças". **Curiosa expressão... qual será o bicho de sete cabeças? Pelo jeito que a gente fala, deve ser necessário um bom esforço para derrotá-lo.** Acho que poucos querem encontrá-lo e pouquíssimos pensam em derrotá-lo, e talvez ele esteja conosco o tempo todo. Em todo caso, o trabalho na academia não seria algo para me tirar a alegria; no entanto, nesses primeiros dias, tirou.

Uma das partes mais importantes era entregar panfletos na rua, enfrentando o frio e o vento que era muito forte, mas o pior era a monotonia e a sensação ruim que dava quando as pessoas recusavam o panfleto de forma ríspida. E um detalhe: quando alguém recusava, todos os que tinham visto também o faziam. **Parecia uma trilha de gado em que um vai seguindo o outro.** Mais um detalhe: se eu oferecesse um panfleto para uma pessoa e atrás dessa viesse outra para a qual eu não o oferecesse, essa segunda passava a querer. **A psicologia do ser humano é curiosa.**

Eu tenho inclinação a planejar e coordenar, talvez por preguiça de fazer, e ali eu deveria fazer. E, como eu disse, era uma atividade importante porque, como a maioria das pessoas não é persistente, a vida da academia dependia de novos clientes. Em outros tempos eu já tinha feito com muita alegria. **Tive que espantar a tristeza com uma reflexão: lembrei que sempre os primeiros dias são os mais difíceis, então deveria melhorar meu ânimo nos próximos.** Isso funcionou temporariamente. Mas o humor e atitude dos chefes influenciavam no meu dia e, então, o ânimo baixou novamente e, quando me dei conta, me veio um pensamento de um Mestre à mente: **"Há que aceitar com agrado as manifestações desagradáveis de nossos semelhantes"** (SAMAEL AUN WEOR, 1998) e refletindo sobre isso, percebi que a gente cresce, se previne e faz melhor quando somos criticados. Com essa reflexão, passou também essa segunda onda de desânimo ou tristeza, levantada pelo arcano 24 para que fosse eliminada.

O que fiz foi a transformação das impressões. Temos que aprender a transformar tudo o que nos "fere" ao entrar pelos sentidos e, com isso, venceremos as provas esotéricas e teremos felicidade.

Se vemos algo que nos fascina, devemos ficar práticos em transformar a impressão ou seremos vítima da situação. Se vemos algo comestível e nos fascinamos, parece que aquilo é necessário, quando não o é em absoluto – e talvez até faça mal; se vemos uma pessoa do sexo complementar e nos fascinamos, ela ou a imagem dela que ficou em nós nos levará para onde quiser; se um homem vê um carro ou uma mulher vê sapatos e se fascina, poderá desequilibrar as finanças ou arrumar discórdias de que não precisaria. A ejaculação precoce, o estômago pesado por comer demais, a tristeza, a depressão etc. têm em suas causas a fascinação.

Transformamos a impressão refletindo, compreendendo, imaginando o oposto ou pedindo à uma força interior que chamamos Mãe que elimine essa fascinação. Pedir ao Arcanjo Michael, como indica no arcano do

Tarô, funcionará também, porém o Arcanjo está fora de nós e é sempre melhor contar com o que temos dentro.

Mas não foram todas as ondas de desânimo que eu soube eliminar. Muitas escaparam e outras se modificaram com o passar dos dias ou pelo acréscimo de outras circunstâncias.

Uma que se modificou assim foi quando sofri certa discriminação por alguns moradores da casa que me ofereceram "balinhas" (estimulantes sintéticos - anfetaminas) e coisas do tipo, e eu recusei tranquilamente; porém, um dia, surgiu o assunto tatuagens. Eu falei e acabei mostrando que também tinha uma e eles ficaram mudos e depois disseram que estavam me discriminando porque achavam que eu era "careta" ou servia a algum serviço de inteligência e que, às vezes, parecia que eu sabia mais do que contava e isso os deixava um pouco intrigados. Mas a partir daí terminou a discriminação e eu compreendi que existia a linguagem da tatuagem, quer dizer, uma espécie de família, grupo ou tribo dos que usam tatuagem.

Entre os eventos que se modificaram sozinhos ou escaparam da minha guarda, estava o baixo astral e a vontade de ir embora até quando ia trocar dinheiro pela moeda local. **Quando estamos animados, vemos uma montanha e pensamos em escalar. Sem ânimo, ante o menor dos montes falamos: "Ah não, temos que subir aquele monte".** Foi num dia desses que enviei um dos poucos *e-mails* em que manifestei que não estava bem: disse para o meu antigo sócio que minha vida era melhor e mais fácil no país de origem. Ele, na calma de sempre, respondeu: "Aguenta que passa! Tu estás tendo uma oportunidade que muitos queriam ter". E ele estava certo, eu tinha oportunidades... Até para vencer o que trazia a carta 24.

Também me comuniquei com a namorada e ela já tinha sofrido no relacionamento anterior e não queria sofrer novamente. **Esse foi um**

caminho que a tristeza encontrou para me atingir. Não falo muito sobre isso porque demonstra fraqueza e dizem que o homem não pode demonstrar fraqueza. Também não sou muito romântico e tenho uma certa vergonha de escrever sobre isso, então vamos **enfrentar todos esses complexos** trazendo parte do poema que escrevi naquela noite. E se for fraqueza? "Pois que seja fraqueza então"[1].

"Tristeza
Uma tristeza enorme envolveu-me pela forma como você falou. Você tinha uma quase decisão de um caminho de solidão. Já sentimos esse despenhadeiro uma vez, iremos novamente escolhê-lo?
Correram-me lágrimas... Fraqueza?
Sofri sozinho... Mandei uma mensagem positiva para você, pois certamente você sofria além do oceano.
Pensei em voltar, mas ouvi: "Se voltar, você fracassa (ou a deixa fracassar?) e a perde. Os sofrimentos são degraus para a felicidade". Mas como se faz esses degraus? Como se tira esse buraco do coração?
Não posso abandonar minha missão, nem meu caminho, mas meu interior diz que é feliz ao teu lado... ele me engana?
Choro, mas **farei a Tua vontade e não minha.**"

Dias cinzentos se seguiram após aquilo... Tínhamos combinado que ela viria passar as férias e então poderíamos conversar melhor. **Mas mais importante que tudo era vencer a tristeza**, porque ela vai trazendo seus amigos como a depressão, a angústia, o desespero, o marasmo, o não querer viver... E muitas doenças, como o câncer, por exemplo, estão diretamente ligadas à tristeza.

---
1 "Apenas mais uma de amor" – Lulu Santos, 1992.

Eu sei que você vai dizer que falar é fácil e eu mesmo estava destruído no meio dessas situações. Em quantas provas teria rodado? Muitas, sem dúvida. Tudo em que se é reprovado é porque não teve consciência suficiente para passar, e como o universo nos quer conscientes, repete provas pelas quais não passamos. Isso somente termina quando ficar claro que não vamos aprender ou quando, através do esforço da própria consciência, nos tornarmos conscientes. **Não se trata de evolução e sim de revolução com superesforços.** A teoria da evolução até a perfeição é uma ilusão e uma forma de enganar a humanidade. **Fujamos de escolas ou religiões que dizem que evoluímos de existência em existência até a perfeição, pois essas organizações são muito perigosas.**

A ideia de que a pessoa tem que ser boa para ir para o Céu é outra enganação que nos impuseram. Você faz seu próprio céu se for livre dos seus medos, ansiedades etc., por isso, é necessária a revolução com superesforços.

Todos temos essa força de nos superar. As provas começam pequenas e vêm do tamanho que a gente possa suportar, nunca maiores do que isso.

Eu precisava de um emprego formal e, para isso, era necessário abrir uma conta em algum banco, obter uma inscrição num cadastro que era utilizado para tudo e me comunicar melhor no idioma local.

A conta bancária era essencial porque as empresas faziam o pagamento via transferência e se, na entrevista para um emprego, dissesse que não tinha conta, normalmente eles diziam que era para voltar quando tivesse. E não era simples abrir uma conta bancária, pois, entre outros documentos, teria que provar residência local há mais de dois anos, ter uma renda e o cadastro – o que criava uma referência circular, pois para fazer esse cadastro era necessário estar trabalhando e para trabalhar era necessário fornecer o número.

Para fazer o cadastro tinha outro impedimento, era a vergonha. A entrevista era agendada por telefone e sem a pessoa na minha frente eu pensava que a faculdade de compreender a ideia sem entender as palavras ficava comprometida e, com isso, hesitava em ligar.

Assim, era necessário me comunicar bem melhor do que o fazia naquele momento e, para isso, encontrei uma escola com um método muito bom, onde só duas coisas me incomodavam: o fato de fazerem uma pergunta e quando eu começava a responder, perguntarem novamente – o que me deixava confuso, porque sempre soube que quando um fala, o outro escuta (na verdade, eu deveria esperar que fosse feita a pergunta novamente, mas só fui entender isso muito mais tarde); e a segunda coisa que incomodava era que queriam respostas padronizadas, o que cortava a espontaneidade e pareciam ser decoradas (aumentava a velocidade de ensino e mais adiante a pessoa poderia modificar as respostas, mas não percebi isso na hora).

Com isso, não me matriculei. **Já tinha visto erros muito graves por querer padronizar.** Porém, comprei os livros e, curiosamente, no dia seguinte ligou-me a Cabelos de Cereja, mulher que havia conhecido em outro país, dizendo que havia comprado os CDs desse método e que eu poderia pegar emprestado. Ótimo, peguei-os com ela e quando cheguei à academia, o chefe viu e disse que tinha um CD *player* guardado ali mesmo e ia me dar. Ótimo, novamente.

Passei a estudar em torno de três horas por dia, lendo, escutando e respondendo às perguntas contidas no método. Nesse ritmo, estudei e aprendi os livros 1 e 2 em duas semanas.

Aí, soube que existia uma escola no meu bairro que utilizava esse método. Mas não era uma escola com professores formados, senão com voluntários que davam aulas. Considerando que a turma tinha muitos alunos, a prática era pouca. De forma que, paralelamente, continuei estudando em casa porque não queria perder mais tempo.

Enquanto isso, os colegas de casa chegavam de madrugada depois de muitas festas e sempre diziam que seu nível no idioma nunca melhorava e que eu tinha facilidade em aprender línguas.

Curiosamente, quando fui chamado para uma entrevista, a entrevistadora disse que eu tinha um nível do idioma acima da média dos funcionários! (Engraçado que o tom que ela empregou me deixou com dúvida se isso era bom ou ruim). Por fim, ela disse que eu não precisava me preocupar com cadastro nem com conta bancária. O que era estranho, mas eu ia começar a trabalhar e isso espantou a tristeza temporariamente.

O trabalho era em local com temperatura de 0 ºC e a nossa tarefa era colocar os alimentos nas bandejas de acordo com o modelo e empurrá-las para a esteira. Detalhe: cada tipo de prato tinha um peso definido. Por exemplo: se uma almôndega devesse pesar 22 g, ela tinha que ter exatos 22 g. Com 21 ou 23 g, a fiscal já reclamava – e na segunda ou terceira reclamação o funcionário era mandado embora. O mesmo ocorria se levasse mais do que o tempo aceitável.

Naquele ambiente, dentro de meia hora, comecei a sentir uma leve coriza e dificuldade para fechar e abrir as mãos, mas meu estômago não estava com dificuldades. Ele precisava produzir calor e assim, quando paramos para almoço, estávamos famintos e percebemos que, do nosso grupo de 22, restavam apenas dez.

No salão da produção às vezes sentíamos uma grande solidão, monotonia, dores e frio, apesar de estarmos rodeados de pessoas, barulho, música e superacelerados na confecção das bandejas alimentícias...
Nós não vivíamos no mesmo mundo que víamos e apalpávamos.

Eu estava tentando espantar o sentimento de que **éramos máquinas ou robôs** quando começou a tocar uma música animada e comecei a dançar enquanto cumpria as funções. Com isso, apareceu ao meu lado o supervisor, perguntando se eu estava bem. Ainda dançando, respondi que sim, então ele continuou me olhando por alguns segundos como se dissesse que eu não era normal, depois sorriu e foi ao rádio, aumentou o volume, olhou-me e sorriu novamente.

Ao final do dia, saí conversando ou tentando conversar com um rapaz de outro continente e percebi que ele, assim como quase todos os funcionários, não falava o idioma local e por isso a entrevistadora tinha dito que eu tinha um nível acima da média dos que eles contratavam. Também percebi que quem entrava com um nível, dificilmente alterava, porque após o trabalho estava muito cansado para estudar.

Já era noite e eu teria que fazer algo para o almoço do dia seguinte. Estava cansado... ainda que, naquele dia, eu não tivesse ido trabalhar na academia, pois em alguns dias da semana, depois da fábrica, eu iria para o segundo emprego.

Foi assim por alguns dias, recebendo vários elogios. Alguns chegaram a dizer que me viam (com a imaginação) como chefe de todos ali. Porém eu não via assim, senão que estava pensando que não poderia melhorar o nível do idioma. Sentia dores nas mãos e pernas, gânglios apareciam nos pulsos, lábios estavam rachados e tantas outras coisas me faziam reflexionar se valia a pena. Mas não falei para ninguém e voltamos a trabalhar normalmente naquele e nos dias seguintes.

Aproveitei um domingo para buscar mais recolhimento e pedir orientação ao Papai do Céu e no início dos trabalhos do próximo dia, começou uma dor terrível nos braços, pulsos e mãos. Era como um choque que corria de um braço com dor ao outro e as mãos endureceram tanto que eu quase não conseguia fechá-las. Surgiram bolhas de água nos pulsos. **Era a resposta.** Não... não valia a pena continuar.

Era o fim do trabalho na fábrica, na qual aprendi muito em curto tempo. Foi uma experiência válida. Vi o trabalho de "máquinas" sob pressão, sentindo dor, e aquilo tudo acrescentou um pouco de conhecimento à vida. Agora, era hora de buscar sabedoria e conhecimento em outro lugar.

Voltei a estudar em casa, pois poderia fazer isso muito mais rápido e repetir as perguntas se desejasse, ou ainda me aprofundar no estudo, além de poder estudar quantas horas tivesse disponíveis. **Só precisava de uma boa disciplina** que eu mesmo me impunha. Eu ia para a escola do bairro quando podia e lá conheci um professor que passei a chamar de Grande Urso pelo tamanho e porte dele.

Ele estava com dificuldades financeiras e muito sozinho em sua casa e eu receberia a namorada em alguns dias, que vinha para passar as férias. Assim, no final da nossa conversa, ele disse que poderia me alugar o sótão da casa.

Ótimo! À tardinha, no dia marcado, terminei meu trabalho na academia mais cedo e fui para a limpeza e organização do novo quarto, o estranho sótão que tinha janelas que davam para o céu. Era tudo tão bagunçado que parecia um filme de suspense.

Tinha começado a escurecer quando eu estava de frente para a parede segurando o cano do aspirador. De repente, vi por baixo do braço que o Grande Urso estava voltado para mim segurando uma espécie de foice misturada com machado na altura da cabeça, com uma cara de sádico, sério, assustador...

Ele não viu que eu o vi e deu mais um passo na minha direção, enquanto se passavam muitos pensamentos e imagens pela minha mente:

- Conheço pouco dele... mora sozinho e é estranho.

- Aquela foice/machado não é um objeto comum.

- Está escurecendo, ninguém nos ouve, nem vê (janelas para o céu)... E ele tinha feito questão de marcar para a tardinha.

- O chefe me falou de terroristas e outros tipos de gente.

- Aquela reportagem que vi alguns dias atrás mostrava um senhor que cortava outras pessoas em pedaços e as comia.

- O quintal está completamente murado em volta e... Quantas pessoas ele pode ter enterrado no quintal depois de simular alugar o quarto?... Traidor!

Pensei e vi isso e algo mais enquanto ele dava aquele passo. Pensei em empurrá-lo com o cano do aspirador. Com isso, ele poderia perder o equilíbrio e eu ganharia tempo para descer as escadas e sair da casa ou continuar batendo nele.

Ele estaria ao alcance do cano no próximo passo e chegou a levantar o calcanhar do chão, mas parou e deu uma gargalhada que me fez entender que era brincadeira e comecei a rir também. Quase que eu o agredi. Será que eu entenderia que era brincadeira depois de empurrá-lo?

"A VIDA PREMIA OS VALENTES,
ESTES NUNCA SÃO ABANDONADOS,
OS COVARDES SIM, MORREM COMO ESCRAVOS
PELO MEDO QUE CARREGAM DE SEREM LIVRES."
(O AUTOR)

25

O ARGONAUTA

"Navega, minha barca, navega à porfia[1]; navega de noite, navega de dia."

---
1 Com perseverança (N. A.).

25

O arcano 25 explica e clareia a parte que está sendo mostrada do arcano 7, pois 2 + 5 = 7. O 7 indica muitas lutas, mas vitória no final. No 25 encontramos o Argonauta, "o homem que **vai em seu caminho intrépido, resoluto, seguro;** [...] Em terra firme, com passo firme e decidido; [...] Na água em sua pequena embarcação disposto a enfrentar todos os perigos que ali se encontram; [...] Voa pelos ares, dirigido por uma imaginação criadora que o levará à Liberação; [...] porém sempre vai atrás de seu aperfeiçoamento".

"**É o homem audaz que enfrenta os perigos do desconhecido.** Neste Arcano, devemos integrar-nos com nosso Ser Interior, **eliminando os temores, os medos e os complexos.**"

Este arcano traz por direito um estrangeiro ou uma estrangeira.

O quarto para viver o 25, O Argonauta, lembrava fisicamente uma cabana, mas na parte alta tinha janelas que precisavam de cortinas, pois naquela época do ano elas recebiam o sol desde a madrugada até a hora de dormir. Para isso, comprei um tecido, peguei da academia alguns materiais e logo estava pronta esta tarefa.

No dia seguinte, eu ia trabalhar somente à tarde, então fiz um almoço "de uma panela" e convidei o Grande Urso para almoçarmos juntos. Ao sair na rua, os painéis eletrônicos diziam que não haveria ônibus. Liguei para a academia para avisar que ia chegar atrasado, mas o chefe nem me deixou falar: disse para voltar para casa e não sair até o dia seguinte. Em seguida ligou a namorada, chorando e dizendo que estava tentando ligar há bastante tempo e ainda bem que eu estava vivo... Enfim, lá do outro lado do oceano me contou que haviam explodido bombas em estações de metrô e em ônibus. O Argonauta estava começando agitado.

Enquanto tudo se acalmava, busquei um novo tipo de trabalho por meio de um anúncio, para somar ao anterior. Eram catálogos que seriam distribuídos nas casas e, alguns dias depois, recolhidos juntamente com os pedidos. Então, como eu já tinha perdido um dinheiro com um anúncio falso, aderi à empresa com cuidado, mas logo recebi o material e uma fita de vídeo na qual deram seu depoimento pessoas que tiveram muito sucesso no negócio – assim como fazem empresas de vendas e também religiões. **Algumas são religiões vestidas com roupas de empresas de venda.**

Aquela empresa atuava com o sistema no qual você ganha comissões sobre as vendas das pessoas que você coloca no negócio e das que estas colocam até certo nível. **Eu não gosto do sistema de pirâmide,** porque os que entram por último sempre perdem dinheiro. **Ainda devo dizer que várias delas se parecem com religiões.** Além do mais, eu distribuía os catálogos nas casas e muitos moradores os colocavam no lixo ou extraviavam, o que significava que teria que comprar outros catálogos para repô-los e continuar o negócio. Aprendi com isso, mas encerrei o negócio e fui reembolsado do valor investido.

O mais interessante foi a melhora no entendimento e pronúncia do idioma, fato apontado pela empresária, que ainda disse que era para acabar com esse complexo de pedir desculpas por não falar muito bem o idioma: se estávamos nos falando e entendendo por um bom tempo no telefone, era porque estava funcionando.

Outra pessoa que disse algo assim, e até exagerou um pouco, foi um diretor de um banco em outro continente, amigo do Grande Urso. Ele soube de algumas passagens que estariam neste livro e queria me levar para dar uma palestra motivacional para os funcionários naquele país. Eu expressei o "complexo", como se referiu a responsável pela empresa, e ele respondeu que eu falava melhor o idioma dele do que ele o meu; logo, poderia dar a palestra. Ainda disse que não era para me importar se não falasse corretamente, senão que simplesmente falasse sem vergonha nenhuma, pois o importante era que eles estavam entendendo e pronto.

Essa foi uma lição importante, mas não é tão simples e **exige um trabalho sobre nós mesmos.** Mas é certo que não falar retarda muito o aprendizado. **Na prática, é melhor falar e cometer erros do que não falar com medo de cometê-los. E em tudo é assim.**

Nesse tempo, tive vários eventos sociais e pude trabalhar para tirar esse complexo, que diminuiu bastante, mas ainda persiste. **Se tivesse me importado menos com o exterior e mais com o interior, teria vencido.** Para ver como **precisamos de um trabalho sério e persistente.**

Teve um evento social que foi um "bico" que arrumei para ser garçom em casamentos orientais. Mas nesses casamentos não tinha espaço para o tal complexo, pois era uma correria que somente parava na hora do bonito ritual que havia entre os noivos, coordenado de tal forma que fazia diminuir **a fantasia, a expectativa e a ansiedade. Afinal, esses fatores são diretamente proporcionais aos nossos fracassos** em qualquer campo, o que quer dizer que, quanto mais expectativa se tem de algo, mais probabilidade tem de não dar certo; quanto mais detalhes a gente fantasia de algo (um encontro, por exemplo), há mais chances de aqueles detalhes não acontecerem, ou pior, de acontecerem ao contrário. Por isso, a fantasia e a expectativa devem ser eliminadas. Também **não é bom planejar completamente,** pois se assim o fizermos não deixamos espaço para que Deus atue, e aí podemos estar certos de que não vai sair como planejamos.

A Ana vinha em uma excursão e ela, sim, estava com expectativas, e isso foi danoso, tendo diminuição do número de participantes e correndo-se risco de não ter o mínimo de pessoas necessárias. Depois houve as explosões (a segunda série depois que eu estava ali) que mexeram com o psicológico dos excursionistas. Por fim, no dia da viagem, houve atraso na conexão aérea e perdeu-se o voo seguinte, atrasando a chegada em cerca de quatro horas.

Mas ela chegou (oba!) e quando conseguimos sair do aeroporto pegamos o metrô, que ainda estava em reparos e com várias interrupções que nos obrigaram a trocar de linha devido às bombas dos dias anteriores. Mas nem assim conseguimos chegar perto de casa, e tivemos que descer no centro da cidade. Bem, nem tudo foi ruim, pois, como consequência, a primeira imagem que a Ana teve do lugar foi da escultura do Cupido, também conhecido como Eros.

Marcante e curioso ela ser recebida, na cidade que sempre sonhou conhecer, pelo símbolo do amor, visto que queria terminar o namoro pela distância de projetos que ela via entre nós. **Às vezes o problema não está na situação, mas de como a gente vê a situação,** pois lá no seu interior ela tinha um projeto melhor e mais duradouro do que o meu. Melhor dito, eu nem tinha planos, ia **"sentindo o vento e ajustando as velas"**[1], mas conscientemente ela não aceitava o projeto, que no fundo era dela mesma. Enfim, acho que **o cupido é mágico** porque, nas próximas horas,

---

1 Referência ao pensamento "O pessimista reclama do vento, o otimista espera que ele mude, o realista ajusta as velas", de autor desconhecido (N. A.).

voltamos aos bons sentimentos, sinalizados pelo 25, O Argonauta, que traz por direito uma estrangeira.

Naquele país é tradicional o uso de banheira e, assim, ganhamos sais e tudo mais e fomos experimentá-los, mas quem conhece verdadeiramente o corpo humano diz para **não se molhar durante e após, pelo menos, duas horas de práticas sexuais** porque a água apaga o fogo e causa circuitos incorretos na energia, o que quer dizer que, com o tempo, pode-se chegar à impotência sexual. Eu não testei isso nem quero, porque a potência sexual é responsável por muitos dos poderes de um mago, e pode ser trabalhoso readquiri-la quando se a perde (nesse caso deve-se utilizar a planta babosa – *Aloe vera* – e alguns rituais feitos com o cônjuge). Porém, tivemos alguns momentos românticos na banheira e o resultado não foi bom, porque resvalei e bati a cabeça... Então, o que sei é que dói a cabeça. E não quero saber mais.

E já que falamos nesse tema sexual, a Ana tinha tido um problema com um ovário antes de embarcar e a sua médica receitou que tomasse anticoncepcionais, tendo ou não relacionamento sexual, porque eles continham uma substância que seria útil para a recuperação de seu ovário. Acontece que ela estava pensando que a estada comigo seria mais curta e faltaram comprimidos, então nos indicaram um centro médico. Isso porque naquele país não se pode comprá-los em farmácias, senão que é fornecido por profissionais do controle familiar, desde que se faça primeiramente uma consulta.

Assim, fomos ao local indicado e eu me vi na diferente situação de ir ajudar a buscar **anticoncepcionais, que não fazem bem** e aos quais eu não sou favorável porque **restringem os poderes do casal de magos de luz.** Claro que esse era um caso diferente, mas fiquei me sentindo esquisito... Mais ainda com as perguntas da ginecologista. **É lamentável** que o ser humano não saiba mais como gerar (ou não gerar) filhos de forma consciente e voluntária. Mas é bom que se saiba que existe essa possibilidade, porque navegar é preciso.

Aliás, o 25, O Argonauta, fala em navegar na sua barca justamente quando a namorada veio me visitar. Curioso...

As férias se passaram muito rápido e, embora tenhamos feito muitos passeios, quando percebemos chegou o dia do embarque da Ana e ela foi ficando triste, dizendo que todas as pessoas que ela conhecia ficavam contentes quando chegava uma pessoa querida e tristes quando a pessoa partia, mas que eu continuava alegre, não parecendo sentir saudades. Resumindo, ela achou interessante que eu fosse diferente, mas muitas vezes não é assim: uma das pessoas que temos dentro de nós quer que os outros fiquem tristes quando partimos e também que sintam nossa falta. Esse condicionamento nos atrapalha.

Com isso, passamos a refletir sobre alguns pontos, por exemplo: **a tristeza enfraquece o ser humano e baixa a imunidade; devemos estar no presente e não é bom que se vá a extremos.** Mesmo porque, quando se vai a um extremo, é muito provável que se vá em seguida ao outro, e assim funcionamos como um pêndulo e não conseguimos manter a vida equilibrada. **Não há amor nos extremos do pêndulo, é outro sentimento que existe lá.**

Sobre a saudade, muitas vezes é apego, sentimento muito diferente do amor e que, em vez de ajudar, atrapalha o relacionamento. **Precisamos nos libertar de nós mesmos,** dos nossos sentimentos e pensamentos ruins, como o medo e o apego. **Todos buscam, de alguma forma, a liberdade, mas ao mesmo tempo têm medo dela: querem liberdade pela metade, pois quando a veem diante de si, ficam assustados.** Isso porque estão acostumados com os falsos suportes que os sentidos físicos e a mente veem na vida, enquanto a liberdade é baseada em outros sentidos e outras leis nas quais é necessário, primeiro, eliminar o medo para depois sentir o sabor inconfundível que a pessoa vai querer para sempre.

É necessário abandonar nossos sofrimentos e viver com mais sabedoria. Para isso aproveitamos o dia a dia: para ver como nos sentimos diante de um fato. Mais adiante, é preciso **desafiar a si mesmo e observar.** Sempre que eliminamos algo ruim em nós, deixamos de manifestar isso e passamos a vibrar e a atrair situações melhores.

Todos atraímos o que pensamos e sentimos ou, afinal, o que vibramos. Se nós criticamos alguém ou nos queixamos, estamos pensando em algo ruim e atraímos situações ruins. Se temos medo, esse medo é um pensamento, sentimento ou uma vibração negativa que atrai a situação que receamos. Exceto quando se está passando por uma prova, cada um atrai o que teme, o que reclama e o que cultiva. Quem tem pensamentos bons, ou melhor, quem vibra positivamente, tem uma vida também positiva.

Outros pensam assim, embora muitos guardem como segredo:

"O pensamento cria, o desejo atrai e a fé realiza. Isto quer dizer que **tudo o que você pensa, deseja e acredita que vai acontecer, acontece obrigatoriamente."**
(*O poder infinito da sua mente* – Lauro Trevisan)

"Você cria seu próprio universo durante o caminho."
(Winston Churchill)

*"***Qualquer coisa que a mente do homem pode conceber, também pode alcançar.***"*
(*Atitude mental positiva* – Napoleon Hill e Clement Stone)

> *"Tudo o que somos é o resultado*
> *de nossos pensamentos."*
> (Buda)

> *"[...] Que **o universo inteiro conspira pra um desejo se realizar** [...]*
> *O amor faz / tudo aquilo que alguém decide acreditar [...]*
> *O amor faz."*
> (*"O amor faz"* – Sandy & Júnior, 2001)

> **"E toda dor vem do desejo de não sentirmos dor.**
> *Quando o sol bater na janela do teu quarto lembra*
> *e vê que **o caminho é um só**."*
> (*"Quando o sol bater na janela do teu quarto"* –
> Legião Urbana, 1989)

Chegamos ao aeroporto e lá cantei como nos velhos tempos de Fogos de Conselho em acampamentos escoteiros: "Por que perder as esperanças de nos tornar a ver? Por que perder as esperanças se há tanto querer? Não é mais que um até logo, não é mais que um breve, adeus, bem cedo **junto ao fogo tornaremos a nos ver...**"[2]. E, assim, a Ana embarcou.

E eu, **o que estava atraindo?** Naquele momento, eram objetos desnecessários, fato bem sinalizado pelo chefe quando pediu para jogar fora objetos já não utilizados e viu meu olhar reticente. Disse ele que eu deveria ser cuidadoso, porque a **mentalidade ocidental estava dentro de mim e me fazia querer acumular objetos** – e quando se acumula algo, temos que zelar e proteger aquilo, o que nos toma dinheiro, espaço, tempo e preocupações. Ele estava certo... Tá bom... Luvas utilizadas

---

2 "Canção da despedida escoteira" (autor desconhecido).

por grandes lutadores vão para o lixo, porta-CD bonito também... E passado algum tempo, a gente nem usa mais CD.

Claro que o equilíbrio é importante e não vamos jogar fora o que precisamos, mas não devemos nos tornar acumuladores nem ficar apegados aos antigos objetos a ponto de não permitir que os novos entrem. Em outras palavras, **o novo somente entra se há espaço,** seja físico ou em nossa mente. E, às vezes, passamos boa parte da vida correndo atrás de algo e **quando conseguimos, vemos que não precisávamos**, nem tínhamos espaço para aquilo.

Em contrapartida, era muito comum encontrar pessoas que trocavam muito de visual e é fácil perceber que essas, com a mesma facilidade, trocam seus conceitos, tendo as vantagens de mudar completamente de um dia para o outro e uma adaptação relativamente fácil a novos mundos, ou seja, uma reação rápida, porém não são muito confiáveis porque mudam de opinião constantemente e **a falta de continuidade é um dos principais fatores de fracasso do ser humano.** É interessante ver que os extremos não são agradáveis, como ensina a mensagem ouvida por Sidarta Gautama (o Buda) que dizia: **"As cordas de um instrumento musical muito apertadas arrebentam-se, e muito soltas não produzem som";** assim também devemos estar constantemente buscando o equilíbrio.

Devemos ser capazes de mudar ou desistir – mas não sem reflexão, compreensão, segurança e base. As provas testam se vamos desistir e elas são feitas para nos tornar mais fortes. Quem desiste por qualquer motivo, fica superficial e fraco. No entanto, quem nunca desiste mesmo sendo avisado pela Lei, ou não muda de caminho por si mesmo quando necessário, pode sofrer, ser um tolo e também ser reprovado nas provas. Somente obedecendo aos avisos fazemos o correto. E perguntar para outros é pior ainda.

Quando recebemos o aviso, na maioria das vezes, não temos outra atividade para substituir a anterior e, assim, **temos que enfrentar a situação de trocar algo que estamos vendo, mas está nos prejudicando (ou não) por algo que não vemos ainda.** E como somos bastante materialistas e não temos muita fé, ficamos inseguros.

Temos que vencer a lei da inércia que nós chamamos de rotina. A rotina é automática e não admite reflexões, faz com que tudo que estiver andando continue andando e o que estiver parado continue parado, e isso leva à entropia, ou seja, desordem.

Fui buscar uma escola oficial pública. Eu queria estudar o idioma e ver como funcionava o ensino lá, mas segundo a moça que me atendeu: "Para estudar aqui, temos alguns requisitos... A não ser que a gente se case...", e falou algo mais, mas não vou repetir.

A moça bonita chega "do nada" e quer se casar comigo? Gente doida... Saí meio chateado porque não poderia aprender ali, mas três dias depois me ligou o coordenador do curso, dizendo para comparecer à escola. Quando fui, ele me entrevistou e encaminhou para a sala da moça de antes, mas dessa vez ela não estava e quem fez a documentação foi uma outra moça. Fiquei sem saber se tinha mudado algum requisito que agora permitia que eu pudesse ser matriculado, mas também não estava com muita vontade de perguntar.

No primeiro dia de aula, teve uma atividade de integração em que cada um dos 18 alunos disse o nome, o país de onde vinha, que línguas falava e quais entendia. Depois o coordenador repetiu todos os dados de todos os alunos sem olhar em qualquer papel e sem errar ou esquecer nada. Ficamos todos assombrados com a capacidade que ele tinha. E ele disse que todos podem desenvolver essa faculdade. Será que é possível? Não cheguei a aprender isso, mas fiquei interessado.

Foram feitas duplas de alunos que não se conheciam e um ficou encarregado de apresentar o outro. O rapaz que fez dupla comigo criou uma história muito elaborada citando o que eu, supostamente, tinha feito, onde tinha crescido e quem eram os meus parentes... Ele dava detalhes de como tinha acontecido e de como tinha melhorado a cidade depois do que eu tinha feito (que, na verdade, eu nunca tinha imaginado fazer). Ele não me deixava interromper enquanto a turma toda estava acreditando e eu ficando indignado e sem jeito, até que, finalizando, ele disse que eu era conhecido como "Alexandre, o Grande", que tinha "governado com boas mãos" e que tinha sido presidente do País... Só aí que a maioria das pessoas percebeu que ele estava brincando, mas ainda assim nem todos perceberam, porque ele transmitia segurança. Eu nunca tinha visto alguém tão bom em criar histórias e convencer os outros, e isso me fez perceber que muitos ídolos não passaram de pessoas comuns, dos quais foi criada uma história, pois **não é necessário ser ótimo no que se faz, desde que se tenha uma boa propaganda.**

Na escola, também tivemos a oportunidade de conhecer um pouco sobre uma religião, pois estava começando um período sagrado para os seus fiéis. Como quase metade da minha classe era adepta desse ramo religioso e eu não sabia o que eles faziam naquele período, perguntei para duas colegas. Com as respostas comprovei que, tirando excessos acrescentados pelo homem, todas as religiões são boas e levam ao caminho do Pai. Nós temos a aprender com alguma religião, depois com outra e quem sabe em outra existência, com outra ainda, os diferentes pontos do conhecimento, de acordo com o *Zeitgeist*, ou seja, a cultura, conhecimento e desenvolvimento geral da humanidade naquele momento; também de acordo com o clima, região e a saúde. Tudo isso até que pratiquemos as bases religiosas que ficaram e estão dentro de nós desde sempre, então passamos a expressar valores religiosos que estão e irão conosco aonde formos, sem necessidade de que se siga uma religião em particular.

No caso da religião perguntada, os adeptos **não devem comer carne nem derivados de porco,** mas comem carne de vaca, bastante frango e peixe. Já outro grupo religioso muito volumoso naquele país come muita ovelha e frango, não come carne de vaca e **não come porco e derivados.**

Uma fé é sempre importante, **"Pedi e dar-se-vos-á, batei e abrir-se-vos-á, buscai e achareis"** (Mt 7:7), como nos ensina Jesus, o Cristo, e o resto a gente vai aprendendo, quer dizer: **"No caminho vai-se arrumando as malas".**

Com meu interesse pelo que eles faziam, uma das moças chegou a pensar que estava gostando de mim não só como um amigo e manifestou isso para uma outra colega, que nos chamou e saímos juntos da escola. Já na rua, ela falou: "Ela gosta de você! E tem interesse...", e a outra confirmou. Eu me senti estranho, porque não tinha nada entre nós e eu sempre achei esquisito uma pessoa chegar "do nada" e vir com assuntos românticos. Parecia a moça que queria se casar comigo para que eu estudasse ali. Esse Argonauta põe a gente em cada situação... Mas enfim, a menina entendeu que eu tinha namorada, da qual gostava muito e que fazia meu coração vibrar e meus lábios sorrirem.

Chegou o momento de fazermos o primeiro discurso, utilizando os recursos do computador e do projetor. Essa apresentação me rendeu dispensa das aulas de algumas matérias, mas vou contar o caso por outros motivos. O assunto foi sorteado e para mim ficou o relacionado com as mudanças na família, especialmente com as mulheres, nas últimas décadas.

Para essa apresentação, foram chamados os alunos do nível superior, a coordenação do curso e a direção da escola, o que intimidou a maioria dos alunos, os quais nunca tinham falado em público. Não foi o meu caso, porque eu tinha dado conferências desde a adolescência. Meu maior problema foi que eu me dava conta dos erros no idioma: isso aconteceu muitas vezes e me deixou envergonhado. Era o complexo bobo que deveria sair.

Os colegas que iam apresentar outros temas não foram à aula e, assim, a professora ampliou meu horário e pediu para utilizar todo o tempo porque seria aborrecedor fazer os diretores e alunos virem para se ocupar somente de alguns minutos.

Tudo bem. Uma introdução com *slides* usou algum tempo e permitiu um relaxamento (inclusive meu), e então desenvolvi o tema. Recebi ao final os cumprimentos das hierarquias locais, que disseram que eu era bom nisso e me convidaram para fazer um discurso na universidade do mesmo grupo escolar. Acho que o amigo do Grande Urso que queria me levar para falar no banco disse o mesmo para eles, porque utilizavam as mesmas frases e queriam me convencer a ir. Eu achei que isso era algo que eles diziam para todos a fim de nos incentivar, de modo que não me senti nem um pouco envaidecido. Diria até que me diverti com os meus novos apelidos de "Mago dos Discursos", "Mago do Computador" ou apenas "Mago" – e desse também o Grande Urso tinha me chamado, quando dizia que não sabia se eu tinha feições daquele continente, mas que, com certeza, eu tinha feições de Mago. Não tenho a mínima ideia de como sejam as feições de um mago e se for mesmo, que seja de luz. Que eu nunca faça mal aos outros e que não tenha "nariz comprido", nem voe em vassouras, se é que a versão masculina faz isso.

O mundo mudou e temos que nos adaptar a ele. Mesmo que quiséssemos, não conseguiríamos voltar àquela situação de antes da revolução feminina, porque o momento é outro. Resta-nos a adaptação e é isso que a Lei está nos proporcionando neste momento, usando como base para uma seleção.

Adaptação às novas situações, às novas classes sociais, ao meio ambiente, às novas doenças. **A adaptação nos exige a eliminação de apegos à situação antiga (que já não existe).** Temos que avançar resolutamente e sem olhar para trás. E mesmo no presente, aquilo que não nos serve, como **o excesso de tecnologias (televisão, redes sociais etc.), deve ser deixado em prol de uma consciência, de exercícios, que são muito necessários para o corpo, e de um tempo para nossas práticas diárias de concentração e meditação.** Do contrário, seguimos desenvolvendo a ciência isolada dos outros pilares do conhecimento, como a mística.

Hoje, as músicas, os desenhos animados, jogos e filmes, além de adormecer nossa consciência, fazem com que pensemos o que os produtores querem, então o avanço tecnológico não foi acompanhado de um avanço da consciência. **As músicas foram substituídas por outros tipos, com grande tecnologia... Inclusive para cadenciar e ordenar a nossa mente ou esconder mensagens subliminares terríveis.** As atividades de integração agora se referem a integrar as crianças com a máquina e não temos mais paciência, queremos tudo imediatamente pela força da ansiedade que habita nosso interior.

Dessa forma, é interessante dar uma olhada no passado e comparar com o presente para ver se não estamos indo para um caminho que nos torne infelizes ou que nos guie para longe do Pai. Da mesma forma, é interessante olhar para o futuro, mas em ambas as situações logo devemos voltar à realidade do presente para não cairmos no erro de viver **no passado ou no futuro, mundos que não são reais nesse momento.** E mesmo do presente, devemos selecionar o que queremos.

Assim voltamos ao que estava acontecendo ao Argonauta, cuja carta diz que se deve avançar sem medo buscando-se a proteção divina que dessa maneira outros virão para protegê-lo. E precisava mesmo de proteção, pois chegou o dia das bruxas e, com ele, várias situações, umas com moças – como aquelas que, surgiam "do nada" e, parecendo bondosas e bonitas, queriam sugar nossa energia –, outras com comemorações (?!) que começavam com crianças que batiam nas portas e gritavam: "Gostosuras ou travessuras" em casas que, geralmente, tinham perto das janelas abóboras com olhos, nariz e boca, por onde saía a iluminação de uma vela. À noite, havia festas, algumas das quais exigiam para a entrada que a pessoa vestisse trajes bruxescos (?!) ou ainda vampiros (??!!). Pareciam brincadeiras inocentes e divertidas, mas **atrás dessas festas se escondem coisas diabólicas.** Existem tantas brincadeiras sadias que fazem parte da essência de qualquer ser humano ou animal que essas são sabiamente dispensáveis. Do contrário, o combate se torna necessário para proteger o que já se conseguiu e a vida.

Falando em brincadeira, outro quarto da casa foi alugado para um rapaz e, num momento, fui falar com ele, mas este não ouviu porque estava com fones de ouvido: então, por brincadeira, cutuquei-o nas costelas. Ele deu um salto e o prato que estava em seu colo subiu mais de meio metro no ar... A maioria dos seres humanos é assustada por natureza. Eu sou o mais assustado.

Outra vez, peguei um foguete de espuma do filho do dono da casa e o levei para a academia para dar um bom susto no chefe, mas levei o troco quando ele encontrou na rua um manequim coberto com uma textura escura que o deixava muito parecido com uma criatura com silhueta humana, um humanoide. Então, o chefe colocou a criatura no corredor que estava na penumbra e me ligou, pedindo que eu abrisse a porta. Quando vi o vulto, dei um pulo de susto e ele riu muito, logo nós dois rimos porque esse tipo de brincadeira une as pessoas e descontrai, desde que não seja levada a extremos e não se façam atividades perigosas.

É claro que não podemos estar sempre brincando e uma brincadeira pode estragar um negócio que estamos fazendo. E também se estraga um negócio se não disser: "Fechado" e apertar a mão; pelo menos o Grande Urso dizia que era assim naquele país, pois caso contrário não era levado a sério e poderia levar a uma situação ruim e até a um combate.

Bem, seria um combate mais ameno, diferente do que o chefe me convidou para assistir, que era um evento que envolvia luta livre em várias categorias, sendo a mais elevada a disputa pelo cinturão continental.

Eu não tenho atração por ver pessoas se soqueando, chutando ou qualquer outra forma violenta que balance o cérebro e para mim, quando se briga, é porque terminou o limite do entendimento e, assim, não é por pequenos motivos e nem por demonstração de força. Briga-se quando é para valer... Mas o chefe disse que seria importante eu assistir para rever meus conceitos, pois as pessoas participavam voluntariamente do evento a fim de vencer-se – vencer a dor, o medo, a agonia, a raiva – e, enfim, ficar psicologicamente mais forte: então não era só o prêmio que interessava. Além disso, ele já tinha comprado convites *vip* que davam direito a uma mesa encostada no ringue, com bebida e jantar (?!), contando com a minha presença.

Aquilo parecia, realmente, maluquice... Íamos assistir a duas pessoas brigarem enquanto tomávamos e comíamos algo a menos de dois metros do local onde eles estavam. Por outro lado, se existisse isso que o chefe falou de a pessoa vencer-se, então seria interessante... Enfim, com traje mais bonito do que o do dia a dia, fomos com dez alunos que treinavam uma arte marcial, especialidade da academia.

Foram apresentados o juiz e as poucas regras e, logo, foi chamada a primeira dupla de lutadores. A partir daí, acabou a descontração e cada um que estava na mesa foi visto assustado e se encolhendo ao ver um rapaz ser espancado por um grandalhão. Eram os mesmos bárbaros jogos da Antiguidade, ou a evolução dos jogos, onde dois gladiadores se matavam e o povo assistia, aplaudia e ria, só a roupa (do evento) era diferente... E dizem que a humanidade melhorou...

Minhas instruções eram para observar, especialmente, o comportamento do público feminino, que mostrava medo e delicadeza até o momento em que aparecesse sangue, então gritava e queria ver mais briga. E foi exatamente assim que aconteceu. As mulheres e os homens se transformaram com o decorrer da luta que assistiam, deixando que instintos e sentimentos infra-humanos aflorassem e tomassem conta do corpo.

De minha parte, eu tinha um grande trabalho a fazer sobre mim mesmo, porque estava com o coração disparado, com as mãos suando, tenso e cheio de agonia. Os narizes quebrados, cortes e olhos roxos passam também, pensava eu. Além disso, **pedia ajuda aos céus e à Mãe para que fossem tirados de mim a tensão e os outros sentimentos negativos,** o que teve um resultado muito positivo, e aos poucos consegui ficar mais sereno. **Serenidade essa que era perdida quando eu começava a torcer por um dos lutadores,** pois nesse caso surgia outra agonia e eu tinha que fazer muitas reflexões novamente. Pior foi quando apareceu um lutador com a bandeira de meu país de origem... A gente tem dentro de si uma criatura bairrista que deve ser eliminada como as outras.

Na volta, por incrível que pareça, um dos alunos falou em ganhar a vida lutando, ainda que ele tivesse um bom emprego com um salário muito bom. Quem entende? Bem, talvez ele fosse do raio marciano porque do meu raio ele não era.

Outra situação que não se encaixa no meu entendimento é quando os pais querem o casamento programado de sua filha ou filho, acreditando que o amor venha depois. Na verdade, obviamente, é o contrário: primeiro vem a simpatia, depois a amizade, depois o amor e enfim o casamento. Eu fiquei assombrado quando vi alguém falar da lista de "pretendidos" e que desses, "*fulano* não poderia porque tinha namorada, *beltrano* não, porque era de uma classe um pouco inferior" etc. Coisa ridícula e antiquada. O resultado disso é que, tradicionalmente, existem amantes nos relacionamentos. Assim fica inviabilizado o desenvolvimento interior que pode elevar o ser humano a outro estado de consciência. Para consertar esse tipo de situação, nos conta a história que Helena Blavatsky teve que romper com o primeiro marido e se casar novamente.

Já é difícil o trabalho e tentações vêm para tirar a pessoa do caminho havendo amor, então imagine sem, ou se nos envolvemos em vários relacionamentos. Quando estão próximas duas pessoas, as energias de um e outro se misturam. Se estamos com uma pessoa muito agitada e vamos fazer uma prática de concentração, teremos mais dificuldade porque há interferência na nossa energia. Se usamos uma roupa (uma camisa, por exemplo, que é de outra pessoa), nas primeiras vezes que a usamos nos sentimos e agimos um pouco como a dona da camisa. **Se misturamos nosso sangue com o de outra pessoa ou se temos um relacionamento sexual, as energias se misturam mais profundamente de forma que se misturam os Carmas,** porque se entende que eles escolheram trilhar um caminho juntos. Assim, quando se tem união sexual com mais de uma pessoa, também se adquire Carma desta outra pessoa e assim por diante, o que complica demasiadamente a vida.

Eu tive sorte, porque a Ana decidiu que queria deixar a empresa e morar comigo. Com isso, poderíamos praticar e avançar **no caminho secreto em que somente entram casais que se amam.**

Quando a pedi em casamento, ela disse que não tinha planos de noivar e nem de casar, mas queria viver comigo e ir para onde eu fosse.

A Organização do Universo entende diferente e era muito provável que houvesse casamento porque Ela gosta que sejam cumpridos os requisitos do mundo em que se vive. Assim, há mais responsabilidade, embora o documento físico não tenha valor para essa Organização. Mas não precisávamos falar sobre isso naquele momento. A resposta da Ana foi ótima.

Quando decidimos isso, vieram energias negativas que tentaram atrapalhar e confundir-nos, além de outras pessoas que queriam se meter entre nós e, por incrível que pareça, muitas vezes nossa própria mente agia contra nós. Era necessário avançar resolutamente, como dizia a carta 25.

Mas os dias se passavam rapidamente e, dentro de pouco tempo, eu estaria embarcando para o meu país de origem e... Chegou o dia... Um amigo quis fazer uma pizza – uma pena que era de calabresa (com derivados de porco), deixei para ele. Fui até a academia para irmos juntos ao aeroporto, pois os chefes estariam embarcando para auxiliar voluntariamente pessoas de um país que foi atingido por um *tsunami*. Por fim, voei e, num aeroporto da terra conhecida, esperava-me a querida que, prevenida como sempre, já tinha organizado tudo.

Foi muito bom sentir o aroma do sítio...

"AS CORDAS DE UM INSTRUMENTO MUSICAL
MUITO APERTADAS ARREBENTAM-SE; MUITO SOLTAS,
NÃO PRODUZEM SOM."
(MENSAGEM OUVIDA POR BUDA)

26

O PRODÍGIO

*"Foi tempo de romper e é tempo de coser;
tempo foi de falar e é tempo de calar."*

26

O arcano 26 é O Prodígio e, somado, nos leva ao 8 (A Justiça), que, estendido na horizontal, é o símbolo do infinito. Esotericamente, se diz que infinitas são as possibilidades da Mãe.

"Neste Arcano podemos ver esse viajante que muitas vezes não encontra resposta às suas inumeráveis perguntas [...] É o indizível, o inexplicável de nosso caminho; ali exclamamos: 'Onde está o caminho que não o vejo? Onde estão minhas obras que não aparecem? Onde estão meus amigos que se foram? Onde está minha família que não me acompanha?'".

"O Prodígio nos convida à reflexão, ao silêncio, à compreensão... **sendo justos, equilibrados, amorosos, desinteressados.**"

"É a ação do tempo como justiça e poder de manifestar-se."

"Devemos pedir... Erradicar de nós as injustiças, a tirania e o desamor."

"Revisar os atos de sua vida para que seja o Amor que determine todos os seus atos, que não haja injustiças e, assim, sereis protegidos e ajudados... **Este Arcano determina, também, Prudência.**"

"O travesseiro é bom conselheiro; não tema o inesperado; siga a guia de seu subconsciente."

Todos perguntavam o que eu pretendia fazer no antigo país e eu sabia que **não era prudente falar de planos futuros,** menos ainda na casa do Prodígio. Mas quebrei a regra dizendo que pretendia ser motorista de ônibus, pois para isso eu apenas teria que acrescentar essa categoria à carteira de habilitação e fazer um procedimento de validação em um segundo país para dirigir no terceiro. Era legal e aparentava ser relativamente fácil, então, julguei que não teria problema se falasse para as pessoas e, mesmo que uma onda negativa atingisse meu plano, essa atividade poderia ser substituída.

Não foi uma boa ideia, já que "rodei" no teste de direção duas vezes, coisa em que nem os colegas conseguiam acreditar nem o instrutor, que dizia que eu poderia dar aulas para ele. **É necessário aprender com a derrota,** de nada adianta protestar. É necessário calar e refletir.

Cada vez que se roda, vai-se gerando um peso imaginário a mais sobre nós. Mas esse peso é imaginário, repito. Temos que fazer o máximo para nos livrarmos dele, ou o exame se tornará muito mais difícil.

Na segunda vez, eu não estava com pressa nem nervoso. Mas quando entrei no veículo, parecia que algo tinha se jogado em cima de mim e me deixou "fora da casinha". Naquele dia, todos que fizeram o exame prático foram reprovados. Com isso, eu teria que fazer mais algumas aulas e esperar mais 15 dias para o novo exame, porque desistir não estava sendo cogitado. Apesar de que muitos diziam para deixar isso de lado porque ninguém na família era motorista de ônibus. **Sempre tem os que querem que se desista.**

Mas com isso mudei de estratégia, passando a dizer que não sabia o que ia fazer naquele país e não falei mais da prova, a terceira que eu faria.

Nessa oportunidade, alguém falou que o avaliador era muito radical, mas eu estava completamente seguro e tranquilo e, sem me achar bom, ou melhor dito, sem qualquer outro pensamento e sem dúvida, eu disse que poderiam colocar o avaliador que quisessem que eu ia fazer o que deveria.

Nessa vez, passei sem perder pontos. **A dúvida nos derruba.**

Logo chegou a virada do ano. Mas não parece muito sensato comemorar isso nos tempos atuais, então, daquela vez, comemoramos o antigo ano, pois antes do final do ano a Ana tinha vindo morar comigo, deixando a empresa na qual trabalhou por 11 anos.

Sem dúvida, buscávamos manter as duas gotas de óleo como ensinado no conto oriental "O segredo da felicidade", mas também é certo que o domínio do processo exige aprendizado e paciência.

O SEGREDO DA FELICIDADE[1]

Um mercador enviou o filho para aprender o segredo da felicidade com o mais sábio de todos os homens.

O sábio ouviu com atenção o motivo da visita do rapaz, mas disse-lhe que, naquele momento, não tinha tempo de lhe explicar. Pediu que o visitante desse um passeio pelo palácio e levasse uma pequena colher na qual pingou duas gotas de óleo que não deveriam ser derramadas e retornasse duas horas depois.

O rapaz foi mantendo sempre os olhos fixos na colher e, ao fim, retornou. O sábio perguntou se ele tinha visto as tapeçarias na sala de jantar, o jardim que tinha levado dez anos para criar, os belos pergaminhos da sua biblioteca etc.

O rapaz não tinha visto nada. Sua única preocupação fora não derramar as gotas de óleo que o sábio lhe havia confiado.

---

1 Adaptado de Castilho (2000). Grifos meus.

— Pois então volte e conheça as maravilhas do meu mundo. Você não pode confiar num homem se não conhece sua casa, disse o sábio, mas leve novamente a colher com estas duas gotas de óleo.

Já mais tranquilo, percorreu o palácio, reparando em tudo e na volta contou ao sábio, maravilhado.

— E onde estão as duas gotas de óleo que lhe confiei? – perguntou o sábio.

Só aí que o rapaz percebeu que as havia derramado.

— Pois este é o único conselho que tenho para lhe dar – disse o mais sábio – **o segredo da felicidade está em saber admirar todas as maravilhas do mundo sem nunca se esquecer das duas gotas de óleo na colher.**

A forma de morarmos no país anterior era com um visto que não fosse de turista e, com isso, a única possibilidade, no nosso caso, era solicitar o visto de noiva para a Ana.

Assim, encaminhamos o pedido e passamos a esperar pela resposta... **O Prodígio não é para atuar, ele acontece.** Por isso, a carta deste número mostra o lado esquerdo do iniciado, indicando que é passivo, mas o que se for fazer deve ser feito de forma amorosa e justa.

Enquanto esperávamos, poderíamos admirar o nascer do sol, mas nem sempre conseguíamos, às vezes por estar nublado, chovendo ou por preguiça – mais uma pessoa interna que deve ser eliminada. Ainda bem que o sol levanta todos os dias, criando lindas cenas para serem contempladas, absorvidas e cantadas, como diz a canção: "Todo o dia o sol levanta e a gente canta ao sol de todo o dia..."[2].

Também continuava escrevendo um livro (digamos que seja gêmeo deste), porém aquele traz o que aconteceu no físico e este, o que estava acontecendo internamente e o trabalho para se desenvolver no espiritual.

---

2 "Canto de um povo de um lugar" – Caetano Veloso, 1975.

Os dois livros são como as dimensões paralelas do universo, elas estão no mesmo lugar, mas não se confundem, porque cada uma tem sua vibração. Interessante que o livro sobre o "físico" tem muito mais escrita e é assim: quanto mais elevadas as dimensões, menos se fala e mais se vê, sente e compreende. Por isso, da meditação (sexta dimensão) não se tem como falar, é indescritível. Só podemos ensinar a fazer.

Porém, apesar da disciplina que eu tinha, não é tão fácil escrever. Em alguns momentos, o meu orgulho se sente ferido e tenho que me vencer para poder relatar aquilo para que você leia.

Outro programa que fizemos foi almoçar com amigos. Em um desses estavam antigos colegas de escola na adolescência. Vários tinham estudado bastante e agora eram bem conceituados e contavam com boas e admiráveis profissões.

Eu pensei, e assim o manifestei, que poderia ter seguido um caminho como o deles (ainda mais que, nesse tempo, parecia que eu não tinha avançado nada do caminho esotérico e as próprias experiências sumiram – eram os questionamentos do 26, O Prodígio), mas todos disseram que pensaram poder ter seguido um caminho como o meu. E logo alguém disse que **o caminho do outro parece sempre melhor**, mas, refletindo, cada um se sentiu contente com a sua vida.

Por fim chegou algo do Consulado, mas não era o que esperávamos: teoricamente, viria uma autorização e Ana viajaria como noiva e pronto, mas em vez disso veio uma convocação para nos apresentarmos em determinada data na sede do Consulado daquele país para uma entrevista. Ou seja, teríamos que noivar de fato. Isso era ação da Lei que coordena o universo. **Era necessário noivar.**

Assim, colocamos as alianças no dia 9 às 9h, com um lindo litoral visto da janela do avião, uma noiva linda e contente e sem testemunhas visíveis. Mas quem precisa dessas testemunhas?

Fomos entrevistados e foram colocados meus dados no passaporte dela, sendo concedido o visto de noiva com validade de seis meses; porém, se não nos casássemos nesse tempo, a Ana deveria deixar o país. Era a Lei agindo novamente, **o Prodígio é a própria Lei.** Sim, era necessário nos casar formalmente. E não tinha muito tempo, pois teríamos que organizar a viagem e os papéis para o casamento no exterior, para o qual não sabíamos exatamente quais seriam as regras, mas certamente teríamos que agilizar o meu divórcio, que já estava tramitando.

Falando em divórcio, às vezes a Ana me chamava pelo nome do ex-marido e eu a chamava pelo nome da ex-esposa, situação que poderia terminar em separação, briga ou discussão para algum casal. Mas nós aprendemos a brincar com isso, embora quem se enganava sempre se sentia um pouco chateado nos primeiros minutos (opa, tem mais uma pessoa interna aí). Mas mais chateados ficavam os familiares, quando eles trocavam os nomes e não sabiam como corrigir, e com eles acontecia com maior frequência.

Leva algum tempo para que o cérebro faça uma nova trilha e isso é normal. Uma forma de acelerar o processo é acabar com a mecanicidade que existe dentro de nós, mas isso exige algum trabalho. Essa mecanicidade não tem nada a ver com amor e nem com histórias fantasiosas que as pessoas criam de estar junto com outra pessoa, fantasias que não deveriam existir, pois introduzem veneno no organismo.

Mesmo **as histórias que criamos antes de dormir consomem energia, bagunçam a máquina humana e atrapalham o processo do sono.** Eu utilizava muito dessas fantasias e custou-me muito trabalho e auxílio da Mãe para modificar o comportamento e, de vez em quando, alguma ainda vem querer atrapalhar.

Que tal se pudéssemos falar palavras mágicas ao nos deitar e passar por um portal para um mundo incrível em que se pudesse voar e ir à sala de justiça como os antigos super-heróis? E se eu lhe disser que é assim? Quer experimentar? Elimine as histórias fantasiosas e **não ponha nenhuma dúvida,** só se deite de costas e pronuncie **uma dessas palavras** muitas vezes (pode ser mental ou verbalmente, ou ainda, algumas vezes verbal e muitas mentalmente):

Laaaaaaa - rrrrrrraaaaaaa - sssssss

ou

Faaaaaaa - rrrrrrraaaaaaaooooooonnnnnnn

Em qualquer das duas, o *r* é pronunciado vibrando como um motor e cada hífen é uma inalação. No momento em que sentir uma preguiça e uma vontade de virar de lado, continue. Quando sentir um friozinho e o corpo ficando leve, levante-se devagar para explorar o mundo dos sonhos com a vantagem de estar consciente em vez de sonhando.

Os dias começaram a correr e a Ana, acostumada a arrumar antecipadamente as malas, sentiu um certo estresse. Mas logo voamos e no antigo país nos esperava o casal de chefes para nos levar à casa em que íamos ficar.

> "O SEGREDO DA FELICIDADE
> ESTÁ EM SABER ADMIRAR TODAS
> AS MARAVILHAS DO MUNDO
> SEM NUNCA ESQUECER DAS DUAS GOTAS
> DE ÓLEO NA COLHER."
> (EXTRAÍDO DE UM CONTO ORIENTAL)

27

O INESPERADO

"Nem excesso de mel para adoçar nem vanglória para prosperar."

27

O arcano 27, O Inesperado, nos diz: "neste Arcano encontramos o arqueiro que se prepara para lutar contra as harpias que **o assaltam desde a sua mente** e contra os escorpiões que, como emanação diabólica, nascem das gotas de sangue vertidas pela Medusa; este homem, em sua solidão, não encontra mais remédio que empunhar seu próprio arco para defender-se…"

"Este arcano nos convida a refletir sobre nossa Obra e compreender a profunda necessidade que temos de **utilizar nossas próprias armas** para defender-nos e abrirmos passagem e continuar nosso caminho."

"**A flecha que este arqueiro utiliza não é outra coisa senão o poder de seu Verbo,** a palavra impulsionada pelo arco de sua coluna espinhal, com sua serpente ígnea exercendo seus mágicos poderes; assim lançando estas flechas como lanças que se cravarão nos corpos fantasmais de nossos próprios eus demônios, deixando-os inertes, sem vida, sem o poder de atacar-nos, para continuar **a vida interior como causa determinante da vida exterior.**"

"Decididos a trabalhar na morte de nossos agregados, na **liberação de nossa pérola seminal, cultivando nossas sementes,** limpando-as das maldades que as invadem e fazendo com que nossa **figueira dê frutos.**"

"Nos lares onde se trabalhe na Obra [...] devem reinar os diálogos construtivos de Sabedoria; devem reinar os aromas que perfumam o ambiente e que preparam a atmosfera para a celebração do Ritual da Morte e da Vida."

"Deve-se pedir diariamente ao Arcanjo Orifiel que nos prepare, que nos ajude para enfrentar a Morte psicológica."

"Em geral: busque o maravilhoso sem submeter-se a fantasias; o universo é a maravilha de Deus; **aprenda a descobrir o surpreendente no cotidiano.**"

O número traz como direito: triunfo condicionado, surpresa, achado, descoberta tardia e como revés: conjuração, traição.

Então, algumas tarefas que nos traz este arcano são: vigiar a mente, usar o verbo e cultivar a semente.

Eu moraria no Inesperado e ele me acompanharia em qualquer lugar, mas fisicamente nosso endereço voltava a ser o sótão da casa do Grande Urso e o emprego voltava a ser na academia. Porém agora ambos trabalharíamos lá, iniciando na semana seguinte, quando voltássemos do país onde eu faria uma parte do processo de troca da carteira para poder dirigir profissionalmente no país onde estávamos.

Nesse outro país, ficamos na casa do motorista do caminhão com o qual entregamos carros, eu e ele, no ano anterior. Ele ajudou bastante, mas mesmo assim algumas coisas necessárias não foram possíveis de serem feitas nessa oportunidade, porque se tornavam circulares, ou seja, uma precisava da outra e o outra precisava da primeira. Era necessário se adaptar, pois cada país tem o seu jeito de conduzir as coisas e, **com paciência, aparece a forma de se fazer.**

Na volta à cidade da academia e do Grande Urso, nos matriculamos em uma escola, buscando falar melhor o idioma local. Essa escola organizava excursões a diversas cidades e, com elas, fomos para uma cidade de águas termais medicinais, onde havia o Templo de Minerva.

Minerva, na mitologia, é a Mãe Divina, a parte de nosso Ser que permite que nos seja imposto qualquer castigo, caso necessário, e recebido prêmio, caso merecido. Ainda, segundo a mitologia, o Pai – **Deus, Zeus ou Júpiter – tem outras funções e deixa a cargo da Mãe a última palavra e o voto decisivo no destino da pessoa,** quando os juízes da Justiça Divina, coordenados por Anúbis, estão por decidir. É interessante que a mitologia disponha assim os personagens, já que o Pai representa a justiça e o rigor, enquanto a Mãe representa a misericórdia e o amor. É muito melhor ser julgado com amor do que com rigor, embora sempre exista o equilíbrio, porque justiça sem misericórdia seria tirania e misericórdia sem justiça seria complacência com o delito. De qualquer forma, daí surgiu a expressão "o voto de Minerva", tão utilizado nos dias atuais para significar desempate.

Eu não esperava ver o templo ali e senti algo inesperado, diferente e agradável – ao vê-lo, fisicamente, à minha frente, embora do templo original restasse pouco: as únicas que estavam conservadas eram as piscinas presentes ali, porque Minerva rege a água terrena e humana.

Quando saímos do templo, fomos conhecer o restante da cidade, acompanhados por (quem sabe) Fernão Capelo Gaivota, a gaivota que buscava liberdade e perfeição no livro que vale a pena ler (*Fernão Capelo Gaivota*, de Richard Bach). Quando chegamos ao ônibus para voltar, a Ana entrou e eu fui comprar uma garrafa de água em uma lanchonete numa casa muito antiga. Aproveitei para ir ao banheiro, que era em um dos subsolos. Mas para chegar lá, desci por uma escada de madeira que rangia ao pisar, assustando-me a cada passo, além do que abaixo do térreo estava tudo na penumbra. Ainda tive que descer mais um andar até encontrar o banheiro.

Quando já ia sair, ouvi uma porta abrindo com um ruído de filme de suspense, vozes meio desesperadas e o raspar de uma corrente ou algo assim, e com isso subi as escadas "à bala".

Quando cheguei, a Ana me perguntou onde estava a garrafa de água. **Eu tinha esquecido da água,** como no conto do segredo da felicidade, quando o rapaz se dá conta de que derrubou as duas gotas de óleo. Ainda pior, porque ele teve uma segunda chance, enquanto nós ficamos sem a água porque o ônibus partiu.

Depois de alguns dias fomos para uma cidade onde, pela primeira vez, vi um labirinto em que era possível se perder. Todos os caminhos eram delineados com densa cerca viva que fazia voltas e voltas e, repentinamente, conduzia ao mesmo lugar de antes. Se não se observasse bem ao redor, daria várias voltas pelo mesmo caminho, de forma que levava horas para chegar ao centro, isso **se não se desistisse.**

O labirinto simboliza a nossa mente e é aí que o arqueiro do Inesperado 27 tem que usar as armas que já conquistou para enfrentar as harpias interiores. Essas harpias podem ser, para uma pessoa que é avarenta, muitos pensamentos de que tudo é caro, que não tem dinheiro, que poderia ser feito algo para pagar menos etc. Para uma pessoa iracunda, essas harpias impulsionam os pensamentos de crítica a outras pessoas. **É muito difícil para a pessoa iracunda se dar conta das críticas mais sutis que brotam da nossa mente.** Essas harpias sugam nossa energia e, certamente, as piores são relacionadas à parte sexual e impedem que a figueira, citada no arcano 27, dê frutos.

Nesse labirinto em que estávamos buscando o caminho certo, veio à minha memória o Minotauro e o Fio de lã de Ariadne – o fio que o herói Teseu colocou no chão para encontrar o caminho de volta e representa a consciência necessária para vencer o labirinto das teorias e encontrar o difícil caminho que conduz à liberação final.

Chegamos ao centro e a saída era por uma caverna repleta de situações inusitadas, como estátuas que representavam os que foram transformados em pedra pela Medusa. Nós não encontramos a Medusa e foi melhor assim, pois caso contrário teríamos que invocar Perseu para nos ajudar a derrotar aquela víbora com face humana, símbolo mitológico do mal que habita dentro de cada ser humano e deve ser derrotado não se olhando diretamente e sim por meio de um espelho, como fez o herói. Isto é, por meio do trabalho de **autoconhecimento que inicia pela observação voltada para dentro sem se identificar ou sem se fascinar,** até que ela esteja ao alcance de sua espada especial. E já estávamos em prontidão, afinal era o capítulo 27, O Inesperado, e poderiam surgir as serpentes ou os escorpiões originados das gotas de sangue da Medusa (o ruim em nós cria outros ruins menores e, **se não cuidarmos, estamos sempre criando características ruins**). Contra esses, deveríamos lutar com nossas próprias armas.

Já com o sol sobre nossas cabeças, vimos abutres, corujas e falcões acorrentados a pequenos arcos presos ao chão. Eles estavam ali para participar de apresentações e isso explicava por que não havia qualquer comida ao lado deles. Mas não dava para entender por que as aves tinham que ficar sob aquele sol o dia inteiro, motivo que nos fez parar para refletir um pouco sobre o que a maioria dos seres humanos faz com os animais. Por apego, egoísmo e **para satisfazer seus caprichos, o ser humano prende animais em jaulas**, gaiolas ou ainda em casas, tirando sua liberdade e forçando a se adaptarem a um meio que não é o seu. **Como o ser humano vai conseguir liberdade se ele tira a liberdade de outros seres?**

O melhor é soltarmos **as aves, que fazem parte da natureza e podem nos ajudar na concentração e meditação, desde que livres.**

O próximo passeio foi para uma cidade universitária. Uma pena que a forma de estudo das universidades e do ensino em geral acabem desgastando o centro intelectual, pois são voltadas para o decorar ou armazenar intelectualmente. **Aprender é compreender a fundo**, diferente e contrário das teorias de onde estávamos. Nesse sentido, o professor contou que, quando estudava ali, passava semanas na biblioteca estudando e em uma delas teve que ler quarenta livros para poder fazer um trabalho e um teste escolar. Esse tipo de ensino não tem aprendizado e seria muito melhor ler com calma e atenção, refletindo e meditando sobre o conteúdo de um livro, o qual seria guardado para a vida toda. Faça diferente com este livro que está em suas mãos: tenha calma, busque a compreensão. Leve meses para ler. Se você praticar, ainda que só o que achar interessante, já terá valido a pena escrevê-lo.

Nessa cidade passeamos em uma gôndola e foi uma cena para, além de aprender, rir também. Sendo os primeiros a chegar, pudemos definir os lugares para nos sentar e então escolhemos os bancos da frente, mas **quando a gente faz questão de querer o melhor, a vida nos dá o contrário...** O gondoleiro subiu do nosso lado, passou a remar para o lado contrário e nós ficamos nos últimos lugares.

Mais uns dias e seguimos para a lendária cidade onde surgiu (ou ressurgiu) a lenda do rei Arthur e os Cavaleiros da Távola Redonda, com todos os seus símbolos e efeitos sobre a psicologia humana.

A caminhada pela cidade valeu a pena e, após muitos degraus, surgiu o castelo onde, após o umbral, estava suspensa na parede a imponente távola redonda.

Aquele ambiente lendário com rei, rainha e cores alternadas lembrava-me a origem do jogo de xadrez, que hoje muitos jogam, mas poucos sabem que o jogo tem como fundamento a luta entre as forças do bem e do mal, tendo esse significado, inclusive, nas cores do tabuleiro, na quantidade de casas, no movimento e mesmo no formato de cada peça. Tudo foi criado com o objetivo de que aprendamos algo. Você já parou para pensar **por que o cavalo anda em "L" e pode pular outras peças? Por que uma torre participa do jogo e move-se em linha reta? Por que a rainha é uma peça tão importante e anda em qualquer direção e qualquer quantidade de casas?**

Os passeios são bons e divertidos, mas já tinha passado mais da metade do tempo de validade do visto da Ana e o casamento deveria acontecer logo ou teríamos que deixar o continente. Mas afinal, por que estava demorando tanto?

O meu processo de divórcio ainda estava tramitando no país de origem e, quando finalizou, levou tempo até recebermos a certidão, que encaminhamos para a tradução juramentada. Por fim, o departamento local de estrangeiros é que demorou nas verificações.

Mas conseguimos e, com todas as formalidades, nos casamos e recebemos alguns amigos, colegas de escola que descobriram que íamos casar e quiseram trazer a energia de **9** nações... o 9 trazia a mensagem de que para a figueira do 27, O Inesperado, dar frutos, **não era possível fazer o mesmo caminho de toda a humanidade. Era necessário ir ao profundo. E, às vezes, a sós.**

Com os convidados, surgiam também alguns presentes inusitados, tradicionais na cultura do país de cada colega. Um presente pegou a noiva de surpresa: o chefe trouxe diárias para passar a lua-de-mel no país em que eu estava trocando a carteira de motorista. A decolagem seria na madrugada seguinte.

Em dado momento, o pessoal ficou curioso com a nossa história e questionou a Ana sobre o que tinha visto em mim de especial. Ela respondeu que algo a marcou muito na infância: quando estávamos em um acampamento e ela estava com vontade de ler um gibi e eu achei alguém que tinha, pedi emprestado e passei para ela. Outra atividade que a marcou foi também na infância, quando ganhei um prêmio e dividi com ela.

Depois os amigos souberam que, na academia, eu fazia os trabalhos mais inusitados, tendo aprendido muito com o chefe. Então perguntaram a ele como nós tínhamos nos conhecido e ele respondeu que era um dia chuvoso e frio e eu estava entregando panfletos com alegria. Então ele se perguntou se eu era maluco ou tinha algo de especial, porque ninguém poderia estar alegre sob aquele tempo. Com isso, me convidou para trabalhar com ele e, mais adiante, ele achava que eu trazia sorte, porque depois que comecei a academia esteve sempre cheia.

É claro que eu e o chefe não ficamos amigos só porque eu estava pulando, contente, ao convidar pessoas para jantar num restaurante numa noite fria; também a sorte que ele achava que eu trazia era tão somente resultado de uma atividade normal. Da mesma forma, eu não lembrava do gibi emprestado para a Ana e, mesmo que lembrasse, para mim, teria sido uma atitude normal ou comum, assim eu via também a divisão do prêmio. Então, não foi só isso que a Ana viu em mim, ou pelo menos eu espero que não... Mas é fantástico como as pequenas atitudes têm suas consequências no futuro e, muitas vezes, o **que parece algo pequeno, acaba tendo enormes resultados.** Isso me lembra que a Ana, quando criança, queria tirar uma foto na frente do castelo símbolo da cidade em que agora tinha acabado de se casar. Assim funciona com qualquer situação que realmente desejamos se tivermos **foco, paciência e determinação.**

O casamento foi pitoresco. Hoje eu faria algo diferente e sempre vai ser assim: quando olhamos para trás, vemos que algo poderia ser melhor.

Não importa, **fizemos o melhor que pudemos.** Mas se, quando eu falei que faria algo diferente, você, leitor, ficou com dúvida se eu me casaria, respondo: sim, eu me casaria!

Logo recebemos uma mensagem da companhia aérea informando que, devido a planos terroristas descobertos, haveria muitas restrições e quase não teríamos tempo para dormir, pois deveríamos estar no aeroporto bem antes do horário do voo. E mesmo chegando antes, vimos filas, policiais muito armados, tudo passando no raio-X e protocolos rígidos que atrasavam tudo. Bem, melhor isso do que explosões.

Estávamos em lua de mel, então, calma...

Voamos, chegamos ao outro país e mais um pouco estávamos no metrô. Era um pouco desagradável que a cada parada os alto-falantes internos informassem o nome da linha e para onde estava indo, informações que constavam no painel da frente do veículo e nos painéis eletrônicos internos e ainda poderia ser conhecida pela cor da pintura. Depois de escutar isso dez vezes, tornava-se aborrecedor, mais ainda para quem não dormiu à noite. No entanto, a informação era útil no caso de pessoas com dificuldade visual. Mas, para essas, poderia ter um alto-falante na parada, e somente informar no interior do veículo o nome da parada. Afinal, os engenheiros devem ter estudado isso. Não repare que, às vezes, eu passo horas ou dias pensando como uma tarefa poderia ser feita melhor, mais perfeitamente ou com menor esforço, como a música que diz: "Carpinteiro do universo inteiro eu sou [...] No final, carpinteiro de mim"[1].

Mas curioso mesmo foi quando chegamos ao hotel. Entrei em uma loja para comprar algo e veio uma moça falando num idioma oriental. **Eu pensei: "Eu me deitei na cama do hotel e devo ter dormido...". Em seguida,**

---

[1] "Carpinteiro do universo" – Raul Seixas, 1989.

examinei detalhadamente o ambiente, a atendente e a mim mesmo e não havia sinais de que estivesse dormindo. Mas não tinha qualquer lógica, então dei um saltinho, ainda querendo comprovar se estava dormindo, mas não flutuei. Faça isso durante o dia e, assim, você o fará também em seu sonho e então poderá explorar esse outro mundo. Mas não era o caso, e ficamos ambos em uma situação engraçada, pois eu não tinha como pagar, porque não sabia o preço e ela não entendia nem falava outro idioma. Foram vários minutos até que chegou um rapaz oriental que falava o idioma local e disse que teve que sair e pediu para a amiga recém-chegada cuidar da loja.

Aproveitamos a estada no país para verificar como estava a situação da troca da carteira de motorista e foi uma incrível "coincidência", porque os fiscais vieram na manhã seguinte para conferir o endereço e fazer uma pequena entrevista. A partir daí, eu deveria esperar uns quarenta dias pela chegada do cartão de residente. Mas tinha uma tal de mudança de leis, e então eu teria que fazer uma consulta médica. Eu já tinha vivido essas mudanças de leis no passado e sabia que atrasam a vida, **mas na outra semana poderiam voltar ao normal, então não precisava de muito estresse.**

De volta ao país onde nos casamos, o colega de casa trouxe **flores, que todos os casais deveriam ter no quarto,** e nos esperava com um almoço. Mas também veio uma informação chata: um casal havia dormido no nosso colchão. Isso nos deixou bastante tristes, porque **a cama de qualquer pessoa (e mais ainda, de um casal) é um templo e jamais deveria ser violado, mesmo com um simples sentar-se.** Obviamente, quem o fez não sabia disso, porque a maioria da humanidade não tem esse conhecimento nos dias atuais, em que até os últimos valores espirituais estão se perdendo. Logo, lamentavelmente, tudo vai estar destruído e então não haverá sentido em ter a raça humana sobre a Terra. Quanto a nós, **não resolvia "chorar pelo leite derramado", restando-nos reconstruir.**

Fomos a um museu e lá havia um moai, entre muitas esculturas e pinturas que homenageavam as manifestações de Deus ao redor do mundo. Pela manifestação da cultura e da época, essas esculturas e pinturas eram muito diferentes em nome, forma e ação; porém, se examinássemos a fundo, descobriríamos que os ensinamentos eram semelhantes, e todos falavam de algumas necessidades: despertar a consciência ou buscar a iluminação, combater os vícios e características que podem nos levar aos infernos e deixar ensinamentos para outros. Se buscássemos ainda mais a fundo, encontraríamos algo do amor, pois nenhuma civilização pode continuar nem se elevar sem o uso do sexo.

Assim ensinavam também Hermes, Krishna, Buda, Cátaros, Druidas, Cristãos Primitivos, Cavaleiros Templários, Helena Blavatsky, Mestre Kuthumi, Arnold Krumm-Heller e mais um sem-número de sábios seres que foram frutos e ajudaram a produzir novos frutos ao longo da história. É uma lástima que hoje estes ensinamentos estejam tão encobertos que nós mal saibamos que estamos adormecidos. Brincamos com o inferno e não sabemos nada sobre amor, nem sobre a transformação da água pelo fogo.

Falando nesses Mestres, chegou o dia do nascimento do mais exaltado dos Mestres: Jesus, o Cristo. E naquele país isso é celebrado com ceia que inclui peru – orgânico no caso meu e da Ana, em virtude de não comermos peru nem galinha de granja. Para eles, peru de granja recheado com bacon – mais um motivo para que não comêssemos aquele.

Veio a virada do ano, cheia de "barulho" que já não tinha motivos para existir, mas **a humanidade segue o que vem sendo feito há muito tempo, sem se dar conta de que as situações mudam.** Sem se dar conta do seu próprio adormecimento.

Nessa época do ano havia muitas promoções das lojas e, assim, o chefe me convidou para sair com ele. Fomos a um *shopping center* de vários andares, no qual se podia encontrar de tudo, porém, sempre produtos de alto valor. Na praça de alimentação, por exemplo, quem fazia pratos tradicionais de um país era *chef* em seu país de origem, havendo manjares de todas as partes do mundo, todos com alta qualidade, uma delícia e blá-blá-blá. Era o que o chefe dizia tentando me deixar fascinado, porém eu disse que era bem feito e muito bonito. **"Mas depois de algumas horas temos que comer novamente e o sabor não existe mais, então..."**, eu disse. Ele não conseguiu me fascinar e concordou comigo porque, no fundo, também era dos nossos.

Por força do destino, surgiu uma viagem inesperada nas datas de nossos aniversários e aqui aproveito para perguntar: **o que o aniversário tem a ver com o Tarô? Nada; ou melhor, tem, mas todos temos que fazer o mesmo trabalho independentemente do dia de nascimento.** Não crie paranoias com o dia nem com um número que você viu.

Essa viagem foi para outro país e, no hotel, fizemos uma reflexão. Sem dúvida, **tínhamos alcançado os mapas do caminho e algum conhecimento, mas era necessário praticar muito para chegar à verdadeira sabedoria,** aquela que não se consegue nas universidades, mas com grande esforço **deve ser extraída de dentro de si mesmo.**

Tivemos mais uma porta aberta para muitos aprendizados com nossa união, e tivemos momentos embaraçantes também. Com isso, lembrei de algo ocorrido em um tempo anterior, quando estávamos no maior "clima", mas na hora H, "ele" ficou pequeno... acho que o deus Príapo ou Falo se afastou e... Bah! Não dá nem para descrever, não gostei nem um pouco da experiência. **Nervosismo causa isso, mas pode ser resolvido facilmente.**

Mas também lembro de outra situação em que ficamos sete horas junto a Príapo, mas **nos ensinaram que se deve ficar, no máximo, uma hora, depois esperar 24 horas** para voltar a tê-lo por perto.

Somos estudantes, temos que **praticar muito mais, errando, corrigindo e acertando para escalar as três montanhas e isso não depende de tempo. Até do erro temos que tirar nossa felicidade.**

"Hoje me sinto mais forte / Mais feliz quem sabe
Só levo a certeza / De que muito pouco eu sei
Eu nada sei...
Cada um de nós / Compõe sua história
Cada ser em si carrega o dom de ser capaz / De ser feliz." [2]

Não se identificar é uma das coisas mais importantes que aprendi. Não se identificar é você estar no comando sempre. O medo não é você, você tem medo, mas não se identificar é não deixar o medo ou qualquer outro intruso montar em você. A ira não é você, a luxúria não é você, mas se você não aprender a não se identificar elas dominam tanto que parecem que são você.

Outra coisa que aprendi é que **o exercício é essencial, pois tudo que não se usa, atrofia,** e nascemos para estar completos, ativos e não atrofiados, não importa a idade que temos. Obviamente, sem excesso, pois não queremos danificar órgãos e causar lesões, mas temos que, **frequentemente, fazer exercícios de vários tipos** para nos manter íntegros, completos e ativos como o Pai quer.

Temos a faculdade de notar quando uma característica ruim está agindo em nós. **Temos que exercitar essa faculdade.** E temos o poder (em conjunto com a Mãe) de eliminar isso. Temos o poder da concentração e meditação, mas **temos que exercitar esse poder** para que ele se "desatrofie" e não volte ao estado em que está. Temos um corpo físico

---

2 "Tocando em frente" – Almir Sater, 1990.

que **precisa de exercício** ou vai se atrofiar e se já atrofiou, precisa de exercício para sair dessa condição. Temos órgãos no corpo e eles **precisam de exercícios**: coração, pulmão, rins, fígado, estômago, olhos..., órgãos sexuais. Tudo que não **exercitamos**, frequentemente, se atrofia. Meia hora diária já fará uma diferença enorme na maioria das funções.

Grifei o sentido da palavra exercício 7 vezes anteriormente para salientar a importância e porque o número 7 organiza. Nós precisamos nos organizar. Mas, já que falamos de meia hora diária, não podemos deixar de falar **da disciplina ou constância,** pois, sem estas, jamais desenvolveremos algo bom em nós. Tudo necessita de frequência, aprofundamento. Para resumir isso, vou utilizar uma parte de um poema de Bertolt Brecht ("Os que lutam"):

"Há homens que lutam um dia, e são bons;
Há outros que lutam um ano, e são melhores;
Há aqueles que lutam muitos anos, e são muito bons;
Porém há os que lutam toda a vida. Estes são os imprescindíveis."

Logicamente, teremos muitas dificuldades e elas são muito importantes na nossa vida. Diria que são essenciais. **As dificuldades nos fazem encontrar caminhos, nos superar, nos tornam fortes. Por isso, não podemos desejar uma vida sem dificuldades,** pois **isso seria igual a pedir fraqueza.** Precisamos de todos os tipos de dificuldades: financeiras, musculares, psicológicas, esotéricas... por isso o Pai não nos dá tudo. Precisamos lutar pelo que queremos. Assim deveria ser também a nossa relação com os filhos.

Bem, agora, como estamos no capítulo 27, **O Inesperado**, vou dizer que, logo nas primeiras horas do dia seguinte à chegada ao País, eu completaria 33 anos e minha tarefa era escrever até este limite, então teria os ensinamentos de apenas mais uma noite. Porém, o que nos é permitido falar sobre a noite na cidade em que, dependendo como seu nome é lido, resulta em amor?

No escuro, a luz pode brilhar mais. "Fazer amor de madrugada, amor com jeito de virada"[3], diz uma música. "Eu não faço amor por fazer, tem que ser muito mais que um prazer"[4], diz outra música.

As glândulas sexuais são endócrinas e exócrinas. A parte endócrina, que secreta hormônios no sangue, influi decisivamente na saúde, bem-estar e nos poderes que temos. O ser humano, normalmente, desconhece que é possível não deixar atrofiar, "desatrofiar" e **transmutar o que é sexual exócrino e aumentar o endócrino** e, com isso, ativar as outras glândulas endócrinas: hipófise, tireoide, paratireoide, timo, pâncreas e suprarrenais. Elas têm relação com a atividade dos sete chakras que podem ativar-se com as vocalizações diárias das vogais I-E-O-U-A conforme falamos e insistimos que é importante. Porém o desenvolvimento completo dos chakras e glândulas somente se dará com a transmutação que pode ocorrer com a união de uma energia com polo positivo e uma energia com polo negativo, e uma vontade de que os elétrons se movam, ou seja, o homem e a mulher e talvez algum rito mágico que inclua o amor. Por isso, o solteiro pode se desenvolver bastante, porém, para se autorrealizar, é necessário que se case.

O 27, O Inesperado, diz para cultivar a semente e isso está nesta última página; usar o verbo e vigiar a mente está neste livro e, assim, finaliza-se a tarefa e **fica o caminho.** Resta agora praticarmos, eu e você, leitor, todo o descoberto e compartilhado aqui. Avante!

É um trabalho longo. Chame seus amigos, mas não insista, e **pratiquem todos dos dias** os diversos ensinamentos que vimos até agora,

---

[3] "Pintura íntima" – Kid Abelha, 1984.

[4] "Não faço amor por fazer" – Zezé Di Camargo & Luciano, 1996.

pois o grupo dá força. Porém as melhores práticas são feitas sem tempo limitado e sem companhia, então, se não há grupo, faça sozinho. Avante!

Ensine como fazer, mas lembre-se que todo esse trabalho é individual e não temos o objetivo de desenvolver o orgulho, nem a inveja. Ao contrário, buscamos a liberdade; então, **não comente com outros o resultado das práticas e não demonstre que sabe algo,** seja de concentração, meditação, desdobramento astral, psicológico. Avante!

Este livro pertence à humanidade. Os conhecimentos aqui compartilhados estão dentro e ao redor de cada um e, assim, não é devido nenhum direito autoral por esta obra escrita.

Renuncio aos direitos autorais.

Paz Inverencial!

"TE ADVIRTO, SEJA QUEM FORES,
Ó TU QUE DESEJAS SONDAR OS ARCANOS DA NATUREZA;
SE NÃO ACHAS DENTRO DE TI AQUILO QUE BUSCAS,
TAMPOUCO O PODERÁS ENCONTRAR FORA.
SE TU IGNORAS AS EXCELÊNCIAS DE TUA PRÓPRIA CASA, COMO PRETENDES ENCONTRAR OUTRAS EXCELÊNCIAS?
EM TI ESTÁ OCULTO O TESOURO DOS TESOUROS.
Ó HOMEM, CONHECE A TI MESMO E CONHECERÁS O UNIVERSO..."
(EXTRAÍDO DA ENTRADA DO TEMPLO DE DELFOS, NA GRÉCIA ANTIGA)

REFERÊNCIAS BIBLIOGRÁFICAS

ACHARÁN, M. Lezaeta. *Medicina natural ao alcance de todos.* São Paulo: Hemus, 2003.

CASTILHO, Alzira (Org.). "O Segredo da Felicidade". In: *Como atirar vacas no precipício:* parábolas para ler, pensar, refletir, motivar e emocionar. São Paulo: Panda Books, 2000.

COSANI, Armando. *El vuelo de la serpiente emplumada.* 6. ed. México, D.F. D.R. Editora Y Distribuidora YUG, S.A., 1993.

KADAMOTO, Tadashi. *Meu livro da consciência:* 365 mensagens para nossas boas escolhas de cada dia. São Paulo: Gente, 2017.

SAINT-EXUPÉRY, Antoine de. *O pequeno príncipe.* 38. ed. Rio de Janeiro: Agir, 1991.

SAMAEL AUN WEOR. *Os planetas metálicos da alquimia.* Instituto Gnosis Brasil, 1974.

_____. *El sendero iniciático en los arcanos del tarot y cábala.* 1. ed. Asociación Gnóstica de Estúdios, 1979.

_____. *As três montanhas.* Movimento Gnóstico Cristão Universal do Brasil na Nova Ordem. 2. ed., 1994.

_____. *O mistério do áureo florescer.* Movimento Gnóstico Cristão Universal do Brasil na Nova Ordem. 3. ed., 1996.

_____. *Tratado de psicologia revolucionária.* Movimento Gnóstico Cristão Universal do Brasil na Nova Ordem. 3. ed., 1998.

_____. *A grande rebelião.* Movimento Gnóstico Cristão Universal do Brasil na Nova Ordem. 3. ed., 1999.

_____. *Exercícios de lamaseria.* 1. ed. Rio de Janeiro: IGA Fenix Editora, 2004.

_____. *Tarô e cabala e curso esotérico de cabala.* 1. ed. Rio de Janeiro: IGA Fenix Editora, 2007.

VM RABOLÚ. Carta 149 do VM Rabolú de 21/01/1997.

e outras cartas. In: *Orientações e cartas do VM Rabolú,* [s.d.].

_____. *Hercólubus ou Planeta Vermelho.* Angel Prats Editor. Burgos (Espanha): Associação Alcione, 1998. Versão em português.